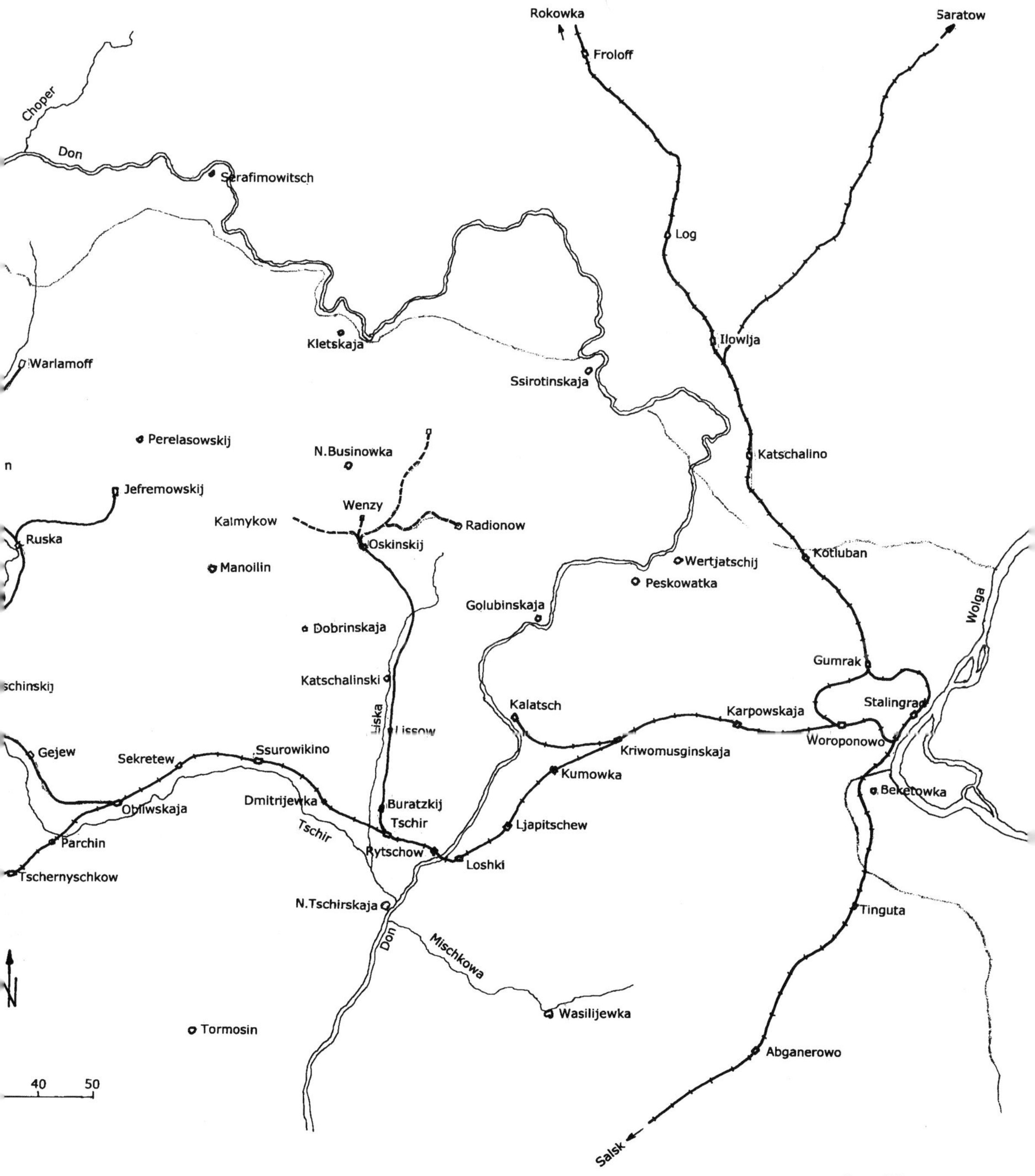
Rokowka
Saratow
Froloff
Choper
Don
Serafimowitsch
Log
Ilowlja
Kletskaja
Warlamoff
Ssirotinskaja
Perelasowskij
Katschalino
N.Businowka
Jefremowskij
Wenzy
Kalmykow
Radionow
Ruska
Oskinskij
Manoilin
Kotluban
Wertjatschij
Peskowatka
Wolga
Golubinskaja
Dobrinskaja
Gumrak
Katschalinski
schinskij
Kalatsch
Stalingrad
Karpowskaja
Liska
Lissow
Woroponowo
Kriwomusginskaja
Gejew
Sekretew
Ssurowikino
Kumowka
Beketowka
Oblivskaja
Dmitrijewka
Buratzkij
Tschir
Ljapitschew
Parchin
Rytschow
Loshki
Tschernyschkow
N.Tschirskaja
Tinguta
Mischkowa
N
Wasilijewka
Tormosin
Abganerowo
40
50
Salsk

31.1.03
f

Das Winter-Ostbau-Programm 1942/43 verbesserte auch die Versorgung der Lokomotiven mit Speisewasser. Zum Einbau kamen sogenannte „Speer-Türme", das waren wintersichere Wassertürme mit zwei Wasserbehältern, die aus den 60 cm³ Kesseln von erbeuteten vierachsigen Kesselwagen entstanden waren. (Aufnahme: BA 101/327/2890/1)

Jens Freese

# Schienenstrang nach Stalingrad

GeraMond

Ein kostenloses Gesamtverzeichnis
erhalten Sie beim
GeraMond Verlag
D-81664 München

www.geramond.de

Lektorat: Andreas Knipping
Layout: Der Buch*macher*, Arthur Lenner, München
Repro: Scanner Service
Herstellung: Thomas Fischer



*Umschlagvorderseite*: Kriegsschauplatz Sowjetunion – Vor der mit verdunkelten Laterne versehenen 55 4160 gehen Angehörige der Bahnschutzpolizei eine Strecke zur Sicherung ab.
Foto: Arch. R. Schulz / Sammlung A. Knipping
*Umschlagvorderseite – kleine Abbildung*:
BA / MA Freiburg
*Umschlagrückseite:* Will, BA / MA-Freiburg
*Vorsatz:* Das Eisenbahnnetz im Bereich des Südflügels der Ostfront in West-Ost-Ausdehnung. Karte: Freese
*Nachsatz:* Das Eisenbahnnetz im Bereich des Südflügels der Ostfront in Süd-Nord-Ausdehnung. Karte: Freese

Die Deutsche Bibliothek –
CIP Einheitsaufnahme
Ein Titeldatensatz für diese Publikation ist bei Der Deutschen Bibliothek erhältlich.


Printed in Germany by Sellier, Freising
ISBN 3-7654-7133-X

*Zur Erinnerung an meinen Vater, den Maler und Graphiker Klaus Freese, geb. am 24. Oktober 1906, gefallen am 31. Dezember 1944 als Lt.d.R. bei der 15. Pz.Gren.Div. bei Bastogne in Belgien.*

*Im Herbst/Winter 1942 war er als O.Gfr. bei der 2./Festungs-Bau Btl. 30 am Don zwischen Bogutschar und Kasanskaja zum Stellungsbau im Bereich der ital.8.Armee eingesetzt. Zwischen dem 8. und 16. Januar 1943 lag er im infanteristischen Einsatz zur Verteidigung der Bahnlinie Lichaja – Stalingrad im Raum Tazinskaja, nachdem sich seine Einheit in einem wandernden Kessel unter Führung des Stabes des XXIX. A.K. auf einem dramatischen Marsch nach Süden durchgeschlagen hatte, auf dem am 28. Dezember 1942 dann 500 deutsche und 5000 italienische und rumänische Soldaten die deutschen Linien bei Skassyrskaja erreichten.*

# Vorwort

Nachschub! Das ist der Schlüssel für jede erfolgreiche militärische Operation. Ob es Napoleon I im Jahre 1812 in Rußland oder die westlichen Alliierten im Sommer 1944 waren, es war immer für den Erfolg oder Mißerfolg eines Feldzugs von entscheidender Bedeutung, ob die Truppe ausreichend mit Nachschub versorgt werden konnte. So ist es kein Zufall, daß der Vormarsch der Deutschen Wehrmacht wegen des fehlenden Nachschubs zur Jahreswende 1942/43 sein Ende fand, so in Nordafrika und auf dem Südflügel der Ostfront. Die dabei erlittenen Niederlagen waren zwar nicht kriegsentscheidend, dennoch werden die Kapitulation der 6. Armee in Stalingrad im Februar 1943 und die Kapitulation der deutsch/ital. Streitkräfte in Tunesien im Mai 1943 als Wendepunkte des Zweiten Weltkriegs in Europa angesehen. Es ist nicht erstaunlich, daß in beiden Fällen die Hauptursache mangelnder Nachschub war. In Rußland, wo bei anhaltendem Regen und in der Schlammperiode sich die Wege in Morast verwandelten, kam der Eisenbahn eine besondere Rolle zu. Während die Front in Rußland im Nord- und Mittelabschnitt längst zum Stellungskrieg erstarrt war, war der Deutschen Wehrmacht im Sommer 1942 der Vorstoß weit nach Osten bis an die Wolga bei Stalingrad und in den Kaukasus zu den begehrten Ölfeldern gelungen. Die ganze militärische Operation litt jedoch von Anfang an unzureichenden Kräften. Hinzu kam, daß die Einheiten, welche die für den Vorstoß in den Kaukasus so wichtige linke Flanke entlang des Don bis Stalingrad zu verteidigen hatten, transport- und damit auch versorgungsmäßig nahezu völlig von einer einzigen eingleisigen und deshalb wenig leistungsfähigen Eisenbahnlinie abhingen. Nachschub und Eisenbahn – zwischen diesen beiden Polen bewegt sich die Thematik des vorliegenden Buches. Es schildert die Sorgen der für den Nachschub Verantwortlichen der eingesetzten Truppen und die ständigen Bemühungen der Eisenbahnpioniere, den Transport dieses Nachschubs auf der Eisenbahn zu ermöglichen. Die Eisenbahntruppen stellten zunächst die von den Russen zerstörten Eisenbahnstrecken wieder her, sorgten dann für den Breitspurbetrieb, reparierten die großen Brücken, führten die Umspurung auf Normalspur in einer erstaunlich kurzen Zeit durch, hielten den Betrieb trotz Feindeinwirkung ständig aufrecht und mußten dann, als es der Roten Armee gelang, die deutschen Angreifer zurückzudrängen, ihre Strecken mit der Waffe verteidigen, um am Ende all das wieder zu zerstören, was sie mühsam aufgebaut hatten. Der Kampf um die Lebensader der 6. Armee, die schließlich in Stalingrad kapitulieren mußte, war ein Zusammenwirken vieler Kräfte gegen einen an Truppen überlegenen Feind unter der Härte des Winters, wobei der Schienenstrang zum Schluß nur noch der Unterstützung seiner Verteidiger dienen konnte.

Das Buch entstand auf der Grundlage der Aktensammlung des Generals der Eisenbahntruppen, die noch fast vollständig vorhanden ist und unter der Nummer RH 4 im Bundesarchiv/Militärarchiv Freiburg zu finden ist. Weiter diente das Kriegstagebuch Nr. 8 (vom 1. April bis 31. Dezember 1942) des O.Qu. des O.A.K. 6 als wertvolle Quelle für die Betrachtung der Nachschubfrage der 6. Armee, das unter der Registratur RH 20 sich ebenfalls im Bundesarchiv/Militärarchiv in Freiburg befindet. Auch aus der Sammlung Sarter (R 5 Anhang 1) im Bundesarchiv Berlin mit ihren Dokumenten und Erlebnisberichten der damals im Osten eingesetzten Feldeisenbahner erhielt der Verfasser noch ergänzende Hinweise.

Ein großer Teil der Aufnahmen stammen vom damaligen Generalleutnant Will, des Generals der Eisenbahntruppen, die im Sommer und Herbst auf Inspektionsreisen entstanden waren. Mit freundlicher Genehmigung des Verlags Ennsthaler, Steyr, Österreich, werden auch einige Fotos wiedergegeben, die damals von Johann Hochwallner gemacht wurden, er war Funker bei der 44. ID.

# Inhaltsverzeichnis

# Einleitung

Im Frühjahr 1942 verlief die Front in Rußland von Leningrad bis Rostow, hinter der russischen Seite gab es noch den Kessel von Demjansk. Das belagerte Sewastopol und die Enge von Kertsch befanden sich noch in russischer Hand. Daneben bestanden auf beiden Seiten mehr oder weniger starke Frontvorsprünge, die zum Teil weit in das Gebiet des Gegners ragten. Die Deutsche Wehrmacht hatte sich von den Rückschlägen des vergangenen Winters an der Ostfront weitgehend erholt und war personell und ausrüstungsmäßig wieder auf ein hohes Niveau gebracht worden. Da im Westen damals nicht die Gefahr einer Invasion drohte, konnte eine Reihe von Einheiten von dort abgezogen werden, um die Schlagkraft im Osten noch zu erhöhen. Die gesamte Stärke der Deutschen Wehrmacht reichte dennoch nicht für einen Angriff in Rußland auf der ganzen Frontbreite wie im Vorjahr aus; eine wirkungsvolle Offensive war deshalb nur im Bereich einer der drei Heeresgruppen Nord, Mitte und Süd möglich. Das Ziel in diesem Jahr Moskau einzunehmen, hatte Hitler nach dem Rückschlag im Winter 1941/42 aufgegeben oder zumindest auf einen späteren Zeitpunkt verschoben, und auch im Norden der Ostfront versprach ein Angriff keinen kriegsentscheidenden Erfolg. Am erfolgversprechendsten schien deshalb eine Offensive auf dem Südflügel der Ostfront, die sofort nach Ende der Schlammperiode beginnen sollte.

Mit der Weisung Nr. 41 vom 5. April 1942 sollten deshalb zunächst die Streitkräfte des Gegner entscheidend vernichtet und die wichtigsten Rüstungsgebiete im Donez-Gebiet entweder besetzt oder zumindest zerstört werden. Wie bereits für die Zeit nach den ersten sechs Wochen im Krieg gegen die Sowjetunion 1941 gab es auch für das Jahr 1942 und besonders für den Südflügel der Ostfront keinen Feldzugsplan. Sein Fehlen sollte die Führung vor große Probleme stellen. Hitler, der trotz einiger militärischer Erfolge in seinem Leben niemals systematisch arbeiten gelernt hatte, glaubte ohne einen Feldzugsplan die Deutsche Wehrmacht erfolgreich führen zu können, indem er immer wieder in Abhängigkeit von der jeweiligen militärischen Lage durch die ständige Herausgabe neuer Weisungen die zu erreichenden Kriegsziele angab, die mitunter auch laufend wechselten. Die Sommeroffensive auf dem Südflügel, die schließlich die Einheiten der Deutschen Wehrmacht bis nach Stalingrad und in den Kaukasus führen sollte, stellt in dieser Hinsicht ein erschreckendes Beispiel dar.

Ein perfekt ausgearbeiteter Feldzugsplan erlaubt eine sorgfältige Planung unter Berücksichtigung sämtlicher Faktoren und führt auch zum gewünschten Erfolg, wie beispielsweise die erfolgreichen Aktionen gegen Norwegen und Frankreich im Jahre 1940 gezeigt hatten. Ein Feldzugsplan, bei welchem die zur Verfügung stehenden eigenen Kräfte, die militär- und verkehrsgeografischen Verhältnisse des zu erobernden Gebiets, die Kräfte des Gegners, die Nachschubfrage im Hinblick auf die Verkehrslage, usw., um nur einige Punkte zu nennen, berücksichtigt werden, bietet die Grundlage für die Einbeziehung sämtlicher militärischer Fachleute vor und während des Angriffs. Diese Fachleute, die es damals im OKW und im OKH durchaus gab, wurden jedoch wegen des Fehlens eines solchen Plans nicht herangezogen. Die Folge war, daß die Truppe, die schließlich die Befehle Hitlers ausführen mußte, immer wieder zu Improvisationen gezwungen war. Die Truppe war für diese Maßnahmen zwar vorbereitet, aber bestimmte Dinge lassen sich eben nicht einfach improvisieren.

Noch vor der Weisung, die schließlich die Richtung des Angriffs bestimmen sollte – die Einnahme der reichen Ölfelder im Kaukasus war eine Voraussetzung für das Bestehen eines längeren Krieges – hatte das OKH bereits am 3. April 1942 den Befehl zur Befragung russischer Kriegsgefangener hinsichtlich der Eisenbahnstrecken Lichaja – Stalingrad und Rostow – Salsk gegeben. Erwünscht waren insbesondere zusammenhängende Strecken- und Stationsbeschreibungen. Schon Ende März hatten einzelne Truppenteile (Infanterie-Divisionen, Feldeisenbahn-Einheiten,) von sich aus mit der Beschaffung von Informationen über Eisenbahnstrecken in den damals hinter der russischen Front noch weit zurückliegenden Gebieten durch die Befragung russischer Kriegsgefangener begonnen. Gleichzeitig betrieb man Luftbildauswertung. Es kann also davon ausgegangen werden, daß im Mai 1942 bereits wertvolle Kenntnisse zumindest über die Lage der Eisenbahnen in den zu erobernden Gebieten vorlagen. Umso erstaunlicher ist es, daß die Führungskräfte im OKH einschließlich des Chefs des Transportwesens, denen diese Informationen zweifellos zur Verfügung standen, nicht die Bedeutung der großen Eisenbahnbrücken über Don und Donez für die Nachschubversorgung in dem während der Schlammperiode wegelosen Gebiet erkannten und Maßnahmen zur unzerstörten Inbesitznahme dieser wichtigen Brücken ergriffen, deren Wiederaufbau sehr zeitraubend war. In Holland war man damit im Mai 1940 zumindest teilweise erfolgreich gewesen. Mit dem Einsatz von Fallschirmjägern und Luftlandetruppen hätte man dies zumindest versuchen sollen.

Aber noch schrieb man den Mai 1942, die Deutsche Wehrmacht bereitete sich auf einen Angriff östlich von Charkow vor, welcher zur Einnahme des wichtigen Industriegebietes im Donez-Becken führen sollte. Die Massierung von deutschen Truppen blieb damals der STAVKA, der sowjetischen Führung, offenbar verborgen, die ihrerseits zum gleichen Zeitpunkt gegen Charkow und südlich der Stadt einen Angriff plante, dem dann von den ungefähr gleich starken Kräften auf deutscher Seite begegnet wurde. Als Folge der sich schließlich entwickelnden Kesselschlacht verlor die Rote Armee rund 600.000 Mann, damit waren die Verluste mehr als doppelt so hoch wie diejenigen, welche die Deutsche Wehrmacht dann in Stalingrad 1942/43 erleiden sollte. Die Folge war, daß für die Deutsche Wehrmacht der weitere Weg nach Osten nun frei war, denn auf russischer Seite gab es kaum noch Kräfte, die sich dem Vormarsch entgegenstellen konnten. Stalin blieb nur die Möglichkeit, die riesigen, militärisch bedeutungslosen Gebiete bis zur Wolga dem Gegner mehr oder weniger kampflos zu überlassen, um Zeit zu gewinnen, die zur Aufstellung und Ausrüstung neuer Einheiten der Roten Armee bis zum Eintreten des kommenden Winters notwendig war. Die Truppen der Deutschen Wehrmacht stießen dann im Laufe des Sommers bis an die Wolga und bis zum Kaukasus vor, wodurch jedoch die Versorgungswege immer länger wurden. Bei diesem Vormarsch konnte die Rote Armee nicht noch einmal vernichtend geschlagen werden, wie die nur noch geringen Gefangenenzahlen erkennen lassen.

Die militärischen Auseinandersetzungen des gesamten Jahres 1942 ließen erneut die noch nicht überwundenen Schwächen der Roten Armee erkennen. Dazu gehörten in erster Linie Führungsschwächen auf der Korps- und Divisionsebene. Die Kommandeure mußten sich immer selbst davon überzeugen, daß ihre Befehle auch ausgeführt wurden. Dies war wohl immer noch eine Folge der Säuberungsaktionen Stalins, denen Tausende von erfahrenen höheren Offizieren zum Opfer gefallen waren. Dazu gehörten auch die mangelnden Fähigkeiten bei der Führung von Großverbänden. Hinzu kamen noch unzureichende Fernmeldeverbindungen. Und schließlich wirkte sich noch die schlechte Organisation des Nachschubs aus, für den allein die jeweilige Armee verantwortlich war.

# I. Der Vormarsch nach Stalingrad

Die Sommeroffensive 1942 auf dem Südflügel der Ostfront ging auf die Führerweisung Nr. 41 vom 5. April 1942 zurück, die dann als Fall „Blau" umgesetzt wurde. Dabei wurden nicht die Gedanken des Oberkommandos der Heeresgruppe Süd vom Januar 1942 berücksichtigt, welche von einem begrenzten Vorstoß von der Mündung des Don zum Kaukasus zur Inbesitznahme der für die Kriegsführung wichtigen Ölquellen im Raum Maikop unter einem entsprechenden Schutz der dabei entstehenden langen Nord- und Ostflanken ausgegangen waren. Als Voraussetzung hierzu waren ausreichend starke Verbände als notwendig angesehen worden. Hitler lehnte den Vorschlag der Heeresgruppe Süd ab, denn er wollte beides: Den Vorstoß zum Kaukasus und den Vorstoß in den Raum Stalingrad, von einer Einnahme der Stadt an der Wolga war in der Führerweisung damals allerdings noch nicht die Rede. Er war sich zwar bewußt, daß für diese Offensiven genügend Kräfte vorhanden sein mußten, er wollte jedoch das Defizit an deutschen Einheiten durch entsprechende Kräfte der Verbündeten ausgleichen, welche in erster Linie die Flankensicherung zu übernehmen hätten.

Zwischen dem 17. und 26. Mai 1942 kam es zur Frühjahrsschlacht bei Charkow, in deren Verlauf es der Roten Armee zunächst gelang, einen tiefen Einbruch in die deutsche Front zu erzielen. Dann war es jedoch der Führung des Heeres durch eine gewagte Zangenbewegung gelungen, den eingebrochenen Feind einzuschließen und zu besiegen. Damit war der Donez als Ausgangsbasis für die am 28. Juni 1942 beginnende Sommeroffensive gewonnen, in welcher die Heeresgruppe Süd mit 5 deutschen Armeen, darunter 71 deutsche Divisionen und 35 Divisionen der Verbündeten, antrat. Die deutschen Verbände waren personalmäßig aufgefüllt, der Wehrmachtführungsstab rechnete mit Engpässen bei der Munitionsversorgung im Laufe des Sommers. Der Ausstoß der Rüstungsindustrie an Waffen und Fahrzeugen – der Schwerpunkt der Rüstung wurde erst im Dezember 1941 wieder auf die Rüstung des Heeres verlegt – kam jedoch bis zum Beginn der Sommeroffensive noch nicht voll zur Wirkung, außerdem fehlten in der Rüstungsindustrie eine große Anzahl an Arbeitskräften. Die Luftwaffe, die nun an drei weiteren Fronten (Heimatverteidigung, Westeuropa, Mittelmeer) kämpfen mußte, mußte mit einer Einsatzstärke im Osten antreten, welche nur noch 50–60% derjenigen vom Jahr zuvor betrug. Die deutsche Führung rechnete mit einem baldigen Zusammenbruch der Roten Armee, und so traten dann nur ca. 70% der Kräfte an, welche das Oberkommando der Heeresgruppe Süd in seiner Denkschrift vom Januar 1942 ursprünglich angesetzt hatte.

Vor den nach Osten vordringenden deutschen Truppen wich die Rote Armee langsam zurück. Wiederholt und an mehreren Stellen leistete sie Widerstand, jedoch mit jeweils nur kleineren Einheiten. Zu einer Einkesselung größerer Truppenverbände kam es im Sommer 1942 nicht mehr. Den Sowjets kam es nur noch darauf an, Zeit zum Aufbau neuer Einheiten zu gewinnen, um dann, wie bereits im vorigen so auch im kommenden Winter erneut die Initiative zu ergreifen.

Die Armeegruppe v. Weichs (2. Armee, 4. Pz-Armee, 2. ung. Armee) mit Unterstützung des VIII. Fliegerkorps (Luftflotte 4) begann ihren Angriff am 28. Juni 1942 und erreichte bereits am 3. Juli 1942 den Don bei Woronesch, nachdem schon am 30. Juni die 6. Armee unterstützt vom IV. Fliegerkorps der Luftflotte 4 aus dem Raum Charkow mit einem Stoß nach Nordosten zum Angriff angetreten war. Gleichzeitig setzte südlich von der 6.Armee die 1. Pz-Armee zusammen mit Teilen der 17. Armee zu einer Zangenbewegung in Richtung Donez an. Sämtliche Vorstöße waren zwar in Kürze mit großen Geländegewinnen verbunden; die Masse der russischen Verbände, die eigentlich eingekesselt werden sollten, waren jedoch nach Osten und Süden entkommen.

Da Hitler eine baldige Landung an der Kanalküste befürchtete, wurden angesichts des militärischen Erfolges eine Reihe von Verbänden, darunter auch mehrere Divisionen der Waffen-SS, aus dem Kampf herausgezogen und nach Frankreich verlegt. In seinen Augen war diese Maßnahme auch gerechtfertigt, da er davon überzeugt war, daß die Rote Armee durch die erfolgreichen Kesselschlachten bereits entscheidend geschlagen sei.

Am 5. Juli 1942 hatte Hitler eine Aufteilung der bisherigen Heeresgruppe Süd in zwei Heeresgruppen A und B verfügt, dabei sollte die Heeresgruppe A (Gen.Feldmarschall List) den Befehl über die 11.Armee, die 17. Armee, die 1. Pz.Armee und die italienische 8. Armee und die Heeresgruppe B (Gen. Feldmarschall v. Bock) den Befehl über übrigen Einheiten der bisherigen Heeresgruppe Süd erhalten.

Südlich von Woronesch stieß das XXXX. Panzerkorps mit der 3. und der 23. Pz.Div, der 29. I.D.(mot), der 336. I.D., der 100. Jäger-Div. und weiteren Regimentseinheiten (Artillerie, Pioniere, Panzerjäger,usw.) am Don entlang nach Süden und erreichte am 7. Juli 1942 die Kalitwa, einen nach Osten fließenden Nebenfluß des Don. Südlich von Rossosch schwenkte die 29.I. D.(mot) nach Osten und erreichte am 10. Juli 1942 Bogutschar, die 3. Pz.Div., die zusammen mit der 23. Pz.Div. weiter nach Süden vorgestoßen war, nahm am 13. Juli 1942 Millerowo ein. Nach der Einnahme von Meschkoff und Bokowskaja am gleichen Tag wurde das XXXX. Panzerkorps nach Süden abgedreht, überschritt den Unterlauf des Don und stieß dann weiter zum Kaukasus vor. Das Gebiet weiter östlich im großen Donbogen wurde dann von der nach Osten vorstoßenden 6.Armee erobert. Die nachfolgenden Infanteriekräfte erreichten überall das rechte Ufer des Don. Die Einheiten der 6. Armee stießen unaufhaltsam weiter nach Osten vor, am 17. Juli hatte die ID-Großdeutschland Tazinskaja eingenommen (Abtransport nach Westen ab 14. August 1942), am 22. Juli wurde der Tschir überschritten und am 26. Juli wurde der Don in der Gegend von Kalatsch erreicht. Hier begann sich der russische Widerstand zu versteifen. Es kam immer wieder zu großen Panzergefechten, durch welche der deutsche Vormarsch in Richtung Stalingrad aufgehalten wurde. Am 31. Juli 1942 und an den folgenden Tagen versuchte der Russe bei Kasanskaja und später auch bei Bogutschar über den Don überzusetzen, teilweise mit Erfolg. Erst am 7. August konnten die Angreifer endgültig zurückgeschlagen werden. Am 12. August ging die Kesselschlacht bei Kalatsch schließlich zu Ende, hier gelang es noch einmal, geschlossene Einheiten der Roten Armee zu zerschlagen. Die Divisionen der ital. 8. Armee befanden sich ab 14. August 1942 bereits auf dem Vormarsch zum Don, um hier ihre Verteidigungsabschnitte von den deutschen Einheiten zu übernehmen, die mit der 6. Armee weiter nach Osten vorrückten.

**Die von den Heerespionieren erbaute Straßenbrücke über den Don bei Wertjatschij im Sommer 1942, über die anfangs ein großer Teil des Nachschub nach Stalingrad rollte. (Aufnahme: Johann Hochwallner)**

# 2. Die Verteidigung

Nach dem Abschluß der großen Kampfhandlungen – nur um den Besitz Stalingrads wurde noch heftig gerungen – ging die Wehrmacht zur Verteidigung, insbesondere zum Schutz der langen linken Flanke des weit nach Osten reichenden Vorstoßes und natürlich auch des Angriffs auf den Kaukasus im Süden, über. Die Hauptkampflinie folgte dabei ab Woronesch an der Grenze zur Heeresgruppe Mitte weitgehend dem Lauf des Don bis zu dem Bereich, in welchem der Fluß sich in einem großen Bogen nach Süden wendet. Hier betrug der Abstand zur Wolga nur noch knapp 65 Kilometer. Etwas südöstlich von dieser Stelle lag an der Wolga das schwer umkämpfte Stalingrad. Auf weiten Strecken wurde die Verteidigungslinie entlang des Don von der Topografie begünstigt, reicht doch auf weiten Strecken die z.T. steil zum Fluß abfallende Hochebene an das rechte Ufer des Flusses.

Der Flußlauf des oberen Don bis zum großen Don-Bogen wurde von den deutschen Truppen nicht überschritten und bildete nun die linke Flanke des weit nach Osten vorspringenden Flügels der Deutschen Wehrmacht. Der träge oftmals in großen Schleifen dahin fließende Don mit einer Mindestbreite bei Niedrigwasser von 80 bis 100 m war an sich schon ein gutes Hindernis besonders in seinem Lauf nach Osten, zumal auch dort das rechte Ufer auf weiten Strecken bis zu einer Höhe von bis zu 50 m ansteigt, so dass man von dort bei klarem Wetter das flache Nordufer bis weit in das Hinterland gut beobachten konnte. Das Südufer ist fast überall kahl, während das Nordufer auf großen Strecken durch Gebüsch und kleine Gehölze bewachsen ist. Das auf weiten Strecken steile Hänge aufweisende Südufer wird nur von einigen Tälern nach Norden fließender und in den Don mündender Flüsse und Bäche (Bogutschar, Tichaja) durchbrochen. Der Don führt auch im Sommer genügend Wasser, um ein Durchwaten zu verhindern. Die Flußniederung ist besonders dort, wo der Fluß sehr breit ist, an vielen Stellen sumpfig und mit Auwald bewachsen. Erst weiter östlich ab Serafimowitsch treten die steilen Abhänge am rechten Ufer zurück und werden dabei auch flacher, um dann in die Steppe überzugehen. Der Don nähert sich auf seinem Lauf nach Osten der Wolga, um sich dann in einem großen Bogen nach Süden und schließlich nach Südwesten bzw. fast nach Westen zu wenden, wo er dann hinter Rostow in das Schwarze Meer mündet. Der heute vorhandene riesige Stausee von Zymljanskaja im Lauf des Don zwischen der Mündung des Tschir und Zymljanskaja existierte damals noch nicht, seine Staumauer und Schleusen-

**Bersaglieri einer ital. Infanteriedivision in einem Laufgraben, der hinunter zum Don führt, der Anfang Dezember 1942 bereits zugefroren ist. Rechts von der Bildmitte befindet sich das von den Russen gehaltene linke Ufer. (BA 101/778/21/22A)**

**Der Blick aus einem Unterstand im Bereich der ital.8.Armee gibt ein typisches Bild der Gegend wieder: In der Bildmitte der Anfang Dezember 1942 bereits teilweise zugefrorene Don, rechts das verteidigte steile rechte Ufer und links das in russischer Hand befindliche flache Ufer. (Aufnahme: BA 101/778/21/37)**

anlagen wurden erst 1946/47 hauptsächlich von deutschen Kriegsgefangenen erbaut.
Der linke Flügel des deutschen Vorstoßes nach Stalingrad und zum Kaukasus war nun an den Lauf den Don angelehnt und wurde zunächst noch von deutschen Truppen verteidigt. Am 19. August 1942 überschritten die Russen den Don südwestlich von Kremenskaja und brachen durch die dort stehenden schwachen Sicherungen, konnten jedoch wieder über den Don zurückgedrängt werden. Die deutschen Einheiten zogen aber weiter nach Osten, die Verteidigung der Don-Front wurde nun den Truppen der Verbündeten übertragen. Dabei gelangen auch des öfteren Einbrüche in die ital. Stellungen, die jedoch fast immer von den eigenen Truppen schnell wieder bereinigt werden konnten. Die ständigen Angriffe auf die ital. Einheiten veranlaßten Hitler, die deutsche 294. und 298. ID. der ital.8.Armee zuzuführen. Diese wurde auch noch durch das inzwischen herangeführte Alpini-Korps verstärkt. Am 9. September 1942 befahl Hitler den so stark wie möglichen Ausbau von Stellungen und die Verminung der Don-Front, da er im kommenden Winter im Raum der ital.8.Armee mit starken feindlichen Angriffen zum Durchstoß in Richtung Rostow rechnete.

Südlich von Woronesch als Grenze zur Heeresgruppe Mitte begann entlang dem Don der Abschnitt von 190 km Länge, der von der ungarischen 2. Armee mit zehn Divisionen (davon einer deutschen) besetzt war. Daran schloß sich der Abschnitt von 230 km Länge an, den seit dem 14. August 1942 acht italienische und einer deutsche Division (ital. 8. Armee) verteidigten. Ab dem Tschir folgte dann der Abschnitt der acht Divisionen der rum. 3. Armee von 150 km Länge. Je nach Abschnitt kam also jeweils eine Division auf 16 bis 25 km, eine Massierung, wie sie damals auch bei deutschen Divisionen üblich war. Die Truppen der Verbündeten waren jedoch verglichen mit den deutschen Truppen schlecht bewaffnet und mangelhaft ausgebildet. Nachrichtenmittel gab es nur im bescheidenen Umfang. Panzer waren nur bei den Rumänen im beschränkten Umfang vorhanden, Pak auf Selbstfahrlafetten gab es so gut wie nicht, lediglich die rum. Einheiten waren teilweise mit deutschen Pak-Geschützen ausgerüstet, sonst nur mit Beutegeschützen. Auch waren die Munitionsausstattung wie auch der Stellungsausbau dürftig. Eine Gesamtkonzeption für den Feldzug 1942 fehlte. Hitler warf einmal gefaßte Entscheidungen plötzlich wieder um, so daß die örtliche Führung immer wieder zu Behelfslösungen greifen mußte. Darüber hinaus war die deutsche Rüstungsindustrie damals schon nicht in der Lage, neben der Deckung des ständigen Bedarfs der verschiedenen deutschen Wehrmachtsteile auch noch die Verbündeten mit hochwertigen Waffen und Ausrüstung ausreichend zu versehen.

Die wenigen deutschen Divisionen waren in die Verteidigungslinie entlang des Don als sogenannte „Korsettstangen" eingezogen. Schon am 16. August 1942 hatte Hitler die Befürchtung geäußert, daß Stalin den russischen „Standard-Angriff" von 1920 wiederholen könnte, mit welchem damals durch einen Stoß aus dem Raum Serafimowitsch über den Don bis nach Rostow die weißrussische Armee des Generals Wrangel vernichtet wurde. Er glaubte, daß die ital.8.Armee einem derartigen Stoß nicht standhalten würde und befahl deshalb die Verlegung der abgekämpften 22. PD zur Auffrischung hinter die ital. Truppen in den Raum Mankowo – Kaliwenskaja/ Tschertkowo. Von dieser war jedoch am 22. August erst deren Grenadier-Brigade dort eingetroffen, während die übrigen Einheiten noch im Einsatz gegen die von den Russen gehaltene Don-Schleife nordwestlich von Ssirotinskaja im Einsatz standen.

Hitler war schon frühzeitig von seinen Generälen auf die Schwächen der von den verbündeten Armeen verteidigten linken Flanke aufmerksam gemacht worden. Er wollte deshalb möglichst schnell den Kampf um Stalingrad beenden, um dann noch vor Eintritt des Winters die dort eingesetzten Verbände zur Verstärkung der Verteidigung der Don-Front heranziehen zu können. Sämtliche deutschen Divisionen, die am Don lagen, und auch die 22. Panzerdivision, mußten jedoch im Laufe der Zeit ihr Pionier-Bataillion für den Häuserkampf in Stalingrad abgeben. Denn dieser Kampf war auch für die deutsche Seite sehr verlustreich und darüber hinaus militärisch völlig sinnlos. Die Deutsche Wehrmacht hatte die Wolga oberhalb von Stalingrad erreicht und damit einen wichtigen Transportweg der Sowjets gesperrt. Als bedeutendes Rüstungszentrum hatte die Stadt keinerlei Funktion mehr und südlich von Stalingrad im Raum von Beketowka besaß die Rote Armee ohnehin einen Brückenkopf auf dem westlichen Ufer der Wolga, der nie beseitigt werden konnte. Was hatte der Kampf der beiden Diktatoren um die Stadt denn nun für einen Sinn? Hitler wollte unbedingt die gesamte Stadt besetzen, die sich über eine Länge von über 50 km am westlichen Wolga-Ufer hinzog, trug sie doch den Namen seines Widersachers. Für Stalin stand ebenso in erster Linie das Prestigedenken im Vordergrund. Hatte nicht (nach seiner Legende) er 1920 die Rote Armee in einem kühnen Stoß über den Don hinweg geführt und das alte Zarizyn erobert, die Stadt, die zu seinen Ehren ab 1925 seinen Namen tragen sollte? Für Hitler war es ein Wettlauf mit der Zeit. Sobald der Winter eintrat und der zugefrorene Don kein Hindernis mehr für den Übergang von Panzern darstellte, hatte er den Kampf um Stalingrad verloren. Darüber war er sich schon im klaren. Er klammerte sich deshalb an die Hoffnung, daß die Rote Armee so stark geschwächt aus den Kämpfen des Sommers hervorgegangen sei, daß sie zu keinem größeren Angriff mehr fähig wäre. Inwieweit eventuelle Einflüsterungen Bormanns, seines engsten Vertrauten und Beraters, eine Rolle spielten, von dem behauptet wird, er sei ein Agent Moskaus gewesen, läßt sich nicht nachvollziehen (1). Stalin hatte dagegen Zeit. Er konnte den Einbruch des Winters abwarten. Ihm konnte es genügen, immer wieder die Verluste der Roten Armee im Kampf um Stalingrad auszugleichen und so die militärische Auseinandersetzung dort am Laufen zu halten.

Im Raum Stalingrad und an der Wolga standen damals auf deutscher Seite zwei A.K. mit drei PzD. und zwei ID.(mot.), die teilweise im Häuserkampf um Stalingrad verschlissen wurden. Hier lagen also fast zwei vollständige schnelle Armeekorps, die ohne weiteres durch normale Infanterie-Divisionen hätten ersetzt werden können, die jedoch für die lange Frontlinie nicht zur Verfügung standen. Bei einer entsprechend verkürzten Frontlinie hätten diese beiden motorisierten Armeekorps mit hoher Schlagkraft als mobile Eingreiftruppe hinter der Front be-

(1) Gehlen, Seiten 47 – 49

**Typisch für die Steppe im Süden Rußlands waren die durch Erosion tief eingeschnittenen Schluchten, dort „balka" genannt. (Aufnahme: BA 101/77/3024/11)**

reitgehalten jederzeit einem russischen Angriff begegnen können. Der Verzicht auf diese Umgruppierung sowie die Verteidigung der Don-Front fast ausschließlich durch Truppen der Verbündeten schufen schon damals die Voraussetzungen für das Schicksal der später in Stalingrad eingeschlossenen 6. Armee.

Die Armeeoberkommandos der Verbündeten waren innerhalb der Weisungen der Heeresgruppe an sich völlig frei in ihren Entschlüssen, zur Geltendmachung eines gewissen deutschen Einflusses wurden jedoch sogenannte deutsche Verbindungskommandos (DVK) gebildet und mindestens jeweils einem Armeekorps zugeteilt und mit eigenen Nachrichtenmitteln versehen. Den DVK's unterstanden auch die den Verbündeten taktisch zugewiesenen deutschen Verbände operativ und personell. Ein solches DVK bestand in der Regel aus einem Generalstabsoffizier mit Dolmetscher, 2 bis 3 Hilfsoffizieren und 10 Mann Unterpersonal. Zusätzlich wurden auch den AOK's der Verbündeten jeweils ein deutscher General zugeteilt, welcher durch Auslandserfahrungen für diese Aufgabe besonders geeignet war.

Der Oberbefehlshaber der 8. ital. Armee, Generaloberst Gariboldi, hatte in Millerowo sein Hauptquartier. Als deutscher Verbindungsoffizier war der General d. Inf. v. Tippelskirch beigestellt. Hitler drängte die Italiener immer wieder, ihre Stellungen am Don besser auszubauen. Dies führte zu einem anmaßenden Benehmen der Italiener und konnte auch durch das taktvolle Verhalten des deutschen Generals nicht korrigiert werden.

Im Bereich der ital. 8. Armee lagen Anfang Oktober 1942 folgende Divisionen in Flußrichtung am Don: Rechts neben den Einheiten der ung .2. Armee die ID „Tridentina", „Julia", „Cuneense", deutsche 298 .ID. (sämtlich ital. Alpini-Korps), „Ravenna", „Cosseria", „Brigade 23.März" (ital. II. Armeekorps), deutsche 294. ID., „Passubio", „Celere" (sämtlich ital. XXXV. Armeekorps), „Torino", „Sforzesca", „Brigade 3.Januar", deutsche 62. ID. (deutsches XXIX. Armeekorps). Daran schlossen sich weiter östlich dann die Divisionen der rum. 3. Armee an. Die Division „Celere" und die Kavallerie-Brigade „Barbo" lagen zunächst noch als Reserve hinter der Front. Nach der Einschließung Stalingrads mußte bereits am 22. November 1942 das XXIX. Armeekorps die 62. und die 294. ID, die gerade erst zugeteilt worden war, abgeben, sie wurden dringend zum Aufbau einer neuen Verteidigungslinie weiter östlich entlang des Tschir benötigt, um die ca. 200 km breite Lücke zu schließen, die durch den Stoß der Kräfte der Roten Armee bei dem Angriff von Serafimowitsch über den Don nach Süden entstanden war. Das XXIX. Armeekorps erhielt die ital. Division „Celere" als Ersatz für die beiden deutschen Divisionen. Bei der Division „Celere" handelte es sich um eine schnelle italienische Einheit, deren 45 leichte Panzer am 22. November 1942 in Meschkoff eintrafen. Diese Panzer waren jedoch für einen Einsatz in Rußland kaum geeignet und wurden am 7. Dezember 1942 zu Truppenübungen im Rahmen von Panzerangriffen verwendet! Truppendienstlich unterstanden am 30. November 1942 die deutsche 298. ID und die ital. Divisionen „Sforcesca", „Celere" und „Torino" dem XXIX. Armeekorps. In der bereits seit Juli 1942 in einem 5 km tiefen Streifen entlang des Laufs des Don von der Bevölkerung geräumten Verteidigungszone wurden die Erdarbeiten zur Erhöhung der Panzersicherheit Anfang Dezember 1942 noch verstärkt. Dabei wurden direkt am Don-Ufer Panzergräben angelegt und flache Hänge abgegraben. In den Niederungen, in denen keine Panzergräben gebaut werden konnten, legte man Minenfelder an. Diese Maßnahmen wurden als besonders notwendig für den Zeitpunkt angesehen, ab dem der Don zugefroren sein und sein Eis auch für Panzer eine ausreichende Tragfähigkeit aufweisen würde. Die Einschließung der 6. Armee in Stalingrad sollte dann der deutschen militärischen Führung deutlich vor Augen führen, daß die Sowjets offenbar doch noch über genügend Kräfte verfügten, um auch einen weiteren Angriff, diesmal an der Don-Front, zu beginnen.

Nachdem die Einheiten der 6. Armee und der 4. Pz. Armee Don und Wolga erreicht hatten, sollten sie auch dort verbleiben. Im weiteren Lauf des Don hinter Werschenskaja, wo der Fluß sich kurz in einem Bogen nach Nordosten wandte und in einem weiteren kleineren Bogen, nach welchem er endgültig seinen Lauf nach Süden änderte – ab dieser Stelle näherte sich der Don der Wolga am nächsten – war das rechte Ufer ebenso flach wie das gegenüberliegende Ufer. Hier besaß die Rote Armee bei Kremenskaja und bei Serafimowitsch einen größeren und einen kleineren Brückenkopf auf dem rechten Ufer des Don. Italienische Divisionen hatten zwar versucht, diese Brückenköpfe, die später bei der Einschließung Stalingrads eine wichtige Rolle spielen sollten, einzudrücken. Die Kämpfe waren jedoch nicht erfolgreich gewesen. Der Knick des Don nach Nordosten bildete später ungefähr die Trennungslinie der Befehlsbereiche zwischen der flußaufwärts liegenden rum. 3. Armee und der deutschen 6. Armee, wobei am äußersten rechten Flügel die 1.rum. Kavallerie-Division die Stellung hielt. Daran schlossen sich von links nach rechts die deutschen Inf.-Divisionen 376, 44 und 384 (XI.Armee-Korps) an. Dort, wo der Don sich nach Süden wendet, verließ die Frontlinie den Don und setzte sich nach Osten bis zur Wolga fort. Dieser Abschnitt wurde von links nach rechts von der 76. ID, der 113. ID (beide VIII. Armee-Korps) gehalten. Daran schlossen sich die 16. PzD., die 60. ID (mot), die 3. ID (mot) (XIV.Pz-Korps) an. Im Raum Stalingrad standen dann die 14. PzD., die 24. PzD, die 71. ID., die 79. ID, die 295. ID, die 305. ID., die 389. ID. und die 100. Jäger-D. (LI.Armee-Korps). Südlich von Stalingrad besaß der Russe einen Brückenkopf auf dem westlichen Ufer der Wolga, hier waren die Einheiten der 4. Pz-Armee und daran anschließend die Einheiten der rum. 4. Armee eingesetzt. Die 16. ID (mot) der 4. Pz-Armee stand einsam im Raum von Elista weit unten im Süden und hatte die Aufgabe, die 250 km breite Frontlücke in der Kalmückensteppe zu überwachen. Diese Gruppierung sämtlicher Einheiten entsprach dem Stand Mitte November 1942 und bildete die Grundlage für die spätere Niederlage, die mit der Vernichtung der 6. Armee und großer Teile der 4. Pz-Armee und der rum. 4. Armee enden sollte. Es ist unverständlich, daß nicht wenigstens die drei Pz-Divisionen und die zwei motorisierten Inf.-Divisionen rechtzeitig aus der exponierten Stellung herausgezogen wurden, um hinter dem Don als bewegliche Eingreifreserve bereitzustehen[2]. Angesichts der problematischen Versorgungslage der 6. Armee infolge der fehlenden durchgehenden Eisenbahnverbindung mit dem Hinterland im Westen wäre es ohnehin am besten gewesen, sämtliche Einheiten ostwärts des Don hinter den Fluß zurückzuziehen, denn der Kampf um die völlige Inbesitznahme der in Trümmern liegenden Industriestadt an der Wolga war militärisch sinnlos, kostete nur unnötige Verluste und die Sperrung des wichtigen Verkehrsweges war nicht mehr notwendig, sobald die Wolga zugefroren war. Außerdem waren nur wenige Versorgungslager zwischen Don und Wolga vorhanden. Aber Hitler wollte nichts aufgeben, was einmal gewonnen war. Sein Kampf um Stalingrad war vor allem eine Prestigefrage, so mußte dann das Unheil mit der Einschließung und der anschließenden Vernichtung der Truppen der Deutschen Wehrmacht in Stalingrad schließlich seinen Lauf nehmen.

(2) Magenheimer, Seite 180

# 3. Der Nachschub

Bereits während des stürmischen Vormarsches im Sommer 1942 mußten die motorisierten Verbände der 6. Armee immer wieder Zwangspausen einlegen, in denen es dem Feind gelang, sich einer drohenden Umschließung zu entziehen. Die niedrigen Gefangenenzahlen sprechen hierzu eine deutliche Sprache. Der Grund für das häufige Anhalten war in erster Linie der Mangel an Nachschub, insbesondere an Munition und Treibstoff. Die Angriffsspitzen entfernten sich immer weiter von den Betriebsspitzen der Eisenbahn, da die Wiederherstellung der Strecken mit der Geschwindigkeit des Vormarsches nicht mitkam. Der vorhandene Großtransportraum auf der Straße konnte wegen der ständig länger werdenden Versorgungswege immer schlechter ausgenutzt werden. In ganz besonders dringlichen Fällen mußten die auf dem Südflügel der Ostfront vorhandenen wenigen Transportgeschwader der deutschen Luftwaffe nicht nur für die Nachschubversorgung der nach Stalingrad vorstoßenden 6. Armee, sondern auch der nach dem Kaukasus eilenden 1. Panzer-Armee, eingesetzt werden.
Bevor nun auf die Organisation des Nachschubwesens beim Heer der Deutschen Wehrmacht eingegangen wird, ist es zu deren Verständnis notwendig, zunächst einmal auf die Grundstruktur der Organisations- und Befehlsstrukturen hinsichtlich der Heereseinheiten einzugehen. Nach der Heeresdienstvorschrift war die Infanterie-Kompanie (Kp.) die unterste Einheit in der Befehlskette, drei bis vier Kompanien bildeten ein Bataillon (Btl.), drei Bataillone ein Regiment (Rgt.) und drei Regimenter eine Division (Div.). Eine Kompanie bestand gewöhnlich aus vier Zügen mit je 30 Mann und hatte somit Stärke von ca. 120 Mann. Eine Division hatte einen Mannschaftsstand von 10 bis 12.000 Mann, sie stellte die größte militärische Einheit dar. Zwei bis vier Divisionen waren befehlsmäßig einem Armeekorps (AK., A.K.) unterstellt, mehrere Armeekorps bildeten dann eine Armee. Beide bestanden nur aus einem Stab mit dem notwendigen Personal und den entsprechenden Einrichtungen zum Führen der Truppe.
Das Nachschubwesen beim Heer der Deutschen Wehrmacht war vorbildlich organisiert und funktionierte auch entsprechend hervorragend. Wenn der Nachschub manchmal nicht funktionierte, so lag das jedoch an den äußeren Umständen und nicht an der Organisation selbst. In der Regel wurde mit sogenannten Versorgungsstützpunkten (V.St.P.) gearbeitet, die von einer Armee für jeweils ein bis zwei Armeekorps eingerichtet wurden. Am Ort des V.St.P. befanden sich die Feldpoststelle, das Kriegslazarett zur Aufnahme der von den Verbandsplätzen kommenden Verwundeten, die Gefangenensammelstelle, Nachschublager für Treibstoff, Munition und Verpflegung, Schlächtereien, Bäckereien, Feldgendarmerie, usw.. Hier war auch das Reich der Verwaltungsbeamten der Wehrmacht, die das Nachschubgut bestellten, in Empfang nahmen, verwalteten und ausgaben. Eine Armee besaß in der Regel einen ausreichenden Großtransportraum, der bedarfsweise durch weiteren Transportraum der übergeordneten Heeresgruppe verstärkt werden konnte, mit welchem das Nachschubgut aus dem Hinterland, z. B. von den Versorgungslagern der Heeresgruppe bzw. von den Betriebsspitzen der Eisenbahn zu dem V.St.P. transportiert wurde. Der Großtransportraum bestand meistens aus schweren Fernlastwagen der Wirtschaft, wobei jeder Lastwagen ein Ladegewicht von mindestens 5 t hatte und noch ein bis zwei Anhänger zog. Mehrere Lastwagen bildeten jeweils eine Kraftwagen-Transport-Kompanie (Kw.Trsp.Kp.), die eine Ladefähigkeit von ca. 150 bis 180 t aufwies; mehrere Kompanien gehörten zu jeweils einer Abteilung (Kw.Trsp.Abt) und drei Abteilungen bildeten ein Kraftwagen-Transport-Regiment (Kw.Trsp.Rgt.) als größte Einheit. Hinzu kamen auch noch die notwendigen Instandsetzungseinheiten, die ebenso wie eine oder mehrere Kw.Trsp.Einheiten je nach Bedarf einem V.St.P. zugeteilt wurden. Die Divisionen des betreffen-

**Die Transportkolonnen des Heeres wurden in der Regel aus handelsüblichen Fernlastwagen mit einer Nutzlast von 5 bis 6,5 t gebildet, mit einem Anhänger, der zusätzlich bei trockner Witterung befördert werden konnte, ließ sich die Nutzlast des Lastzuges verdoppeln. (Aufnahme: BA 101/77/3030/37)**

den Armeekorps, für deren Nachschub der V.St.P. zuständig war, meldeten ihren Bedarf beim V.St.P. an und holten das Nachschubgut dann dort ab. Für den Transport desselben vom V.St.P zu den Divisionen waren jeweils deren Trosse zuständig, je nach Art der Einheit erfolgte die Beförderung durch deren Nachschub-Kolonnen mit Lkw (1,5 t oder 3 t) oder wohl vielfach auch mit pferdebespannten Troßfahrzeugen. Zur Vermeidung allzulanger Transportwege zu den Bedarfsträgern wurden die V.St.P. in der Regel ca. 100 bis 150 km hinter der Front eingerichtet, bei einem schnellen Vormarsch konnte oftmals der V.St.P. nicht so schnell folgen, bei einem Rückzug wurde dieser entsprechend zurück verlegt. Soweit wie möglich, wurde ein V.St.P. auch entweder direkt oder mit einer guten Straßenverbindung an einen Bahnhof einer in Betrieb befindlichen Eisenbahnstrecke angelegt. Darüber hinaus legte die Armee so weit wie möglich auch Vorratslager an, die vorzugsweise ebenfalls an Bahnstrecken lagen. Man unterschied Armee-Verpflegungslager (A.V.L.), Armee-Munitionslager (A.M.L.) und Armee-Betriebsstofflager (A.B.L.), aus denen je nach Bedarf auch die Nachschubversorgung der V.St.P. erfolgte. Daneben gab es auch noch Armee-Pionier-Lager (A.P.L.). Verantwortlich für den Nachschub für eine Armee war deren Oberquartiermeister O.Qu. oder Armee-Nachschub-Führer, daneben gab es auch auf der Ebene der Armeekorps und der Divisionen Offiziere, die für den Nachschub zuständig waren, wobei diejenigen des betreffenden Armeekorps auch ihren Gefechtsstand am Ort des V.St.P. hatten. Der O. Qu. stand auch in engster Verbindung mit Bevollmächtigten Transport-Offizier (Bv.Tr.O.) der Armee, der für die Lenkung der Nachschubtransportzüge der Eisenbahn ein Mitspracherecht hatte. Seine Aufgabe bestand in erster Linie in der reibungslosen Abwicklung der Transportbewegungen auf der Schiene unter Berücksichtigung ihrer Dringlichkeit. Er mußte deshalb aufs

engste mit den zuständigen Feld-Eisenbahn-Kommandos und den Dienststellen der Deutschen Reichsbahn zusammenarbeiten.
Während des Vormarsches wurden immer wieder V.St.P. angelegt, so beispielsweise am 9. Juli 1942 in Rossosch-Olchowatka. Verpflegung wurde im Lande noch genügend vorgefunden, wodurch deren Nachschub nicht notwendig wurde, lediglich Rauchwaren, Getränkeportionen und Salz wurden benötigt. Da am Tag darauf der Munitionsverschuß weiterhin gering war, wurde in der Hauptsache nur Treibstoff in größeren Mengen benötigt, allerdings reichte der vorhandene Kolonnenraum nicht aus, um die benötigten Mengen den Einheiten nachzuführen. Trotzdem gelang die Nachführung von 650 cbm Treibstoff zu den Umschlagstellen der Armeekorps. Der hohe Treibstoffverbrauch der motorisierten Einheiten hatte zur Folge, daß ein Versorgungsgang vom Betriebsstofflager der Armee bis zu den Divisionen 3 bis 4 Tage in Anspruch nahm. Auch Ostrogoshsk wurde V.St.P., wobei zu bemerken ist, daß Ostrogoshsk an der zweigleisigen Strecke Walujki – Liski (siehe Seite 65) und Rossosch an der zweigleisigen Eisenbahnstrecke (Liski) – Rostow (siehe Seite 70) liegen, die jedoch zu diesem Zeitpunkt gerade erst von den Eisenbahnpionieren am 11. bzw. 16. Juli 1942 erstmalig in Augenschein genommen wurden. Am 12. und 13. Juli 1942 wurden durch die Tranportstaffeln der deutschen Luftwaffe 1800 cbm Betriebstoff nach Millerowo geflogen, das gerade erst eingenommen wurde. Da die Tranportlage weiterhin gespannt war, wurden nicht ausgenutzte Lkw gesammelt und zusätzlich zur Nachschubversorgung eingesetzt, die hauptsächlich Treibstoff, Munition, Verpflegung und Hafer für die Pferde enthält. Der Einsatz von Heeres-Streifen und Feldgendarmerie zur Erfassung von weiteren Lkw, die zu Transporten zur Front eingesetzt werden können, führte zum Erfolg, so daß am 14. Juli 1942 weiterer Transportraum von 900 t zusammenkam. Das Oberkommando der 6. Armee, d.h. vermutlich die betreffenden zugeordneten Eisenbahnpioniere, übernahmen den Betrieb auf der Eisenbahnstrecke (Liski) – Rostow und zwar auf der Teil-

**Die Trosse der normalen Infanteriedivisionen wurden oftmals durch pferdebespannte Einheiten gebildet. (Aufnahme: BA 101/78/3099/8A)**

strecke Puchowo – Mitrofanowka und ab 16. Juli 1942 bis nach Kantemirowka in eigener Regie. Durch anhaltende Regengüsse und die dadurch verursachte Sperrung der Straße zwischen Rossosch und Kantemirowka (Eisenbahnstrecke noch nicht in Betrieb) kam es zu Verzögerungen bei der Nachschubversorgung zwischen 24 und 72 Stunden, hierbei entstand wieder Betriebsstoffmangel, durch den der Vormarsch stark behindert wurde. Nachdem die Einheiten der 6. Armee weiter nach Osten vorgestoßen waren, sollte am 17. Juli 1942 in Meschkoff südl. des Don ein V.St.P. eingerichtet werden. Seit diesem Tag regnete es ununterbrochen mit der Folge, daß der Nachschubverkehr völlig zusammenbrach, hinzu kam auch eine längere Störung der Nachrichtenverbindungen. Erst nach einigen Tagen waren die Wege wieder trocken und damit befahrbar. Auf der Teilstrecke Puchowo – Tschertkowo verkehrten seit dem 19. Juli täglich Züge, davon standen der 6. Armee zwei zur Verfügung. Die Verpflegung der Truppe bereitete zu diesem Zeitpunkt keine Schwierigkeiten, große Mengen an Vieh waren vorhanden, ebenso Buchweizen, Hirse, Sonnenblumenöl und Brotgetreide, allerdings mußte letzteres erst gemahlen werden, wozu die schnell vorrückende Truppe jedoch keine Zeit fand. Hafer dagegen wurde nur wenig gefunden, weshalb dieser zur Fütterung der Pferde der bespannten Einheiten immer wieder nachgeschoben werden mußte. Die angespannte Nachschublage machte eine Einteilung des kostbaren Betriebsstoffes nach Prioritäten notwendig:

1. Sturmgeschütz-Abt.
2. Heeres-Panzerjäger-Abt.
3. Pz-Divisionen
4. Heere-Artl. einschl. Flak
5. Mot.Teile der nach Osten marschierenden ID'n
6. Brückenkolonnen, Pioniere
7. Die übrigen Einheiten

Zum Erreichen des Don erhielt am 21. Juli 1942 das XIV.Pz-Korps ca. 1300 cbm Betriebstoff. Der gesamte Nachschub der 6. Armee lief über die noch auszubauenden Straßen Belowodsk – Djogtewo – N.Astachoff – Bokowskaja und Belowodsk – Baranikowka – Wodoschewo – Millerowo – N.Astachoff –Bokowskaja, wo ein neuer V.St.P. eingerichtet wurde. Der wichtige Nachschub an Betriebsstoff und Munition wurde damals durch die ebenfalls in Richtung Osten marschierenden Truppen behindert, die ebenfalls diese Straßen benutzten. Die 24.PzD hatte am 23. und 24. Juli 1942 jeweils 150 cbm Betriebsstoff erhalten, welcher durch Ju 52 nach Morosowskaja geflogen worden war. Ab 25. Juli 1942 wurden Betriebsstoff und Mundverpflegung (Fleischkonserven) im Straßentransport nach Millerowo zur dortigen vorläufigen Einlagerung gebracht. Dort bezog der Armee-Nachschub-Führer seinen Gefechtsstand. Als sich der russische Widerstand im Donbogen im Raum Kalatsch am 25. Juli 1942 immer mehr versteifte, forderten die 16. PzD und die 60. ID(mot) mehr Munition an. Die Knappheit an Betriebsstoff war dank der besseren Versorgung an einigen Stellen augenblicklich behoben. Dem Oberkommando der 6. Armee wurde täglich ein Zug auf dem Streckenabschnitt Jewdakowo – Millerowo der Strecke Liski – Rostow (siehe Seite 70) zugestanden, wobei das Nachschubgut in Jewdakowo auf die Eisenbahn umgeladen wurde. Für den 28. Juli 1942 wurde Luftversorgung besonders mit Munition für die schwer kämpfenden Einheiten am Don beim VIII. Fliegerkorps angefordert, der Absprunghafen lag im Raum Stalino, das Ziel war bei Obliwskaja, wo sich auch inzwischen der Gefechtsstand des Fliegerkorps befand. Die am 30. Juli 1942 begonnene Luftversorgung mußte am frühen Vormittag wegen starker Gewitter abgebrochen werden und konnte erst im Laufe des Nachmittags wieder aufgenommen werden. Im Rahmen der Kampfhandlungen wurden Teile des XIV.Pz Korps und des Stabes bei Ssuchano eingeschlossen; da ein geeigneter Landeplatz nicht vorhanden war, wurde versucht, die Luftversorgung durch Abwurf sicherzustellen. Da jedoch eine Versorgung nur bei Nacht möglich war, bestand die Gefahr, daß sämtliche 32 Behälter an einer falschen Stelle abgeworfen worden sein könnten. Der Verlust war jedoch zu verschmerzen, denn tags darauf war nach drei Tagen die Nachschubstraße des XIV. Pz-Korps wieder freigekämpft, wodurch es möglich war, einen Geleitzug mit ca. 90 Lkw zu den vordersten Truppen durchzuschleusen. Zwischen Charkow bzw. Kupjansk und Millerowo mußte immer noch sämtlicher Nachschub auf der Straße transportiert werden, weil durchgehende Eisenbahnstrecken noch nicht zur Verfügung standen. Aber auch der Straßenverkehr wurde immer wieder durch starke Regenfälle behindert, die die Straßen aufweichen. Ein Unwetter suchte am 1. August 1942 Ostrogoshsk an der Strecke Walujki – Liski (siehe Seite 65) heim; dadurch wurde der Umschlag von der Bahn auf die Straße zum Weitertransport nach Jewdakowo an der Strecke Liski – Rostow (siehe Seite 70) behindert, so daß das Eintreffen der Versorgungszüge in Millerowo für mindestens einen Tag verzögert wurde. Stattdessen sollte per Lufttransport Munition nach Lipowskij (6 km südwestl. Peresalowskij) und nach Obliwskaja gebracht werden. Ursprünglich sollte auch Betriebsstoff geflogen werden, doch stand solcher überhaupt nicht zur Verfügung. Daher lagen am 2. August 1942 die Einheiten der Armeekorps VIII., und LI. und das XIV.Pz-Korps fest. Vor dem Übergang über den Don in Richtung Stalingrad sollten dem Panzer-Korps 3000 cbm Betriebstoff aus dem Sperrbestand des OKH zugeführt werden. Die Straßenlage hatte sich am 3. August 1942 gebessert, so daß die Transportkolonnen wieder fahren konnten, auch die Luftversorgung nach Lipowskij und Obliwskaja brachte dringend benötigte Munition und Betriebsstoff. Bei der Luftversorgung in den nächsten Tagen traten Schwierigkeiten auf, da die Mehrzahl der Tranportflugzeuge in Zukunft für die Versorgung der Heeresgruppe A benötigt wurden, deren Einheiten im Großeinsatz im Kaukasus standen und ebenfalls an Verorgungsschwierigkeiten litten. Am 4. August 1942 war geplant worden, von Millerowo, das an dem Streckentorso zwischen der zerstörten Brücke über den Don südl. von Liski und der zerstörten Brücke über den Donez nördl. von Kamenskaja lag (siehe Seite 70), die Nachschubversorgung für die gesamte 6. Armee zu steuern, allerdings gab es hier Schwierigkeiten mit den Italienern bei der Quartierbeschaffung, denn inzwischen war der ital. 8. Armee ein langer Abschnitt entlang dem Don zur Verteidigung zugewiesen worden. In Millerowo hatte auch deren Oberbefehlshaber Generaloberst Gariboldi inzwischen sein Hauptquartier eingerichtet. Auch beanspruchten die Italiener die führende Rolle auf dem Bahnhof Millerowo. Aufgrund dieser Unstimmigkeiten wurde von der Heeresgruppe B bestimmt, daß die Italiener die Bahnhöfe Rossosch, Tschertkowo und Kantemirowka und die deutsche 6. Armee den Bahnhof Millerowo als Umschlagplätze zu benutzen hatten; damit mußten die Italiener ihre Versorgungseinrichtungen wieder von Millerowo weg verlegen. Die 22. PzD. erreichte im Laufe des 6. August 1942 Morosowskaja und war praktisch ohne Betriebsstoff, dagegen war Munition noch genügend vorhanden. Um den Angriff in Richtung Osten am folgenden Tag fortzusetzen, sollten die übrigen Divisionen voll aufmunitioniert werden, der Munitionstranport sollte durch die Luft erfolgen, als Landeplätze waren Lipowskij und Obliwskaja vorgesehen. Die Luftwaffe war jedoch mangerls Flugtreibstoff nicht in der Lage, die gewünschten 100 t Munition zu transportieren. Nach einer am 6. August 1942 vorgenommenen Abgrenzung der Befehlsbereiche zwischen der ital. 8. Armee und der 6. Armee übernahm letztere nun ein Gebiet mit durchweg Steppencharakter. Jegliche Eigenversorgung aus dem besetzten Gebiet entfiel damit, so daß die 6. Armee ab sofort vollständig auf Zufuhren von Westen angewiesen war. Bald gelang jedoch eine Verschiebung der Grenze zugunsten der 6. Armee, wodurch auch Millerowo in den Befehlsbereich der 6. Armee fiel. Bei der ital. Division „Celere" im Raum Serafimowitsch griffen sowjetische Einheiten am 8. August 1942 an, die motorisierte Division war ohne Betriebsstoff. Ein Nachschub war nicht möglich, da weder in Bokowskaja noch in Millerowo Betriebsstoff vorhanden war, denn der Zugzulauf nach Millerowo war völlig unbefriedigend. Der russische Einbruch im Raum Serafimowitsch sollte durch den Einsatz der 22. PzD. bereinigt werden. Während mit den Bauarbeiten an der Verbindungsstrecke Ostrogoshsk – Jewdakowo (siehe auch Seite 70) gerade begonnen wurde, mußte zwischen diesen beiden Bahnhöfen weiterhin sämtlicher Nachschubverkehr auf der Straße abgewickelt werden. Die Leistungsfähigkeit im Straßenverkehr zwischen Ostrogoshsk und Jewdakowo betrug gerade einmal drei Nachschubzüge täglich, denn der Umschlag von der Schiene auf die Straße und dann wieder von der Straße auf die Schiene kostete Zeit und Arbeitskräfte. Von Jewdakowo ging der Transport der Nachschubgüter auf der Schiene jetzt bis nach Glubokaja südl. von Millerowo, wo sich gute Umschlagmöglichkeiten befanden. Nach dem erneuten Umladen von der Schiene auf die Straße wurde der Nachschub dann auf der Straße Glubokaja – Krassnowka – Ditschenskij – Kalitschewskaja – Krassnija – Djadin – Forchstadt nach Belaja Kalitwa an der Strecke Lichaja – Stalingrad (siehe Seite 87) transportiert. Ab hier konnte zunächst ein beschränkter Schienenverkehr auf Breitspur in Richtung Stalingrad zum Weitertransport des Nachschubs genutzt werden. Die Straßenverbindung Glubokaja – Belaja Kalitwa wies bei trockenem Wetter im Einsatz von Großtransportraum eine Leistung von drei bis vier Zugladungen täglich auf. Der Abtransport der meisten Verwundeten erfolgte in umgekehrter Richtung, wobei ein Teil auch mit Transport- oder Sanitäts-Ju 52 befördert wurden. Auf der Strecke zwischen Walujki und Ostrogoshsk (siehe Seite 65) wurde der Lazarettzug „Adler" eingesetzt. Damals wurde der Mangel an Betriebsstoff bei den schnellen Verbänden so groß, daß die Umschlagsstelle Jewdakowo verstärkt dieses Nachschubgut abfertigen mußte. Diese Maßnahme zeigte sehr schnell Wirkung, denn schon am 8. August 1942 trafen in Millerowo neben 16 Eisenbahnwagen mit Munition und 12 Wagen mit Verpflegung auch 58 Wagen mit Betriebsstoff ein. Da die Erntezeit bevorstand, durften Panjewagen von der Truppe nicht mehr ausgehoben werden, vielmehr musste die Truppe auf Anforderung der inzwischen eingesetzten örtlichen Landwirtschaftsführer Gespanne zur Einbringung der Ernte stellen. Zur Erfassung der dürftigen Erntevorräte hatten bereits in Morosowskaja und Bokowskaja Gebietslandwirte ihre Posten bezogen. Im Etappengebiet wurde keine Verpflegung vorgefunden, weshalb diese als Nachschub beigebracht werden mußte. Der bisher in Breitspur betriebene Streckenteil Belaja Kalitwa – Parschin endete an der Brücke über den Tschir, die sich noch im Wiederaufbau befand. Dennoch trafen am 10. August 1942 in Parschin 66 Wagen mit Betriebsstoff ein. Auch Millerowo erhielt 56 Wagen mit Betriebsstoff und 21 Wagen mit Munition. Da auch am 11. August 1942 in Millerowo seit zwei Tagen kein Nachschub an Verpflegung mehr eingetroffen war, trat ein empfindlicher Mangel bei den Divisionen der 6. Armee ein; außer Mehl und in geringem Umfang Fleisch war nichts mehr vorhanden. Während am 12. August 1942 in Millerowo genügende Mengen an Betriebsstoff (5 Züge) eingetroffen sind und in Parschin 2 Züge, fehlte weiterhin Verpflegung, die von Kupjansk mit Transportkolonnen von weit her herangeschafft werden mußte. Am folgenden Tag mußte auch die Munition für die schwere Artillerie von dort herantransportiert werden. Dazu herrschte ein Mangel an Kfz-Ersatzteilen, Panzer-Ersatzteilen und Zubehör; Abhilfe war schon seit zwei Monaten versucht worden. In Jewdakowo befanden sich nur kurze Verladegleise, weshalb der Umschlag auf ganze Züge nicht möglich war. Deshalb mußten kürzere Züge mit 15 bis 18 Wagen gefahren werden, wodurch ein vernünftiger Einsatz der Lokomotiven eingeschränkt wurde und mehr Lokomotiven benötigt wurden. Am 16. August erreichten die Divisionen des VIII. AK ein Gebiet, in welchem Wassermangel herrscht, Vieh oder Viehfutter waren auch nicht vorhanden. Das Schlachten von Schafen wurde verboten, da diese zur Wollerzeugung gebraucht wurden. Der Ernteertrag wurde immer geringer, je weiter die Truppe nach Osten vordrang. Bereits schon vorher war aufgefallen, daß die geringe Feldbestellung im Frühjahr und die Verunkrautung der Felder nur eine geringe Ernte erwarten ließ. Man rechnete damit, daß die Ernte komplett als Saatgut benötigt werden und damit der Truppe zur Ernährung nicht zur Verfügung stehen würde. Es sah schon fast so aus, als wäre die geringe Bestellung im Frühjahr nicht nur eine Folge von Mangel an Arbeitskräften gewesen, die mit der Waffe Dienst in der Roten Armee taten, sondern als ob die Führung der Roten Armee bereits damals, also schon im Frühjahr 1942, fest mit der Aufgabe des gesamten Gebiets bis zur Wolga gerechnet hätte. Damit vor Eintritt der Schlammperiode die Bevorratung der 6. Armee einigermaßen gesichert sein würde, sollten täglich zusätzlich 1500 bis 2000 t Versorgungsgüter von Millerowo zu den Einheiten vorgebracht werden, diese Aktion sollte bis Mitte Oktober 1942 abgeschlossen sein. Mit dem schnellen Vormarsch nach Osten wurden die Wege zwischen V.St.P. und der kämpfenden Truppe immer länger, so daß neue V.St.P. unter Aufgabe der bisherigen angelegt werden mußten. So wurde am 12. August 1942 in Manoilin (40 km südöstl. Perelasowskij) ein neuer V.St.P. eingerichtet, nachdem bereits am Tage zuvor der V.St.P. von Meschkoff aufgelöst worden war. Der ständige Einsatz der großen Lkw der Transportkolonnen bei einer Nachschubstrecke von 300 km ließ den Einsatzbestand am 14. August 1942 auf 70% absinken, z.T. lag dies auch am Wetter, es herrschte große Hitze. Die Instandsetzung der Lkw der Transportkolonnen erfolgte durch eigene Werkstattzüge, nach Möglichkeit sollten keine Instandsetzungsdienste der Armee in Anspruch genommen werden. Im Kampfgebiet der 6. Armee konnte an Verpflegung für Mann und Pferd aus dem Lande nichts zugeführt werden, da auch das dürftige Steppengras den Pferden nicht genügte. Die normalen Infanteriedivisionen waren ja nicht motorisiert, sondern bespannt. Mit der Eisenbahn wurde nicht genügend Nachschub für die Armee herangebracht, weshalb der zur Verfügung stehende Kolonnenraum nicht voll ausgenutzt werden konnte. Am 19. August 1942 wurde der V.St.P. Bokowskaja aufgelöst und in Kißljakow ein neuer V.St.P. eingerichtet. Da im Hinterland wieder schlechtes Wetter herschte, verzögerte sich der Nachschub. Auch am folgenden Tag gab es starke Regenfälle im Raum Ostrogoshsk, wodurch infolge der Sperrung der Straße Ostrogoshsk – Jewdakowo keine Versorgungsgüter in Millerowo ankamen. Gestützt auf die Versorgung aus Manoilin und Kißljakow begann am 21. August 1942 der Angriff des LI. und VIII. A.K. über den Don, das XIV. Pz.A.K. folgte einen Tag später. Die verantwortlichen Offiziere erwarteten mit Spannung die Aufnahme des Eisenbahnbetriebs auf der Strecke von Lichaja in Richtung Stalingrad. Nach der Planung hatte er schon am 25. August 1942 auf der Teilstrecke Lichaja – Brücke über den Donez bei Belaja Kalitwa, an deren Wiederaufbau immer noch fieberhaft gearbeitet wurde, aufgenommen werden sollen. Die ersten auf der Breitspurstrecke zwischen Belaja Kalitwa und Parschin am 26. und 27. August 1942 eintreffenden Züge beförderten allerdings kein ersehntes Nachschubgut, sondern Kriegsbrückengerät der Eisenbahn-Pioniere für den Wiederaufbau der Brücke über den Tschir hinter Parschin; weitere Züge am 28. August 1942 transportierten Material für den Bau der Großfeldbahnen im Don-Gebiet. Die ankommenden Züge wurden in Kakitschew und in Bogurajew entladen, das Ladegut wurde mit Lkw auf der Straße nach Belaja Kalitwa gebracht und von dort auf Breitspur weiter nach Osten transportiert. Am 23. August 1942 überschritt die 16. PzD. die von Stalingrad nach Norden führende Straße, die Spitze stand nördl. von Stalingrad auf den Höhen in der Nähe der Eisenbahnfährverbindung über die Wolga. Der notwendige Nachschub sollte durch Luftabwurf erfolgen, blieb dann jedoch aus. Das XI.A.K. wurde auf dem linken Flügel vom Feind stark bedrängt, einige Einheiten mußten unter starken Verlusten an Gerät zurückgenommen werden, Munition und Treibstoff waren äußerst knapp. Am 25. August 1942 war in Millerowo nur Betriebsstoff angekommen, in den V.St.P. wurde die Verpflegung knapp. Am 26. August 1942 mußte der Angriff auf Stalingrad zunächst eingestellt werden, da die Rote Armee im Raum Kotluban sehr heftig angriff und dadurch sehr viel Munition verbraucht wurde. Das XIV.Pz.A.K. litt unter Nachschubmangel. Man versuchte, einen Geleitzug nach vorne zu bringen, was am 26. August 1942 gelang. Zusätzlich erfolgte die Versorgung mit Munition aus der Luft durch Abwurfbehälter, die Transportmaschinen starteten in Millerowo. Am Abend des 27. August 1942 waren die Eisenbahnstrecke westl. Ostrogoshsk und der Bahnhof (siehe Seite 65) selbst Ziele eines russischen Bombenangriffes. Dabei wurde auf der Strecke ein ital. Munitionszug getroffen, der in die Luft flog und die Strecke blockierte. Weil auch der Bahnhof erheblich beschädigt wurde, war der Bahnverkehr gestört. In Millerowo lagerten noch etwa 1500 t Versorgungsgüter, die nach Forchstadt bei Belaja Kalitwa gebracht wurden. Am 29. August 1942 war die Strecke bei Ostrogoshsk wieder befahrbar, der Straßentransport von dort nach Jewdakowo jedoch wegen starker Regenfälle nicht möglich. Als künftiger Umschlagbahnhof war Tschernyschkow vorgesehen. Der Bahnhof lag an der in Breitspur betriebenen 130 km langen Teilstrecke von Belaja Kalitwa (siehe Seite 87) und war damals Betriebsspitze, da die Strecke in Richtung Stalingrad noch durch die zerstörte Brücke bei km 199,5 unterbrochen war. Der noch ca. 4 km weiter östlich gelegene Bahnhof Parschin war als Umschlagbahnhof weniger geeignet, da er nur wenige Gleise aufwies und Tschernyschkow darüber hinaus auch ein wichtiger Straßenknotenpunkt war. Da dort aber keine Lagermöglichkeiten vorhanden waren (der Bahnhof war restlos zerstört) wurden durch ein Bau-Btl. auf dem früheren russ. Kavallerie-Truppenübungsplatz in der Nähe von Forchstadt Baracken und Schleppdächer abgebaut und auf der Straße zum Wiederaufbau nach Tschernyschkow gebracht. Die Lagermöglichkeiten in Repnaja und Koksowaja im Raum von Forchstadt waren sehr schlecht. Am 31. August 1942 kamen die ersten Breitspur-Züge in Tschernyschkow an. Am 1. September 1942 wurde mit der Räumung des Munitionslagers in Millerowo begonnen, die Munition wurde weiter nach Osten gebracht und sollte zur Winterbevorratung des XVII.A.K. dienen. In Forchstadt wurde Winterbekleidung eingelagert, die mit der Eisenbahn eingetroffen war; die Wolldecken aus dem zweiten Zug wurden weiter nach Tschernyschkow transportiert. Am 3. September 1942 sollte die Bahnstrecke zwischen Donskaja (Kalatsch) und Stalingrad auf ihre Betriebsfähigkeit untersucht werden, dabei wurde die Möglichkeit ins Auge gefaßt, das Nachschubgut auf der Straße von Tschernyschkow bis Donskaja und anschließend weiter mit der Eisenbahn zu befördern, da die große Eisenbahnbrücke über den Don bei Tschir zerstört war und deren Wiederaufbau noch lange Zeit in Anspruch nehmen würde. Die Benutzung der in Breitspur betriebenen Teilstrecke von Belaja Kalitwa zeigte schnell Wirkung: Bereits am 4. September 1942 lagerten in Tschernyschkow etwa 3000 t Munition und 1000 t Verpflegung, sämtliche Lagermöglichkeiten waren damit bereits erschöpft. Zum schnellen Ausladen der ankommenden Züge wurden auch Zivilarbeiter eingesetzt, auch richtete man ein Ausweichmunitionslager ein. Es mangelte aber an Kolonnenraum für den Weitertransport der in Tschernyschkow lagernden Nachschubgüter. Am 4. September 1942 wurde die gesamte Strecke Walujki – Starobelsk – Kondraschewskaja – Millerowo (siehe Seite 81 und 82) in Normalspur in Betrieb genommen, damit war Millerowo erstmalig, wenn auch über Umwege über Kupjansk, normalspurig mit dem Donez-Gebiet verbunden. Der Umschlag zwischen Ostrogoshsk und Jewdakowo wurde jedoch weiterhin benötigt, denn die neue eingleisige Verbindungsstrecke war noch nicht fertiggestellt. Da man für den 7. September 1942 mit der Wiederherstellung der Eisenbahnbrücke über den Tschir zwischen Parschin und Obliwskaja rechnete, wurde Tschir (km 263,9), der vorläufige Endbahnhof an der Strecke von Belaja Kalitwa besichtigt, wo aber keine Unterkunftshallen und Lagermöglichkeiten vorhanden waren. An diesem Tag verlegte der Stab der obersten Quartiermeister-Abteilung der 6. Armee nach Jljewka 8 km südostw. Kalatsch am Don. Die durchgehende Strecke bis Tschir sollte bereits am Abend des 8. September 1942 in Breitspur befahrbar sein. Da die ersten Züge Material für die Eisenbahnpioniere transportierten, war die Strecke für Versorgungsgüter erst am Abend des 11. September frei. Mit der Wiederherstellung der großen Eisenbahnbrücke über den Don bei km 279,4 rechnete man bis zum 1. Dezember 1942. Bei Kalatsch arbeitete man seit Tagen an einer zweispurigen Straßenbrücke über den Don, die am 9. September 1942 von den Heerespionieren fertiggestellt wird. Die Straße von Tschir nach Kalatsch befand sich in einem guten Zustand. An diesem Tag wurde auch in Nishne Alexejewskij östlich des Don ein neuer V.St.P eingerichtet, dorthin sollten ital. Kolonnen von Millerowo einmalig 1000 t Nachschubgut (800 t Munition, 100 t Mundverpflegung, 100 t Mehl) transportieren. Zum Durchschleusen der Kolonnen wurden Einweiseposten der Feldgendarmerie nach Perelasowskij, Manoilin, Dobrinskaja, Kalatsch und zur Abzweigung nach Nishne Alexejewskij gesandt. Der V.St.P. Tschernyschkow wurde am 12. September mit Teilen nach Tschir verlegt. Als erster Zug wurde ein Zug mit Barackenteilen gefahren, die Baracken wurden in Tschir aufgestellt. Der Umschlag von Nachschubgut in Tschir sollte ab 12. September 1942 stattfinden, der Bahnhof sollte Hauptumschlagbahnhof der 6. Armee werden. Im Bereich der 6. Armee wurden hochwasserfreie Straßenbrücken über den Don bei Lutschinskoje (einbahnig) und bei Kalatsch (zweibahnig) geplant, den Bau der letzteren übernahm die O. T.. Zum Winter sollten die Straßen Ssurowikino – Kalatsch – Karpowka, Nishne Tschirskaja – Tschir – Donhöhenstraße bis Malji und Tschir – Fähre über den Don – Loshki ausgebaut werden. Durch starken Regen wurde der Straßenverkehr am 14. September 1942 behindert, dagegen trafen an diesem Tag die ersten Nachschubzüge für die 6. Armee ein, dies waren ein Munitionszug und ein Zug mit Mehl. Im Munitionslager Tschernyschkow brach ein Brand aus, der mehr als 10 t Munition vernichtete. Ab 16. September sollte die 22. PzD zur Auffrischung aus der Kampfzone herausgezogen werden, konnte den vorgegebenen Termin jedoch mangels Betriebsstoff nicht einhalten. Trotz der zur Verfügung stehenden Breitspur-Teilstrecke Belaja Kalitwa – Tschir wurde auch weiterhin Nachschubgut nach Millerowo transportiert, das dann von dort mit Transportkolonnen nach Nishne Alexejewkij gebracht wurde. Dort war aufgrund eines russischen Einbruchs vom 18. September 1942 die Entladung nicht mehr möglich, die Kolonnen wurden daraufhin nach Karpowka umgeleitet. Auch Koksowaja (siehe Seite 87) am Ende der umgespurten Stichbahn von Wasilewskij (Km 31,0) wurde zur Beschleunigung des Ausladens herangezogen; und mit 1200 t zugeteiltem Kolonnenraum wurde das Nachschubgut (teilw. Hindernisbaustoffe, Winterbekleidung) im Pendelverkehr zwischen Koksowaja (oder Koksofen!) und Morosowskaja transportiert. Am 18. September 1942 um 4 Uhr stießen bei Parschin ein Bauzug und ein Munitionszug zusammen. Um 10.30 Uhr war die Strecke wieder frei. An diesem Tag war auch der Oberste Quartiermeister der 6. Armee bei seinem Chef zum Vortrag. Dabei kam auch die Umspurung der Strecke Belaja Kalitwa – Tschir zur Sprache, mit welcher nach Fertigstellung der Donez-Brücke bei Belaja Kalitwa sofort begonnen werden könnte, wonach dann die gesamte Strecke Lichaja – Tschir in Normalspur befahrbar sein würde. General Paulus befahl jedoch, daß die Umspurung keineswegs vor Erledigung „Stalingrad" stattfinden sollte; den Termin für die Umspurung würde er persönlich bestimmen. Die Gründe für diese Entscheidung des Befehlshabers der 6. Armee sind nicht bekannt. Vielleicht war es die Ungewißheit über weitere Angriffe der Roten Armee, durch die einige Armee-Korps der 6. Armee in Schwierigkeiten gebracht worden waren, außerdem war beim Kampf um Stalingrad der Munitionsverbrauch schon sehr hoch, so daß die Gefahr bestand, daß während der Umspurarbeiten an der besagten Strecke eine Unterbrechung bei der Zufuhr von Nachschub verursacht würde und dadurch die Schiene als Transportweg zur Dekkung der notwendigen Munitionsmengen nicht mehr zur Verfügung stehen würde. Offenbar hatte General Paulus keine Vorstellung über die Zeitdauer der Umspurarbeiten, nach deren Abschluss eine beschleunigte und gesteigerte Nachschubversorgung zu erwarten gewesen wäre. Der Bv.Tr.O., welcher die geplante Umspurung bereits vor einigen Tagen angekündigt hatte, blieb auch am 19. September fest dabei, daß der Beginn der Umspurung mit dem 22. September 1942 erfolgen würde. Dagegen erhob der Oberste Quartiermeister im Sinne seines Vorgesetzten Einspruch, worauf die Umspurung verschoben wurde. Am 21. September gingen entsprechende Befehle vom Generalquartiermeister des OKH und von der Heeresgruppe B ein, denen zufolge beabsichtigt war, zur Überbrückung der Zeit der Streckensperrung während der Umspurung zusätzlichen Großtransportraum zur Verfügung zu stellen.

Nach Genehmigung durch den Chef des Generalstabes des OKH wurde dann der Beginn der Umspurarbeiten auf den 25. September 1942 festgelegt. Die Betriebsstofflage blieb weiterhin angespannt, am 21. September waren nur die notwendigsten Versorgungsfahrten möglich. Im Hinblick auf die bevorstehende Streckensperrung wurde der Zuglauf erhöht, wodurch sich auch die Betriebsstofflage besserte. Es blieb beim vorgesehenen Termin, wobei von höherer Stelle zugesichert wurde, daß bei unvorhergesehenen Ereignissen oder Eintritt einer besonderen Mangellage in jedem Fall der 6. Armee 200 t Munition auf dem Luftweg zugeführt werden würden. Zum Erstaunen der Führung der Armee blieb der für den 24. September 1942 erwartete russische Angriff an der alten Angriffsstelle beiderseits Bf.Kotluban aus; hingegen begann der auf Grund von Überläuferaussagen erwartete russische Angriff weiter östlich vor der 16. Pz.D. um 16.00 Uhr und hatte einen hohen deutschen Munitionsaufwand zur Folge. Für den nächsten Tag wurde deshalb Munitionsnachschub auf dem Luftweg angekündigt, der Landeplatz war Beskowatka. Die letzten Züge wurden in Belaja Kalitwa umgeschlagen, damit konnte die Umspurung wie geplant am 25. September 1942 beginnen. Bereits einen Tag später war die Strecke Lichaja – Tschir durchgehend in Normalspur befahrbar. Es war eine großartige Leistung der Eisenbahnpioniere, eine 225 km lange Strecke innerhalb einer derartig kurzen Zeit umzuspuren. (Die Länge entspricht ungefähr der Entfernung Heidelberg – Basel). Jetzt konnten die Züge aus dem Reich bis nach Tschir fahren, von hier waren es gerade noch 100 km nach Woroponowo im Raum Stalingrad. Die Umspurarbeiten wurden gleichzeitig parallel auf einer Vielzahl von Streckenabschnitten durchgeführt, wobei zunächst nur das Streckengleis und das Durchgangsgleis in den Bahnhöfen und Kreuzungsstellen umgespurt wurde. Damit war die Strecke dann zunächst erst einmal durchgehend befahrbar. Anschließend wurden dann die restlichen Gleise bearbeitet. Als Folge der Aufnahme des Normalspurbetriebes wurden die Kompanien 4, 6, 7, und 10 des Kw.Trsp.Rgt. 602 von Forchstadt nach Tschir verlegt, das nun die Betriebsspitze der Eisenbahnstrecke bildete, das III./Kw.Trsp.Rgt. 602 wurde dem Kw.Trsp. Rgt. 984 in Morosowskaja unterstellt, dem bereits die Kw.Trsp.Abt. 353 zuteilt war. Der anderen Seite waren natürlich die Umspurarbeiten an der Strecke nicht verborgen geblieben, denn sofort fanden den ganzen Tag über Bombenangriffe auf den V.St.P. Tschir statt, wodurch das Tempo der Kolonnenladung erheblich vermindert wurde. Dennoch gelang es, ausreichende Mengen an Munition nach Nishne Alexejewskij zu transportieren.

Die Rote Armee hatte vermutlich entlang der Bahnstrecke ihre Informanten, die offenbar per Funk über die Umspurung berichtet hatten, denn auch am Morgen des 27. September 1942 begannen erneut Bombenangriffe auf den Bahnhof Tschir, die es unmöglich machten, die ankommenden Züge mit der besonders dringend benötigten Munition zur Entladung in den Bahnhof hineinzuziehen. Dabei wurde auch die Entladung der Züge immer wieder durch Luftangriffe verzögert, weshalb nur 160 t Munition mit Lkws abgefahren werden konnten. In der Nacht vom 26./27. September 1942 und auch am folgenden Tag wurde Ssurowikino von russischen Flugzeugen angegriffen, dabei wurde ein im Bahnhof stehender Betriebsstoffzug getroffen und explodierte; ein auf dem Nachbargleis stehender Munitionszug flog ebenfalls in die Luft; der Bahnhof wurde vollständig zerstört, die Gleise aufgerissen. Außerdem wurden der Armee-Gerätepark getroffen und das Ortslazarett zerstört. Der Ort selbst, der als Winterquartier für die O.Qu.Abt. vorgesehen war, brannte zur Hälfte ab. Die Eisenbahnpioniere arbeiteten sofort fieberhaft an der Wiederherstellung der zerstörten Gleise, um den Betrieb schnell wieder aufnehmen zu können. Auch im Bf.Tschir wurde am Abend der erste Munitionszug, der jedoch bereits entladen war, von Bomben getroffen und brannte aus. Der folgende Zug, der noch auf freier Strecke stand, wurde während der Entladung von Bomben getroffen, dabei explodierten 2000 Schuß s.F.H. Munition. Weitere Bombenangriffe folgten in der Nacht von 27./28. September 1942 auf die Bahnhöfe Ssurowikino und Tschir. Die nächsten Züge wurden daraufhin in den davor liegenden Bahnhöfen entladen, so in Parschin und Dmitrijewka (Betriebsstoff) und in Tschernyschkow und Tschir (Munition und Verpflegung). Die Deutsche Luftwaffe war damals anscheinend schon nicht mehr in der Lage, die ständigen Luftangriffe zu unterbinden. Jagdflugzeuge waren offenbar nur wenige vorhanden, und die vorhandene Flakartillerie war hauptsächlich zum Schutz der Flugplätze eingesetzt. Die Nachfrage nach bestimmter Munition war anscheinend derart dringend, daß am 27. September von Nordhausen 1000 Schuß 7,5 cm Kw.K. HL/B mit Ju 52 nach Beskowatka geflogen werden mußten. Zwei Kp. des Trsp.Rgt. 979 brachten damals Winterbekleidung für die A.K. VIII und LI in den Raum Stalingrad. Auch in der Nacht von 28./29. September und am folgenden Morgen fand je ein Fliegerangriff auf Tschir statt, dabei wurden jedoch keine Schäden verursacht. Mit der Fertigstellung der Straßenbrücke über den Don südl. von Rytschow wurde Anfang Oktober gerechnet, in diesem Zusammenhang wurde eine Straße von Tschir über diese Brücke nach dem Bahnhof Loshki am Anfang der Breitspurstrecke nach Stalingrad erkundet, um mit Großtransportraum-Kolonnen die Versorgungsgüter, die mit der Eisenbahn im Bahnhof Tschir eintreffen, nach Loshki zu bringen, von wo der Weitertransport mit der Eisenbahn nach Karpowskaja erfolgen konnte, in dessen Nähe sich ein V.St.P. befand. Das zeitraubende zweimalige Umladen war notwendig, weil an der Wiederherstellung der langen Eisenbahnbrücke über den Don zwischen Rytschow und Loshki damals noch schwer gearbeitet wurde. Am 29. September 1942 war nachmittags ein Gleis im Bahnhof Ssurowikino wieder befahrbar; mit der Wiederherstellung eines zweiten Gleises rechnete man für den folgenden Vormittag. Durch die Fliegerangriffe der letzten Tage war Nachschubgut in erheblichem Umfang vernichtet worden und zwar:

Bahnhof Tschir ein Zug mit Lok und 28 Wagen:

| | |
|---|---|
| 435 | Stück 7,62 Pzgr.Patr. (r) |
| 3013 | Kartuschen für l.F.H. 18 |
| 926 | Stück 15 cm Gr. 19 |

Bahnhof Ssurowikino ein Munitionszug (450 t) mit Lok und 30 Wagen

| | |
|---|---|
| 7470 | Stück 15 cm Gr. 19 |
| | und ein Zug mit Lok und 28 Wagen |
| 328 | cbm Otto (Benzin) |
| 87 | cbm Diesel |
| 10087 | Liter Motoröl |
| 570 | Liter Getriebeöl |
| 500 | kg Fett |
| 25 | kg Putzwolle |

V.St.P. N.Alexejewskij:

| | |
|---|---|
| 478 | Stück 28 cm Wurfkörper Spr.Gr. |
| 276 | Stück Stielhandgranaten |
| 2173 | Stück Kartuschen für l.F.H. |
| 1698 | Stück Kartuschen für 10 cm K. 18 |

Am 30. September 1942 wurden dem XI. A.K. aus Morosowskaja 800 t Stacheldraht und 30.000 Hindernispfähle zugeführt, das VIII. A.K. und das XI. A.K. sollten Winterbekleidung aus Millerowo erhalten. Außerdem sollten die Transportkolonnen der Armee den Korps und Divisionen Öfen, Pappzelte und Getreidemengen nachführen, die im rückwärtigen Gebiet zurückgelassen worden waren. Am 1. Oktober 1942 war die Bahnstrecke bis Tschir wieder voll befahrbar. An diesem Tag erging auch die „Versorgungsverordnung Nr. 1 des Führers". Hiernach sollten an die im Kampf um Stalingrad eingesetzten Verbände wohl als Ansporn Panzer- und Fliegersonderverpflegung ausgegeben werden. Da in den Beständen der Armee eine derartige Verpflegung nicht vorhanden war, sollten am kommenden Tag 16 t dieser Sonderverpflegung nach Beskowatka geflogen werden. Daneben sollten 6000 Portionen mit der Bahn von Charkow nach Tschir gebracht werden. Weitere 170 – 180 t Panzersonderverpflegung lagerten in Belaklaja und konnten von der Armee abgeholt werden. In Millerowo standen immer noch große Mengen an Versorgungsgut zum Abtransport bereit, weshalb eine Kp. III. /Kw.Trsp.Rgt. 602 mindestens 180 t Transportraum für die Dauer von wenigstens zwei Wochen zur Kw.Trsp.Abt. 979 abstellen sollte. Außerdem sollten von Morosowskaja 900 Öfen zum VIII.A.K. und 250 Finnenzelte und 250 Öfen zum XI.A.K. gebracht werden. In der Nacht zum 2. Oktober 1942 zerstörte ein sowjetischer Bombenangriff das Verpflegungslager des V.St.P. N.Alexejewskij mit 400 t Lebens-

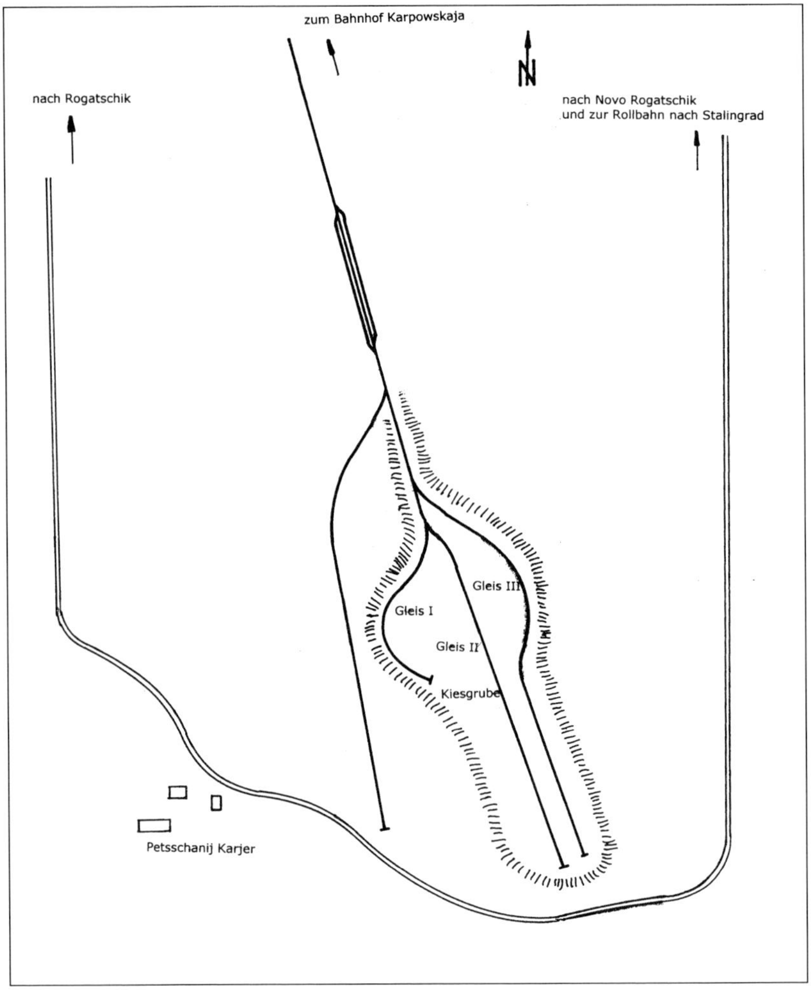


**In einer Kiesgrube bei Karpowskaja wurde im Oktober/November 1942 ein Winter-AML angelegt, dabei konnten die vorhandenen Breitspurgleise benutzt werden. Es war das einzige Armee-Nachschublager, das sich innerhalb des Kessels befand. Ob es gelang, vor der Einschließung dort noch Vorräte an Munition anzulegen, muß bezweifelt werden, da schon sehr bald in den Kessel Munition geflogen werden mußte. In der unmaßstäblichen Zeichnung haben die vorgelagerten Abstellgleise eine Länge von 800 m, Gleis I ist 300 m und Gleis III ist 500 m lang.**

**(Zeichnung: Freese)**

mittel. Nachdem bereits am 29. September ein sowjetischer Bombenangriff das dortige Munitionslager vernichtet hatte, war dies der zweite erfolgreiche Angriff russischer Flugzeuge, die offenbar durch Unachtsamkeit bei der Verdunklung der dort lagernden fremden Truppenteile, vermutlich rum. Verbände, angelockt worden waren. Zur Vermeidung weiterer Verluste an wertvollem Nachschubgut sollten die Versorgungseinrichtungen der Armee weiter aufgelockert werden. In N. Alexejewskij sollte nur noch das A.V.L. bleiben, das A.B.L. sollte nach Karpowka und das A.M.L. in eine Kiesgrube mit Gleisanschluß südl. von Karpowskaja an der Eisenbahnstrecke nach Stalingrad verlegt werden.

Diese Lager sollten wintermäßig ausgebaut werden, wobei bis zu deren Fertigstellung Munition und Treibstoff den Korps direkt zugeführt werden sollten. Da der Bewegungskrieg im Raum Stalingrad ein Ende gefunden hatte, war man jetzt bei der 6. Armee seit einigen Wochen dabei, sich für den kommenden Winter einzurichten. Infolge der dünnen Besiedlung des Gebiets waren Häuser der Landesbewohner als Unterkünfte nicht in ausreichenden Umfang vorhanden. Von der milden Witterung begünstigt hatte die Truppe bisher in Zelten gewohnt. In beschränkten Umfang wurden Baracken aufgestellt, sonst mußte die Truppe ihre Unterkünfte selbst bauen, oftmals fehlte jedoch dazu das Baumaterial. Die Divisionen des VIII.A.K. und des XI.A.K. sollten ab 5. Oktober 1942 Winterbekleidung aus Tschernyschkow erhalten, aber der Zugverkehr dorthin wurde am

2. Oktober 1942 durch einen Bombenangriff auf die Zufuhrstrecke von Westen in Lichaja unterbrochen. Erst am 3. Oktober konnte am Vormittag der Betrieb wieder aufgenommen werden, die ersten Züge trafen am Nachmittag in Tschernyschkow und Tschir ein. Im Kampf um Stalingrad war der Munitionsverbrauch weiterhin sehr hoch, konnte jedoch durch den Nachschub weitgehend gedeckt werden. Die hohen personellen Verluste, die der schwere Häuserkampf mit sich brachte, konnten jedoch nicht ausgeglichen werden. Da Ersatz der 6. Armee nicht zur Verfügung stand, wurden am 4. Oktober 1942 Überlegungen angestellt, aus den Versorgungseinheiten und Trossen der Divisionen geeignete Mannschaften herauszuziehen und mit diesen die Infanterie-Verbände zu verstärken. Schon am nächsten Tag erging der Befehl zur Aufstellung einer Kompanie aus den Versorgungseinheiten.

Als die ersten Versorgungszüge mit Futtergetreide in Tschernyschkow und Tschir eintrafen, entstanden große Schwierigkeiten beim Ausladen, da das Getreide lose in den Güterwagen angeliefert wurde. Zum Umsacken für den Weitertransport fehlten in den Entladebahnhöfen die Säcke und das Personal, außerdem belegten die zeitraubenden Arbeiten die Gleise in den Bahnhöfen zu lange. Deshalb wurde ein Zug sofort nach Koksowaja bei Wasilewskij an der Strecke Lichaja – Tschir zurückgeschickt, dort wurde das Futtergetreide in Säcke abgefüllt, die jedoch erst aus der Armee-Mühle in Morosowskaja beschafft werden mußten. Die anschließend ankommenden Züge mit Futtergetreide wurden sofort nach Koksowaja umgeleitet. Die A.V.L. wurden angewiesen, sämtliche leeren Säcke sofort nach Koksowaja zu senden; in Zukunft wurden Mehl oder Futtergetreide nur nach Abgabe einer entsprechenden Zahl leerer Säcke ausgegeben. Dieses Beispiel zeigt wieder einmal deutlich, mit welchen Schwierigkeiten man zu kämpfen hatte. Aus der katastrophalen Lage der Truppe im Winter 1941/42 als Folge völlig unzureichender Winterbekleidung hatte oberste Führung inzwischen die notwendigen Konsequenzen gezogen, diesmal griffen die entsprechenden Maßnahmen rechtzeitig. Bis zum 9. Oktober 1942 sollten die Divisionen die normale Winterbekleidung erhalten haben, weiterhin sollte jede Division noch eine Zuweisung von 17 t zusätzlicher Winterbekleidung erhalten.

Am 6. Oktober 1942 fanden erneut russische Bombenangriffe auf Tschir und die Strecke zwischen Morosowskaja und Tschir statt. Bei dem Bombenangriff auf das A.M.L. Tschir um 21.30 Uhr wurden vernichtet:

| | |
|---|---|
| 246 | Stück 3,7 cm Stielhandgranaten |
| 5900 | Stück 3,7 cm Sprg.Patr. |
| 1036 | 7,5 cm Gr.Patr. 37/38 |
| 156 | 7,62 cm Pzgr.Patr.Pak (r) |
| 100 | 7,5 cm Spgr.Patr.KwK. |

Im Laufe des nächsten Tages fand ein Luftangriff auf Ssurowikino statt, der erheblichen Sachschaden verursachte. Die Bombenangriffe der letzten Tage hatten zur Folge, daß die Zuführung von Nachschubgut mit der Eisenbahn immer mehr nachließ, dadurch trat in erster Linie ein ernsthafter Mangel an Betriebsstoff auf, auch die Munitionszufuhr deckte bei weitem nicht den Verschuß, so daß erste Mangellagen eintraten. Das Mehl in den Versorgungslagern reicht nur noch für 3 Tage. Zu erwartende Nachschubzüge waren bisher noch nicht wieder gemeldet worden. Eine weitere Ursache für die geringe Zahl von Nachschubzügen für die 6. Armee lag darin, daß in den vergangenen Tagen bedeutend mehr Züge für die Deutsche Luftwaffe gefahren worden waren. Zur Verstärkung der im Kampf um Stalingrad eingesetzten Einheiten wurde am 10. Oktober 1942 die 305. ID im Straßentransport aus ihrer bisherigen Stellung für den geplanten Angriff am Traktorenwerk am 14. Oktober nach Stalingrad gebracht, hierzu wurden 180 t Kolonnenraum bis zum 13. Oktober zur Verfügung gestellt, der natürlich während dieser Zeit für Nachschubtransporte ausfiel. Von Millerowo waren bisher 1500 t Winterbekleidung und Pelze dem Armee-Bekleidungslager in Tschernyschkow zugeführt worden. Aus dem Haupt-Munitionslager in Millerowo sollten 10.000 Schuß l.F.H. 18 zum A.M.L. in die Kiesgrube von Karpowskaja gebracht werden. Am 10. Oktober 1942 hatte sich der Zulauf an Versorgungszügen gesteigert, es bestand jedoch ein erheblicher Mangel an Fett. Am kommenden Tag war der Betriebsstoff- und Munitionsverbrauch an der Front gering, die Divisionen verfügten jedoch über so geringe Betriebsstoffvorräte, daß sie nicht in der Lage waren, die Versorgungsgüter bei den V.St.P. abzuholen. Stattdessen mußte ihnen der Nachschub mit dem Transportraum der Armee zugeführt werden. Am Abend des 10. Oktober 1942 fuhr erstmalig ein Zug mit Versorgungsgütern auf der Breitspurstrecke Loshki – Gumrak. Wegen der geringen Leistungsfähigkeit der erbeuteten Breitspurlokomotiven mußte die Ladung des Zuges auf 250 t begrenzt werden. Darüber hinaus war die Leistungsfähigkeit dieser Strecke durch zahlreiche Schienenstörungen (Minensprengungen, Entgleisungen, usw.) eingeschränkt. Inzwischen hatte sich herausgestellt, daß für den am 14. Oktober 1942 geplanten Angriff des LI.A.K. bei einigen Munitionsarten kein ausreichender Vorrat vorhanden war. Besonders die 389. I.D. benötigte Munition für die l.F.H. 16 . Zu allem Unglück erlitt der Munitionszug, der am 12. Oktober in Tschir eintreffen sollte, gegen 22.00 Uhr zwischen Tazinskaja und Morosowskaja einen Zusammenstoß (Sabotage?), so daß die erwartete Munition nicht mehr rechtzeitig eintraf. Damit der geplante Angriff nicht verschoben werden mußte, erhielt die 389. I.D. 1200 Schuß l .F.H. 16 vom V.St.P. N.Alexejewka aus den Beständen der 384. I.D., die an dem Angriff nicht beteiligt war. Außerdem wurden noch weitere 1200 Schuß aus Tschir zugeführt. Damit konnte der geplante Angriff auf den Nordteil von Stalingrad planmäßig durchgeführt werden. Außerdem hofften die für den Nachschub der Armee Verantwortlichen, daß durch eine ausreichende Zuführung von Munition aus den zu erwartenden Nachschubzügen der Angriff weiter fortgesetzt werden kann. Dagegen war die Betriebsstofflage weiterhin gespannt. Die Vorräte bei der Truppe waren äußerst knapp, und der geringe Zulauf von Betriebsstoffzügen deckte auch nur den notwendigsten Bedarf, hinzu kam noch das zeitraubende Umfüllen aus den Kesselwagen in Fässer zum Weitertransport. Die nach Stalingrad weiterführende Breitspurstrecke war nach Beladen eines Zuges durch eine Entgleisung und eine Minensprengung unterbrochen, man hoffte, nach einer Wiederherstellungszeit von zehn Stunden den Betrieb wieder aufnehmen zu können. Der hohe Munitionsverbrauch am Angriffstag konnte auch für die nächsten drei Tage unter Berücksichtigung der bisherigen Versorgung gedeckt werden, weiterer Nachschub an besonders wichtigen Munitionsarten war jedoch dringend erforderlich. Die ersten Nachschubzüge mit Munition für l.F.H.16 und 18 und KwK.40 waren zwischen Lichaja und Morosowskaja unterwegs und sollten am Abend des 15. Oktober in Tschir eintreffen. Dagegen war die Zufuhr an Betriebsstoff weiterhin so knapp, daß nur die am Angriff beteiligten Korps versorgt werden konnten. Die Verpflegungslage war bis auf den nur in geringen Mengen vorhandenen Brotaufstrich gesichert. Der weiterhin sehr hohe Munitionsverbrauch konnte durch die inzwischen eingetroffenen Nachschubzüge ausgeglichen werden. Allerdings mußte der größte Teil der eingetroffenen Munition bis zum Bahnhof Gumrak auf der Straße transportiert werden, da die Breitspurstrecke dorthin wegen der geringen Leistungsfähigkeit der erbeuteten Breitspurlokomotiven nicht voll ausgelastet werden konnte. Der Betriebsstoff war weiterhin so knapp, daß die Transportkolonnen für den eigenen Bedarf aus den eigentlich der Truppe zugewiesenen Mengen versorgt werden mussten. Zwei Streckenstörungen zwischen Belaja Kalitwa und Morosowskaja verursachten am 17. Oktober 1942 einen Rückstau für das Vorfahren der Nachschubzüge, auch die augenblickliche Eisenbahnlage ließ in keiner Weise eine Bevorratung von sämtlichen Versorgungsgütern zu. Am folgenden Tag hatte sich der Zuglauf zwar stabilisiert, jedoch hatten die seit einigen Tagen anhaltenden Regenfälle zu einer Verschlechterung der Wegeverhältnisse geführt. Eine Besserung der Betriebsstofflage war nicht möglich, da nun die Transportkolonnen auf den verschlammten Straßen festlagen. Die Straßenlage wurde auch am 19. Oktober nicht besser, der Nachschubtransport von Betriebsstoff sollte mit Traktoren und bespannten Kolonnen aufrechterhalten werden, da auch der Betrieb auf der Breitspurstrecke durch Minensprengungen und Entgleisungen wieder gestört wurde. Dazu kam, daß auch auf der Strecke Lichaja – Tschir nicht alle für die 6. Armee angekündigten Versorgungszüge gefahren werden konnten, weshalb in den nächsten 8 bis 14 Tagen zehn Züge nach Millerowo umgeleitet werden sollten. Diese Maßnahme war allerdings problematisch, da zum einen für die längere Wegstrecke von Millerowo ein ausreichender Kolonnentransportraum fehlte und der Straßentransport bei der in Kürze zu erwartenden Schlammperiode auf große Schwierigkeiten stoßen würde. Die Regenfälle hörten zwar am 20. Oktober auf, die Kolonnen lagen jedoch auf den verschlammten Straßen weiterhin fest. Es fuhren nur bespannte Kolonnen und Lkw mit Zugmitteln mit entsprechend stark herabgesetzter Transportleistung vom Bahnhof Tschir zum Bahnhof Loshki zum Umschlag auf die Breitspurstrecke nach Stalingrad, auf der jedoch aus den bereits geschilderten Gründen die Leistung der einzelnen Züge nicht gesteigert werden konnte. Der Nachschub beschränkte sich auf Betriebsstoff und Munition, durch welchen die Kolonnen voll ausgelastet waren, dadurch trat sehr schnell bei der Truppe Mangel an Brot und Mehl auf. Am 21. Oktober 1942 war ein starker Zulauf an Versorgungszügen auf der Strecke Lichaja – Tschir zu verzeichnen. Wegen des noch immer schlechten Straßenzustandes war jedoch ein schnelles Abfahren der Nachschubgüter nicht möglich. Die hierdurch verursachte Verstopfung der Bahnhöfe wurde noch durch das zeitraubende Entladen der in den Güterwagen lose transportierten Kartoffel- und Getreidemengen verstärkt. Der Munitionsverbrauch beim LI.A.K. war weiterhin hoch und konnte durch entsprechenden Nachschub nicht ausgeglichen werden, obwohl inzwischen die Wege mit leichten Fahrzeugen wieder befahren werden können. Aber auch am 22. Oktober 1942 hatten sich die Straßenverhältnisse noch nicht soweit gebessert, daß auch der Großtransportraum eingesetzt werden konnte. Die Breitspurstrecke war infolge von Streckenstörungen noch immer nicht voll benutzbar. In den vergangenen acht Tagen war keine Mundverpflegung mit der Eisenbahn eingetroffen, bei der Truppe machte sich ein entsprechender Mangel bemerkbar. Sie war zwar noch ausreichend versorgt; da jedoch auch in den nächsten Tagen kein Nachschub zu erwarten war, würde die Truppe in Kürze zur Erstausstattung greifen müssen. Auch war inzwischen der Zulauf an Munitionszügen zurückgegangen, so daß die augenblickliche Munitionslage nicht gehalten werden konnte. Daneben war aber auch die Organisation der Nachschubzüge mangelhaft. Mehl-, Marketender- und Bekleidungszüge wurden nach Millerowo geleitet, während Viehzüge, die augenblicklich nicht erforderlich waren, nach Tschir kamen. Diese Mängel dürften auch ihre Ursachen in den verschiedensten Eisenbahndienststellen gehabt haben, deren Kompetenzen nicht klar abgegrenzt waren. Am 24. Oktober 1942 hatte sich die Wetterlage weiterhin gebessert, die bisher festsitzenden Kolonnen konnten nun ihre Ziele erreichen. Auf der Breitspurstrecke Loshki – Stalingrad war zwar Leermaterial in ausreichender Zahl vorhanden, was fehlte, waren jedoch betriebsfähige Lokomotiven. In Tschir wurden jetzt Baracken für die Krankensammelstelle aufgebaut, weiteres Baumaterial für Baracken wurde dem Kriegslazarett in Kalatsch und Karpowskaja zugeführt. Das IV. und das LI.A.K. erhielten Betriebsstoff, der über die Breitspurstrecke transportiert wurde, der Vorrat an Munition war besonders beim LI.A.K. nicht sonderlich hoch, so daß in den nächsten Tagen Munition für l.F.H., l.I.G. und s.I.G. dorthin gebracht werden mußte. Die Verpflegungslage war bei der Armee so angespannt, daß die Truppe zur Erstausstattung greifen musste; die Verpflegungsbestände in Obliwskaja konnten wegen des fehlenden Transportraums erst in wenigen Tagen zur Verfügung stehen. Die zusätzliche Winterbekleidung war jetzt bei allen Divisionen vorhanden, ebenso die zugewiesenen Öfen. Am 26. Oktober hat sich die Straßenlage dann soweit gebessert, daß der Kolonnenverkehr zu den vorderen V.St.P. und zu den Korps-Lagern wieder in vollem Umfang möglich war. In Millerowo waren weiterhin Versorgungszüge eingelaufen, wodurch sich der dortige Lagerbestand auf 4000 t erhöht hatte; die Weiterbeförderung des Nachschubgutes zu den 300 km entfernten Versorgungsstützpunkten im Raum Stalingrad stellte jedoch hohe Anforderungen an den Großtransportraum. Wegen der nicht ausreichenden Leistungsfähigkeit der Strecke Lichaja – Tschir wurde ein Teil der Munitions- und Verpflegungszüge nach Tinguta, dem Ausladebahnhof der 4.Pz.Armee an der Strecke Salsk–Stalingrad (siehe Seite 102) umgeleitet, dies bedeutete jedoch eine Verzettelung des Großtransportraums, da die in Tinguta eintreffenden Versorgungsgüter nun aus einer anderen Richtung den V.St.P. der 6. Armee zugeführt werden mußten. Am 27. Oktober 1942 stauten sich in Lichaja die Versorgungszüge aller Art, da die Ausladebahnhöfe an der weiterführenden Strecke nach Tschir nach Auskunft des Bv.T.O. nicht aufnahmebereit waren. Dieser Aussage wurde von Seiten der 6. Armee widersprochen: Es könne sehr wohl ein Teil der in Lichaja stehenden Züge zu den Zielbahnhöfen weitergeleitet werden. Bei einer Besprechung der für den Nachschub Verantwortlichen der 6. Armee wurde festgestellt, daß die Divisionen momentan über ausreichende Verpflegung verfügten und die Verpflegungssätze erhöht werden könnten; allerdings ist der Nachschub an Mundverpflegung noch nicht eingetroffen. Im Kampf um Stalingrad war der Verbrauch an Betriebsstoff und Munition immer noch höher als der tägliche Nachschub. Der Großtransportraum wurde momentan zum Transport von Bauteilen für Baracken für die Einrichtung von Lazaretten der 6. Armee und deren Korps eingesetzt. Bei der 6. Armee stellte man am 30. Oktober 1942 eine gespannte Versorgungslage bei Munition, Betriebsstoff und Verpflegung fest; der Zugzulauf reichte zwar aus, doch entsprach der zugeführte Nachschub in keiner Weise der augenblicklichen Lage. Züge mit Mundverpflegung, Marketenderzüge und dergleichen liefen nach wie vor nach Millerowo und jetzt teilweise auch nach Tinguta, während die augenblicklich nicht benötigten Viehzüge die Strecke Lichaja – Tschir belasteten. Auf der Breitspurstrecke konnten 2 1/2 Züge von Loshki in Richtung Front fahren, der in Tinguta angekommene Verpflegungszug für die 6. Armee war plötzlich für die 4. Pz.Armee bestimmt. Über die Engpässe im Bf.Tschir und auf der übrigen Strecke wurde festgestellt, daß die Verzögerungen durch beladene Züge der Eisenbahn selbst und das mehrtägige Abstellen von Leerzügen im Bahnhof Tschir verursacht worden sind. Allgemein ist dazu zu bemerken, daß die Leistungsfähigkeit der Strecke Lichaja – Tschir einschließlich der Bahnhöfe für die vielen Bedarfsträger neben der 6. Armee eben nicht ausreichte. Zum 1. November 1942 sollten die Truppen der 4. Pz-Armee versorgungsmäßig der 6. Armee unterstellt werden, dafür würde die 6. Armee versorgungsmäßig nicht mehr für die rum. 3. Armee verantwortlich sein. Auch am folgenden Tag hatte sich die Versorgungslage nicht gebessert, außer Verpflegungszügen wurden jetzt auch Munitionszüge nach Tinguta geleitet, wodurch der Großtransportraum noch weiter auseinander gerissen wurde. Der Zulauf an Versorgungszügen reichte aus, um den augenblicklichen Bedarf der Armee auf sämtlichen Versorgungsgebieten mit Ausnahme der Mundverpflegung zu decken, den Zulauf von Kartoffeln begrüßte die Truppe sehr. An der Front war es am 4. November 1942 ruhig geworden, der Verschuß an Munition hatte sich normalisiert, die Munitionslage war im allgemeinen ausreichend, die Bestände waren beim LI.A.K. geringer, der Zulauf deckte gerade den augenblicklichen Bedarf. Der erste Zug mit Mundverpflegung traf nach zwei Wochen ein, weitere derartige Züge befanden sich nicht im Zulauf, die Verpflegungslage war zwar augenblicklich nicht angespannt, aber auch bei der Verpflegung war ein Auffüllen der Tagessätze nicht möglich. Am 5. November war die Versorgungslage der Armee unverändert, ein Mangel an Pferdefutter machte sich immer stärker bemerkbar; man mußte in nächster Zeit mit einem Absinken des ohnehin bereits verringerten Pferdebestandes rechnen. Es trafen zwar genügend Getreidezüge ein, in diesen wurde jedoch das Getreide weiterhin lose transportiert, zum Umsacken fehlten die Säcke. Der Zulauf an Versorgungszügen war momentan außerordentlich gut, besonders an Munitionszügen, deren Ladung zum größten Teil mit Kolonnen zum Bahnhof Loshki gebracht wurde, von wo der Weitertransport auf der Breitspurstrecke erfolgte. Auch in Millerowo und in Tinguta waren weitere Versorgungszüge eingetroffen. Zum 11. November 1942 sollte der V.St.P.

Manoilin der Armee auf das XI.A.K. übergehen, das Personal sollte einen neuen V.St.P. in Osskinskij einrichten. Es wurde in Aussicht gestellt, den Bf.Tschir auf eine Leistung von sechs Zügen pro Tag zu bringen. Seit dem Vormittag des 6. November 1942 fiel starker Regen, der den Verkehr des Großtransportraums zum Erliegen brachte, die Straßen waren sofort aufgeweicht. Der vorhandene Transportraum wurde deshalb verstärkt auf der kurzen Wegstrecke zwischen Tschir und Loshki eingesetzt, die Tagesleistung dort beträgt 1300 t. Die Munitionslage hatte sich durch das Eintreffen der letzten Züge etwas gebessert, die Betriebsstofflage war nach wie vor gespannt. Dagegen war durch den Zulauf von Kartoffelzügen möglich, der Truppe erhebliche Mengen Kartoffeln zuzuführen, außerdem war ein Zug mit Frischgemüse angekommen, das in gewisser Weise einen Ausgleich für die immer noch mangelhaft eintreffende Mundverpflegung lieferte. Am 7. November schlug das Wetter um, starker Frost machte die Wege wieder recht gut befahrbar. Zwischen Rytschow (letzter Bahnhof hinter Tschir) und Loshki wurde zusätzlich zur Straßenbrücke auch ein Fährbetrieb eingerichtet, die Leistung war allerdings noch sehr gering. Auch am folgenden Tag hielt das kalte Wetter an, dadurch waren die Wegeverhältnisse so gut, daß auch der Großtransportraum wieder voll eingesetzt werden konnte. Durch die inzwischen zur Umschlagstelle Loshki transportierten Munitionsmengen war eine Besserung in der Munitionsversorgung eingetreten, die Verpflegungslage war weiterhin gespannt, die Zufuhr von Getreide war ungenügend, ebenso bestand nach wie vor ein Mangel an Betriebsstoff als Folge des unzureichenden Zulaufs. Infolge der kalten Witterung war ein Teil der Wasserstationen an der Strecke Lichaja – Tschir nicht mehr betriebsfähig, damit reichte der Zulauf an Nachschubgütern nicht aus. Daran konnte sich auch in den nächsten Tagen nichts ändern, da sich der Rückstau auf der Strecke bereits auf die Zulaufstrecken auswirkte. In Lichaja und weiter rückwärts mußte bereits ein großer Teil der Versorgungszüge abgestellt werden, darunter befanden sich auch Kartoffel- und Getreidezüge. Die Leistungsfähigkeit der Breitspurstrecke von Loshki zur Front war nach wie vor unzureichend; auch am 10. November war nur ein Zug gefahren. Die zur Auffüllung der Munitionsausstattung vorhandene Munition lagerte teilweise noch in den Zügen in Loshki, ein Teil der Munition mußte dort aus den Güterwagen wieder entladen und mit Kolonnen weiter befördert werden. Trotz dieser Schwierigkeiten hatte das LI.A.K. soviel Munition erhalten, daß der für den 11. November 1942 vorgesehene Angriff ausgeführt werden konnte. Die gesamte Versorgungslage der Armee litt immer noch an der unzulänglichen Leistung der Breitspurstrecke, auch der Zulauf an Versorgungsgütern auf der Strecke Lichaja – Tschir war augenblicklich so gering, daß mit einer ernsten Versorgungskrise in der nächsten Zeit gerechnet werden mußte. Auch am kommenden Tag hatte sich nichts geändert, da der Zugzulauf auf der Strecke Lichaja – Tschir weiterhin völlig unzureichend war. Bei der 6. Armee kam es zur Umgruppierung und Verlegung einzelner Truppenverbände vermutlich im Hinblick auf den zu erwartenden russischen Angriff. Dadurch stieg der Bedarf an Betriebsstoff, weshalb der Truppe wegen des geringen Nachschubs hieran nur noch unbedingt erforderliche Versorgungsfahrten möglich waren. Am 13. November hatte sich der Stau der Züge etwas gelockert, die Getreidezüge wurden bereits in Lichaja entladen, da momentan der größte Teil der erholungsbedürftigen Pferde der Trosse der Infanteriedivisionen in die rückwärtigen Erfassungsgebiete hinter den Don geführt werden. Da im Bereich des IV.A.K. keine nennenswerten Holzbestände vorhanden waren, sollten Kohlen aus Forchstadt und Lichaja zugeführt werden, ebenso sollten die Lazaretteinrichtungen der 6. Armee und der übrigen Korps mit Kohle versorgt werden. Auch am 14. November 1942 hielten die Versorgungsschwierigkeiten bei Betriebsstoff an, während sich die Verpflegungslage insoweit gebessert hatte, daß bei der Ausgabe an Verpflegung der Anschluß gehalten werden konnte. Da nur geringe Kampftätigkeit herrschte, war die Munitionslage zufriedenstellend, allerdings konnten nur geringe Mengen Inf.Mun. zugewiesen werden. Das XI.A.K. erhielt russi-

**Außer mit verschlammten Wegen nach heftigen Regenfällen hatten die Transportfahrzeuge im Winter dann mit Eis und Schnee zu kämpfen. (Aufnahme: BA 101/550/757/38)**

sche Beutegeschütze, für deren Transport sämtliche verfügbare Abschleppmittel eingesetzt wurden, während die dazugehörige Munition mit Großtransportraum nach vorne gebracht wurde. Am folgenden Tag war eine geringe Besserung der Versorgungslage eingetreten, jedoch war der Betriebsstoffverbrauch wegen der erforderlichen Umgruppierungen höher als der Zulauf. Die bisher im Armeegebiet eingetroffenen Bauteile für Baracken waren inzwischen verteilt und zum größten Teil verbaut. Weitere Züge mit Barackenteilen waren nicht eingetroffen, so daß der dringendste Bedarf insbesondere für Lazaretteinrichtungen bei weitem noch nicht gedeckt werden konnte. Mit einem Gerätezug waren 30 Stück 5 cm Pak 38 eingetroffen, die den Divisionen zugeteilt werden konnten. Die Versorgungslage war am 17. November 1942 auf sämtlichen drei Gebieten besser geworden, da der Munitionsverbrauch weiterhin nur gering war und durch das Eintreffen von Verpflegungszügen die Tagessätze an Mundverpflegung der Divisionen gesteigert werden konnten. Nur der Verbrauch an Betriebsstoff war infolge der anhaltenden Truppenverlegungen weiterhin hoch. Der zu erwartende Nachschub an Betriebsstoff sollte nicht in voller Höhe ausgegeben werden, um eine gewisse Reserve zu schaffen. Nachdem sich die ital. 8. Armee zur Aushilfe bereit erklärt hatte, war Großtransportraum von 450 bis 500 t der Verbündeten mit Winterbekleidung von Millerowo nach Karpowskaja unterwegs. Am 19. November 1942 begann der russische Zangenangriff beiderseits Stalingrads, der drei Tage später zur Einschließung der 6. Armee im Kessel von Stalingrad führen sollte. Damit war diese von der Versorgung über Straße und Schiene ausgeschlossen. Der als Ersatz vorgesehene Lufttransport von Nachschubgütern war völlig unzureichend. Die wenigen Versorgungslager der 6. Armee befanden sich entweder außerhalb des Kessels oder teils bereits in russischer Hand, Vorräte an Betriebsstoff, Munition und Verpflegung waren bei der Truppe kaum vorhanden.

# 4. Die andere Seite

Im Sommer 1942 war ein Wandel in der Strategie der STAVKA, des sowjetischen Oberkommandos, hinsichtlich der Südfront erkennbar. Statt sich wie bisher dem Kampf zu stellen und sich damit in die Gefahr der Einkesselung zu begeben, begannen sich die russischen Truppen jetzt nur noch unter hinhaltendem Widerstand nach Osten zurückzuziehen und den Feind immer tiefer in das Land herein zu locken, so dass sich dessen Versorgungslinien ständig weiter verlängerten. Das Gebiet zwischen Don und Kaukasus hatte, soweit es keine Steppe war, nur geringe landwirtschaftliche Bedeutung. Die wichtigen Industriebetriebe im Donez-Becken waren bereits in deutscher Hand, und hinter dem Ural war der Aufbau der dorthin verlagerten Rüstungsbetriebe in vollem Gang. Erst westlich von Kalatsch am Don verhärtete sich der Widerstand; es kam zu heftigen Kämpfen und schließlich zu einer Kesselschlacht, in deren Verlauf eine große Anzahl sowjetischer Panzer zerstört und 32.000 Gefangene gemacht wurden. Danach war der Weg nach Stalingrad frei, das aber von den Russen zäh verteidigt wurde. Am 23. August 1942 erreichte die deutsche 6. Armee die Wolga und Anfang September begann der Kampf um Stalingrad. Damit war die Schiffahrt auf der Wolga mit ihren wichtigen Öltransporten gesperrt und ein wichtiges Rüstungszentrum nicht mehr nutzbar. Der Öltransport wurde dann auf die Schiene verlagert, konnte jedoch den Umfang des Transports auf dem Wasser nicht erreichen, da das Eisenbahnnetz auf dem jenseitigen Ufer der Wolga noch besser ausgebaut werden musste. Außerdem konnte auch das Material der Leih- und Pachtlieferungen, das über den Persischen Golf und die transiranische Eisenbahn nach Rußland kam, nur noch über Umwege hinter die russische Front transportiert werden. Deshalb konnten die Sowjets die Blockade der Wolga nicht hinnehmen, da ihre Folgen auf längere Sicht für die weitere Kriegführung verheerend geworden wären. Der Kampf um Stalingrad wurde dazu noch für beide Diktatoren zu einer Prestigefrage. Für den einen war die Stadt ein Symbol des historischen Wegs zur Sowjetunion und für den anderen trug sie den Namen des größten Widersachers.

Der Vorstoß an die Wolga und in den Kaukasus hatte eine lange linke Flanke zur Folge, deren Frontlinie sich an den Don anlehnte und die fast ausschließlich von ungarischen, italienischen und rumänischen Truppen verteidigt wurden. Deren Einheiten fehlten nicht nur eine gute Ausbildung und entsprechende Waffen zur effektiven Panzerbekämpfung; auch ihr Kampfgeist ließ zu wünschen übrig, wenn sich auch die rumänischen Soldaten noch am besten schlugen. Für sie stellte sich die Sowjetunion als Feind dar, denn schließlich hatte Rumänien im Juni 1940 die Nordbukowina und Bessarabien unter starkem Druck an die UdSSR abtreten müssen. Die Abwehrbereitschaft der verbündeten Truppen wurde durch die Rote Armee immer wieder an wechselnden Stellen durch kleine Angriffe in Kompanie- oder Bataillonsstärke über den Don auf die Probe gestellt, zu Durchbrüchen kam es jedoch bis Mitte November 1942 nicht. Solche waren auch von russischer Seite nicht beabsichtigt. Man wollte wohl die Stärke der Verteidigung und die Kampfkraft der verbündeten Truppen prüfen.

Für die russische oberste Führung stand schon im Frühsommer 1942 fest, daß ebenso wie der Winter 1941/42 auch der kommende Winter mit seinen Unbilden als Verbündeter für einen Gegenschlag genutzt werden sollte. Bis dahin wurden eine Vielzahl von Schützendivisionen und Panzerdivisionen aufgefüllt bzw. neu aufgestellt und ausgebildet, mit denen der Angriff durchgeführt werden sollte. Wie eine im Februar 1943 unmittelbar nach der Tragödie von Stalingrad in deutsche Hände gelangte Darstellung der gegenwärtigen und zukünftigen kriegerischen Entwicklungen aussagte, die von den zuständigen russischen militärischen Stellen für eine westalliierte Militärmission bestimmt war, bestand das russische strategische Ziel nicht in erster Linie in der Wiedergewinnung von Boden und in der Zurückdrängung des Gegners nach Westen. Es war vielmehr die Absicht der russischen Kriegsführung, die Offensivkraft des deutschen Heeres entscheidend zu brechen[1]. Dieses Ziel konnte nur durch die Vernichtung des deutschen Kriegspotentials, d. h. seiner Ausrüstung, erreicht werden. Sämtliche russischen Operationen verfolgten nur diesen Zweck. Deshalb war der sowjetischen Führung gleichgültig, welche Igelstellungen hinter den russischen Truppen zurückblieben und wie viele Soldaten von Deutschland ihrem Schicksal überlassen werden. Die in die Tiefe gehenden russischen Vorstöße mögen zwar den Anschein ehrgeiziger und gewagter Unternehmungen hervorrufen und den Eindruck erwecken, daß sie unternommen wurden oder für die Zukunft geplant wurden, um möglichst den Blick auf die Landkarte eindrucksvoller zu gestalten, doch in Wirklichkeit lag der Sinn dieser Operationen einzig und allein darin, die deutschen Hauptversorgungslager zu erreichen und zu vernichten. Russischerseits wurden die Operationen für den Südflügel der Ostfront in drei Abschnitte unterteilt. Die Operation „Uranus", die am 19. November 1942 begann, führte zur Einschließung der 6. Armee in Stalingrad auch mit dem Ziel, im kommenden Jahr die Sperrung des Schiffsverkehrs auf der Wolga aufzuheben. Die nächste Operation „Saturn I" begann vier Wochen später am 16. Dezember 1942 und hatte in der Tat nicht einen Vorstoß bis nach Rostow zum Ziel, wie von der deutschen Führung zunächst befürchtet wurde, sondern diente nur zur Inbesitznahme und Vernichtung der großen Munitions- und Versorgungslager, welche die Deutsche Wehrmacht in einer Reihe von Orten angelegt hatte. Dies gelang in Tazinskaja und später auch in Millerowo, während Obliwskaja und Morosowskaja zunächst noch vor den russischen Angriffen geschützt werden konnten. Wiederum einen Monat später begann der Angriff der „Woronesch-Front" im Rahmen der Operation „Saturn II" mit dem Ziel, nach Westen vorzustoßen und Charkow einzunehmen, denn dort und in den weiter östlichen Gebieten befanden sich ebenfalls große Versorgungslager der deutschen Wehrmacht. Der Zeitpunkt für das Auslösen der Operationen „Saturn I und II" lag nicht von Anfang an fest, sondern richtete sich nach der jeweiligen militärischen Lage. So wartete man bei der STAWKA nach der Einschließung der deutschen Truppen in Stalingrad zunächst ab, wie der Gegner reagierte. Als der Vorstoß der Roten Armee nach Westen im Anschluß an die Einkesselung der 6. Armee in Richtung Morosowskaja und Tazinskaja zunächst keinen Erfolg hatte, da es den Deutschen gelungen war, eine Verteidigungslinie entlang des Tschir aufzubauen, die den russischen Angriffen für längere Zeit standhielt, und der Entsatzvorstoß des LIV.A.K. nach Stalingrad immer weiter Boden gewann, war dies der Zeitpunkt, die Operation „Saturn I" auszulösen. Der Beginn der Opration „Saturn II" am 24. Januar 1943 fiel schließlich in die Zeit des Rückzugs der Deutschen vom Donbogen und vom Kaukasus nach Westen. Für diesen Angriff konnten auch bereits russische Kräfte eingesetzt werden, welche bis dahin an der Einschließung Stalingrads teilgenommen hatten, da ein Ende des Kampfes dort schon absehbar war und keine Gefahr für einen weiteren deutschen Entsatzangriff mehr bestand.

Am 4. November 1942 war der Kriegsrat in Moskau unter Vorsitz Stalins zusammen getreten, anwesend waren zwölf Marschälle und Generale. Dabei wurden folgende Grundsätze festgelegt:

a) Bei allen Operationen vorsichtiges Vorgehen zur Vermeidung großer Verluste.
b) Gebietsverluste sind unwichtig.
c) Erhaltung von Industrie- und Versorgungsanlagen durch rechtzeitigen Abtransport aus gefährdeten Gebieten ist lebenswichtig, hierzu Befehl zum Abtransport von Raffinerien und Maschinenfabriken aus Grosnyj und Machatsch-Kala nach Neu-Baku, Orsk und Taschkent.
d) Auf eigene Kraft vertrauen, nicht auf Hilfe Verbündeter.
e) Schärfste Maßnahmen gegen Fahnenflucht und zwar einerseits auch durch entsprechen-

(1) Gehlen, Seiten 76 – 77

de Propaganda und bessere Verpflegung als auch andererseits durch Erschießung und verschärfte Kontrolle durch GPU.
f) Durchführung aller geplanten Angriffsunternehmen möglichst noch vor dem 15. 11. 42, soweit es die Wetterlage zuläßt.

Hauptsächlich:
- Von Grosnyj in Richtung Mosdok im Kaukasus,
- bei Nishnij-Mamon und Werchnij-Mamon im Dongebiet
- und südlich des Ilmensees und Leningrad.

Die Truppen sollen aus der Reserve an die Front heran geführt werden.

Der Bericht über diese Zusammenkunft in Moskau und die dort festgelegten Grundsätze wurde noch am gleichen Tag durch einen in Moskau befindlichen V-Mann der Abteilung Fremde Heere Ost des Generalstabes des Heeres der Deutschen Wehrmacht übermittelt (also noch vor dem Angriff auf Stalingrad!)[2].
Die angeordneten Operationsbefehle wurden dann im Rahmen der Angriffe ab 17. Dezember 1942 ausgeführt. Die in Stalingrad einzukesselnden Verbände wurden von der russischen Führung mit rund 100.000 Mann angenommen (in Wirklichkeit waren es jedoch rund 250.000 Mann in 20 Großverbänden) und zu deren Einschließung wurden zunächst etwa 32 Großverbände angesetzt, von denen dann nach der Bildung des Kessels fünf zum Gegenangriff auf den Entsatzvorstoß des LIV.A.K. abgezogen werden mußten. Gleichzeitig setzte man auch noch weitere Kräfte ein, die nach Westen gegen die Tschirfront vorrückten. Das Ziel war die Unterbrechung der Bahnlinie Morosowskaja – Stalingrad (Aussage eines gefangenen russischen Offiziers am 12. November 1942). Dieses Ziel konnte zunächst nicht erreicht werden, da sich zum Erstaunen der Russen in kürzester Zeit eine Widerstandslinie am Tschir bildete, die über einige Zeit den russischen Angriffen standhalten konnte. Das Ziel der Unterbrechung der Bahnlinie wurde dann jedoch im Rahmen der Operation „Saturn I" zumindest in Tazinskaja für wenige Tage erreicht. Das Vorgehen der Russen bei der Durchführung der einzelnen Operationen zeigt zum einen, daß man vor allem große Verluste an Menschen und Material vermeiden wollte (siehe Punkt a) und deshalb mit einer möglichst großen Übermacht antrat. Dies vor allem schon deshalb, weil man unter allen Umständen eine Niederlage vermeiden wollte, die wiederum eine Schwächung des Kampfgeistes der russischen Soldaten zur Folge gehabt hätte, denn wie Punkt e) zeigt, war das Vertrauen der sowjetischen Führung in die eigene Truppe nicht besonders groß. Die eingesetzten Einheiten der Roten Armee waren zum Teil schlecht ausgebildet und teilweise auch schlecht bewaffnet. Wie sich im Verlauf der Kämpfe erneut zeigen wird, war die Führung auf unterster und mittlerer Ebene oftmals unentschlossen, sie hatte auch in vielen Fällen keinen Zugang zu den Aufklärungsergebnissen hinsichtlich der militärischen Lage in der näheren und weiteren Umgebung. Auch das Fehlen ausreichender Fernmeldeverbindungen dürfte dabei eine nicht zu unterschätzende Rolle gespielt haben. Ebenso wie die deutsche dürfte auch die russische Luftaufklärung unter der schlechten Wetterlage gelitten haben, die zwar für die angreifenden sowjetischen Truppen, aber ebenso für die deutschen Verteidiger günstig war. Aus den genannten Gründen hatte man wohl auch von einem massiven Stoß der Roten Armee aus dem Don-Knie südlich von Woronesch bis nach Rostow abgesehen, mit dem es vielleicht möglich gewesen wäre, sämtliche in dem Raum ostwärts bis nach Stalingrad und bis zum Kaukasus befindlichen feindlichen Truppen einzuschließen. Deshalb entschied sich die russische militärische Führung für ein stufenweises Vorgehen, das die sicherere Lösung darstellte. Denn man hatte vor der Kampfkraft der Deutschen Wehrmacht und vor den Fähigkeiten der mittleren und unteren Führung einen großen Respekt. Diese sollte sich im schließlich aussichtslosen Kampf der in Stalingrad eingeschlossenen Soldaten und in der schnellen Reaktion der betroffenen deutschen Einheiten bewähren, die sich auf Grund ihrer militärischen Ausbildung bezüglich der Auftragstaktik sofort ohne Befehle von oben

(2) Gehlen, Seiten 72 – 73

der Lage anpaßten und dem Kampf stellten. Außerdem war die deutsche Truppe in den meisten Fällen mit Funkgeräten ausgerüstet. Hinzu kam, daß sich der deutsche Soldat damals hinsichtlich Ausbildung und Bewaffnung dem Gegner überlegen fühlte, Vertrauen zur Führung hatte und deshalb auch gegen eine Übermacht den Kampf aufnahm. Desertionen, wie sie die russische Führung immer wieder bei der Roten Armee beobachten und befürchten mußte, kamen bei der Deutschen Wehrmacht damals kaum vor, auch nicht bei den eingeschlossenen Truppen in Stalingrad. Daß die häufigen persönlichen Eingriffe Hitlers in die militärische Führung bis hinunter zur Division in vielen Fällen der russischen Führung zu Erfolgen verhalf, die sie sonst vielleicht nicht so leicht errungen haben dürfte, steht auf einem anderen Blatt. Im nachhinein ist festzustellen, daß die Methode, mit der die russische Führung an die Aufgabe heranging, die richtige war. Sie griff die Deutsche Wehrmacht dort an, wo sie ihren Schwachpunkt hatte. Das war nicht in erster Linie die schwach verteidigte Linie am Don, sondern die Versorgungslager, welche die Truppen sonst in die Lage versetzt hätten, monatelang in einem riesigen Kessel ohne Versorgung von außen zu verharren. Deshalb war die Ausschaltung dieser Versorgungslager für die russische Führung von größter Wichtigkeit. Auch hinsichtlich der Angriffstaktik hatten die Russen eine Änderung vorgenommen. Für den Durchbruch durch die Frontlinie setzten sie nach einer Artillerievorbereitung nur Infanterie ein. Sobald diese die Pak-Stellungen des Gegners überwunden hatte, folgten die Panzer, die dann zusammen mit motorisierter Infanterie den weiteren schnellen Vorstoß durchführten. Eine Schwäche der Roten Armee trat auch in den Kämpfen im Winter 1942/43 zu Tage, nämlich die unzureichende Versorgung mit Nachschub. Bereits im November 1942 blieben die russischen Angriffe vor Obliwskaja nach kurzer Zeit liegen. Das gleiche geschah im Dezember 1942, als die Truppen der Roten Armee aus Tazinskaja wieder vertrieben wurden. Richtig in Bewegung kam die Front erst mit der Operation „Saturn II“, aber zu diesem Zeitpunkt hatte sich die Deutsche Wehrmacht bereits zum Rückzug entschlossen.

Das Gebiet nördlich des Don von Woronesch bis Werschenskaja unterstand befehlsmäßig der „Woronesch-Front“ unter Generalleutnant Golikow. Am 4. Dezember 1942 befand sich am Don im östlichen Teil die 1. Garde-Armee (ehemals 63. Armee) unter Generalleutnant Kusnezow. Zum Angriff am 16. Dezember 1942 blieb die inzwischen in 3. Gardearmee umbenannte 1. Garde-Armee in diesem Bereich, westlich davon schloß sich die neu gebildete 1. Garde-Armee (Generalleutnant Leljuschenko) an. Weiter westlich befand sich die 6. Panzer-Armee (Generalmajor Charitonow).

# 5. Die Verkehrslage

## Straßen

Ausgebaute Straßen waren damals in dem Gebiet südlich des Don überhaupt nicht vorhanden. Als sogenannte Rollbahnen dienten unbefestigte Naturstraßen, die entsprechend breit waren und im Sommer mit ihrer Staubentwicklung nicht nur die Sicht behinderten, sondern auch den Motoren stark zusetzten. Die Filter der Vergaser mußten bereits nach kurzen Fahrstrecken immer wieder mit Benzin gereinigt werden; trotzdem war der Verschleiß an den Motoren beachtlich hoch, besonders an den Einspritzpumpen. Bereits nach starken Gewitterregen und erst recht in der Schlammperiode im Frühjahr und im Herbst verband sich der Staub mit den Niederschlägen zu einer zähen Masse, die den Fahrzeugverkehr nicht nur behinderte, sondern zeitweise auch völlig lahmlegte, wenn keine starken Zugmaschinen vorhanden waren, um steckengebliebene Fahrzeuge wieder flott machten. Die wichtigsten Straßen, welche die Deutsche Wehrmacht und

**Feste Straßen waren in Rußland eine Seltenheit, man fuhr auf sogenannten „Rollbahnen", die oftmals eine Breite von hundert und mehr Meter hatten, denn das Ausbessern lohnte sich nicht. Bei Trockenheit waren sie gut befahrbar, nur die Staubentwicklung zwang immer wieder eine Reinigung des Vergaserfilters schon nach wenigen hundert Kilometern. (Aufnahme: BA 101/217/476/5)**

**Die Staubentwicklung auf den Vormarschstraßen zwischen Don und Wolga behinderte nicht nur die Sicht. (Aufnahme: Johann Hochwallner)**

ihre Verbündeten benutzten, verliefen meistens in Süd-Nord- und weniger in West-Ost Richtung, darunter befanden sich die bedeutenden Verbindungen:

> Starobelsk – Kantemirowka – Bogutschar,
> Tschertkowo – Meschkoff,
> Sheptuchowka – Djogtewo,
> Kriworostje – Djogtewo – Meschkoff – (Kasanskaja am Don),
> Maltschewskaja – Katscharij – Kijewskij – N. Astachoff – Bokowskaja – (Jelanskoje am Don),
> Morosowskaja – Bokowskaja,
> Morosowskaja – N. Astachoff
> und zwei weitere Straßen von Morosowskaja nach Süden.

Die wichtigsten Straßen wurden auch als „Armeestraße" auf den Wegweisern ausgeschildert, die Feldgendarmerie hatte die Verkehrsregelung zu übernehmen.

## Eisenbahnen

In dem vom Don umschlossenen Gebiet zwischen den Städten Liski am Oberlauf des Don und Rostow an dessen Mündung in das Asowsche Meer gab es nur die von Norden nach Süden verlaufende zweigleisige Eisenbahnstrecke Moskau – Woronesch – Liski – Rossosch – Schelistowka – Kantemirowka – Tschertkowo – Millerowo – Lichaja – Swerewo – Rostow und die von Westen nach Osten verlaufende eingleisige Strecke Lichaja – Belaja Kalitwa (Forchstadt) – Tazinskaja – Morosowskaja – Tschir – Woroponowo – Stalingrad. Stalingrad lag ca. 1100 km von der Reichsgrenze entfernt. Südlich des unteren Don war noch die Strecke Rostow – Bataisk – Schachty – Salsk – Remontnaja – Kotelnikowo – Stalingrad vorhanden. Bei ihrem Rückzug nach Osten hatte die Rote Armee gemäß Beschluß des Militärrats vom 13. Juli 1942, der damals bereits als Abwehrmeldung der deutschen Führung vorlag, auch die Eisenbahnlinien und insbe-

**Im Bereich der ital. Division „Pasubio" befand sich auch der Ort Djatschenkowo bei Bogutschar, er lag außerhalb der fünf Kilometer tiefen Zone entlang dem Don, die damals von Zivilisten geräumt war, wie die Aufnahme vom Herbst 1942 zeigt. (Aufnahme: BA 101/778/13/18)**

**Eine für den Eroberer nutzlose Hinterlassenschaft stellt nicht nur der ausgebrannte russ. Güterwagen dar, sondern auch die Breitspur-Radsätze dar, die ebensowenig brauchbar waren, da bei der Umspurung in der Regel die Radsätze brauchbarer Breitspurwagen der Normalspur angepaßt wurden. (Aufnahme: BA 101/777/69/10)**

sondere wichtigen großen Brücken über Don und Donez zerstört. Infolge des von Hitler überraschend geänderten Plans, nicht nur zum Zweck einer Flankensicherung nach Osten zu stoßen, sondern auch noch Stalingrad an der Wolga einzunehmen, ging dem Vormarsch zur Wolga auch keine eingehende Planung voraus. Man glaubte durch die Bereitstellung von ausreichendem Großkraftwagentransportraum den notwendigen Nachschub auf der Straße bewältigen zu können. Daß praktisch nur eine einzige nach Osten führende eingleisige Eisenbahnstrecke (Lichaja – Stalingrad) vorhanden war und diese auch noch zwei leicht zerstörbare große Brückenbauwerke, und zwar über den Donez bei Belaja Kalitwa und über den Don hinter Tschir, aufwies, nahmen die Verantwortlichen der Heeresgruppe Süd anfangs kaum zur Kenntnisn. Sonst hätten sie zumindest versucht, durch den Einsatz von Luftlandetruppen die Zerstörung dieser beiden wichtigen Brücken, deren Wiederaufbau sich über Monate hinziehen mußte, zu verhindern.

## Wiederinbetriebnahme

Mit dem Überschreiten des Dnjepr hatte sich das Bild völlig geändert. Waren bis dahin im Jahr zuvor vielfach unzerstörte Strecken vorgefunden worden, so waren im Raum Charkow und in Richtung Donez-Becken die Bahnanlagen von der sich zurückziehenden Roten Ar-

**Bisher noch nicht identifizierte zweigleisige Trapez-Fachwerkträgerbrücke, aufgenommen am 23. August 1942, sämtliche Überbauten sind gesprengt und abgestürzt und nicht wiederverwendbar. (Audnahme: Will, BA/MA-Freiburg)**

mee mit einer Gründlichkeit zerstört worden, die bis dahin ihresgleichen suchte.
So wurde mit Nachdruck sofort an die Wiederherstellung der Eisenbahnstrecken gegangen, vor allem an die Inbetriebnahme der Strecken Walujki – (Liski), (Liski) – Lichaja und Lichaja – Stalingrad. Zunächst wurde auf Teilstrecken ein Inselbetrieb mit erbeutetem Breitspurmaterial aufgenommen. Bei zweigleisigen Strecken konnte bei Schienensprengungen, abgebauten Gleisen und gesprengten Weichen meistens das Gleismaterial des einen Gleises zur Reparatur des anderen Gleises benutzt werden, so daß ein eingleisiger Betrieb zumindest auf Teilstrecken schon sehr bald möglich war. Bei einigen bisher unbedeutenden Nebenstrecken war in den letzten Jahren die Unterhaltung sehr stark vernachlässigt worden, so mußten an vielen Stellen vor einer Wiederinbetriebnahme die verfaulten Schwellen ausgewechselt werden. Die Schwellen lagen meistens im Sandbett; ein Schotterbett war selten vorhanden; die Schienen waren meist nur durch zwei Schienennägel an der Schwelle befestigt.
Der Wiederaufbau zerstörter oder beschädigter Durchlässe oder kleiner Brücken war im Vergleich zur Wiederherstellung der Gleise dagegen schon schwieriger. War der Überbau wieder verwendbar und nur ein oder beide Widerlager zerstört, so war die Wiederherstellung relativ schnell erledigt. War der Überbau zerstört, dann genügten, wenn die Widerlager unversehrt geblieben waren, zwei bis vier entsprechend starke Doppel-T-Träger (Höhe 1 m, Lange bis 29 m, sogenannte Peine-Träger) als behelfsmäßige Überbauten. Bei Brücken mit längeren Überbauten war die Wiederherstellung relativ einfach, wenn der Überbau die Sprengung unversehrt überstanden hatte, dann konnte nämlich dieser schnell gehoben und auf die reparierten Widerlager aufgesetzt werden. Oftmals war jedoch der Überbau selbst durch einen oder mehrere sogenannte „Trennschnitte“ zerstört, hier konnten allenfalls Teile des Überbaus verwendet werden, die dann auf Hilfspfeiler aufgesetzt werden mußten. Schwierig dagegen war der Wiederaufbau der

**Deutsche Eisenbahn-Pioniere bei der Wiederherstellung eines Widerlagers einer zerstörten Brücke, auf dem Gleis, vermutlich Breitspur, steht ein Schienenkran. (Aufnahme: BA 101/217/482/10)**

**Die Brücke über den Tschir bei Km 199,5 wurde unter Verwendung des Kriegsbrückengeräts „R“ wiederhergestellt. (Aufnahme: Will, BA/MA-Freiburg)**

großen Brücken über Donez und Don, hier konnte nur vorbereitetes Kriegsbrückengerät eingebaut werden, wie beispielsweise der Bauart Roth-Waagner oder „R“, einer verbesserten Version der Bauart Roth-Waagner.

Für den Betrieb wurde zunächst Breitspur-Rollmaterial (Lokomotiven und Wagen) verwendet, das im betriebsfähigen Zustand vorgefunden worden war und teilweise auch bereits von russischen Eisenbahnern in Betrieb gehalten wurde. Soweit nicht zerstört, waren an der Strecke zumindest für den geringen Verkehr in der Anfangszeit auch ausreichend betriebsfähige Wasserstationsanlagen vorhanden und in einigen Bahnbetriebswerken (Bw) wurde auch ein ausreichender Kohlenvorrat für den ersten Betrieb vorgefunden. Die zweigleisige Strecke Walujki – Liski (siehe Seite 65) endete an der gesprengten Brücke über den Don, die Don-Brücke der zweigleisigen Strecke Liski – Lichaja – Rostow (siehe Seite 70) war dort ebenfalls zerstört, wodurch keine Verbindung der beiden Strecken vorhanden war, da diese Strecken erst im Bahnhof Liski auf dem linken Ufer des Don zusammenliefen. Letztere Strecke hing sozusagen in der Luft, da die Eisenbahnbrücke über den Donez bei Kamenskaja ebenfalls zerstört war und das an der Strecke liegende Millerowo zwar durch eine eingleisige Strecke von Westen her erreichbar war, diese Strecke jedoch wegen umfangreicher Zerstörungen auch erst später in Breitspur wieder befahrbar war. Anfangs bestand der Plan, dort, wo die beiden Strecke vor der Brücke, also noch vor dem Bf.Liski, sehr nahe beieinander lagen, durch den provisorischen Einbau von Weichen eine Verbindung zwischen beiden Strecken herzustellen. Auf diese Weise sollte Breitspur-Rollmaterial (24 Lok, davon 8 mit Ölfeuerung, und 860 Wagen), das nördlich von Ostrogoshsk an der Strecke Walujki – Liski erbeutet worden war, zur Strecke nach Millerowo überführt werden. Wegen der Feindnähe auf dem linken Ufer bei Liski hätte dies handstreichartig nachts geschehen müssen. Aus verschiedenen Gründen wurde jedoch davon abgesehen.

Auch die Strecke Lichaja – Stalingrad war nicht durchgehend benutzbar, da sie bei Belaja Kalitwa durch die zerstörte Brücke über den Donez und außerdem hinter Tschir durch die zerstörte Don-Brücke unterbrochen war. Lichaja war von Westen, also von Debalzewo her durch zwei eingleisige Strecken erreichbar, die jedoch ebenfalls zerstört waren. Dies traf auch auf die Weiterführung der zweigleisigen Strecke (Liski) – Lichaja nach Rostow zu. Gelang schon relativ bald der Wiederaufbau der Donez-Brücke bei Belaja Kalitwa, wodurch nach der Umspurung auch ein durchgehender Normalspurbetrieb bis zur zerstörten Brücke über den Don bei Tschir möglich war, so konnte die weiterführende Strecke nach Stalingrad nur in Breitspur betrieben werden, da der Wiederaufbau der über 700 m langen Brücke doch ein langwieriges Unterfangen war.

Die Feldeisenbahner standen vor großen Problemen, denn die nach Osten und damit nach Stalingrad führende Strecke Lichaja – Tschir stellte praktisch die Lebensader dar, an der schließlich die Versorgung von vier Armeen hing. Unter großen Anstrengungen gelang es, diese Strecke durch den Bau von Kreuzungsstellen nach und nach in ihrer Leistung so weit zu steigern, daß Betrieb nach Re 18 (18 Züge täglich) gemacht werden konnte. Dies setzte allerdings auch die notwendigen Signal- und Fernsprechanlagen entlang der gesamten Strecke voraus.

Unter der Abweichung von den heimatlichen Grundsätzen wurden die Strecken zunächst so weit wiederhergestellt, daß überhaupt Betrieb gemacht werden konnte. Anfänglich gab es so gut wie keine Signalanlagen, man behalf sich mit festen Signaltafeln (Sh = Schutzhalt), an denen ein Zug erst einmal anhalten mußte, bevor das Personal die Weiterfahrt freigab. Die Signalanlagen wurden dann erst behelfsmäßig „zusammengeflickt"; man fand keine Bahnhofspläne, man kannte die russische Stellwerks-

**Der Wiederaufbau der Brücke über den Donez bei Belaja Kalitwa ist am 11. September 1942 schon weit fortgeschritten. Deutlich ist der Aufbau der Kriegsbrücke „System Roth-Waagner" zu erkennen. Mit Hilfe des auf dem bereits erstellten Brückenteil fahrbaren Montagekrans werden die einzelnen Elemente zur Montage herangebracht und anschließend eingebaut. Der Aufbau findet immer im Bereich der Auflage auf einem Pfeiler statt, anschließend werden die bisher erstellten zusammenhängenden Überbauten entsprechend zurückgezogen. Nach Fertigstellung der einen Brückenhälfte werden zum Schluß deren fertige Überbauten zur Flußmitte hin zusammenhängend verschoben, dabei dienen die der Flußmitte abgewandten Teile der Brückenhälfte als Gegengewicht. (Aufnahme Will, BA/MA-Freiburg)**

**Bei der Aufnahme vom 24. August 1942 könnte es sich um die zerstörte Eisenbahnbrücke über die Dobraja bei Km 239,8 zwischen Ssurowikino und Dmitrijewka handeln. Die Trümmer des nicht wiederverwendbaren Überbaus sind bereits beiseite geräumt. (Aufnahme: Will, BA/MA-Freiburg)**

**Die von den Sowjets zerstörte Donez-Brücke bei Belaja Kalitwa am 1. August 1942 mit Blick nach Süden. (Aufnahme: Will, BA/MA-Freiburg)**

technik nicht, man hatte keine Verschlußtafeln, Block- und Schaltpläne. Zu alledem kam ein großer Mangel an Signaleinrichtungen, der nur aus heimischer Fertigung unter Drosselung des eigenen Bedarfs gedeckt werden konnte, da viele Signale zerstört waren und die russischen Signalbauanstalten noch vor dem deutschen Vormarsch vollständig nach Osten evakuiert worden waren (1). Als ursprünglich nicht kriegswichtig eingestuft wurde die Fertigung der Signalbauanstalten im Reich deshalb auf höchste Touren gesteigert, um dem großen Bedarf im besetzten Teil Rußlands gerecht zu werden. Auch die signaltechnische Absicherung war eine Voraussetzung für eine hohe Leistungsfähigkeit einer Strecke. Ein besonderer Stoffengpaß blieb den ganzen Krieg über der Leitungsdraht, ohne den ein funktionsfähiges Fernsprechnetz nicht herstellbar war. Zur Abwicklung eines reibungslosen und sicheren Eisenbahnbetriebes war eine telefonische Verständigung zwischen den einzelnen Stellen entlang der Strecke unerläßlich. Dies betraf nicht allein den Austausch der notwendigen Informationen zwischen den einzelnen Bahnhöfen und Kreuzungsstellen, auch die Weichenwärter der auf vielen Strecken vorhandenen Weichen benötigten eindeutige Anweisungen. Dennoch ist erstaunlich, daß auf den vielen eingleisigen Strecken angesichts hoher Zugleistungen nur relativ wenige Unfälle durch Zusammenstöße passierten.

Schon kurze Zeit nachdem der Breitspurbetrieb auf der Strecke zwischen Belaja Kalitwa und Tschir durchgehend aufgenommen worden war, wurde nach der Wiederherstellung der Donez-Brücke bei Belaja Kalitwa mit der Umspurung begonnen, so daß schon bald die gesamte Strecke von Lichaja bis Tschir in Normalspur befahren werden konnte. Für den Betrieb waren zunächst die „grauen" Eisenbahner, d. h. die Feldeisenbahner zuständig, die dem FEKdo 3 (Feldeisenbahnkommando) in Dnjepropetrowsk unterstellt waren. Außerdem wurde in Rostow eine Reichsverkehrsdirektion (RVD) etabliert, welcher die „blauen" Eisenbahner, d. h. die Angehörigen der Deutschen Reichsbahn, unterstellt waren. Diese waren anders als bis Anfang 1942

**Erbeutete russ. Draisine am 24. August 1942. (Aufnahme: Will, BA/MA-Freiburg)**

(1) Sasse, Seiten 90 ff

**Die deutschen Eisenbahn-Pioniere waren sehr erstaunt, als sie an bedeutenden Hauptstrecken in der Sowjetunion auf modernste Stellwerkstechnik stießen, die Ende der dreißiger Jahre aus den USA geliefert und dann auch in Rußland nachgebaut wurde, dazu gehörten auch elektrisch gestellte Weichen und Lichtsignale. (Aufnahme: BA 101/84/3441/18)**

keine Angehörigen der Deutschen Wehrmacht mehr. Wenn auch die unterschiedlichen Dienststellen beide in Rostow in Sitz hatten, arbeiteten sie doch getrennt voneinander, denn die Feldeisenbahner waren dem Chef des Transportwesens und somit der Deutschen Wehrmacht zugeordnet, während für die Angehörigen der Deutschen Reichsbahn das Reichsverkehrsministerium zuständig war. Die Verantwortlichkeiten beider Dienststellen waren so genau wie möglich definiert. So war das FEKdo für den Betrieb in Frontnähe zuständig, während die RVD im Hinterland den Betrieb leitete und darüber hinaus auch für den Betriebsmaschinendienst im Zuständigkeitsbereich der Feldeisenbahner verantwortlich war. Diese Arbeitsaufteilung brachte es mit sich, daß auch „blaue" Eisenbahner beispielsweise als Lokführer oder Fahrdienstleiter im Bereich der Feldeisenbahner tätig waren, besonders nachdem sich der Betrieb auf einer Strecke normalisiert hatte. Die Hauptaufgabe der Feldeisenbahner lag dann in der Instandhaltung, dem Ausbau und der Erweiterung der Gleisanlagen. Der auf dem linken Donufer liegende Bahnknotenpunkt Liski befand sich immer in Frontnähe, so daß zum Anschluß der Strecke Charkow – Waluiki – Liski (siehe Seite 65) an die nach Rostow (siehe Seite 70) führende Strecke eine ca. 20 km lange Verbindungsstrecke zwischen den Orten Gniloje (Waluiki – Liski) und Jewdakowo (Liski – Millerowo) angelegt worden war (siehe Seite 112). Diese Kurve erforderte große Erdbewegungen in schlechtem Baugrund und konnte deshalb erst Anfang Dezember 1942 fertiggestellt werden. Die von Liski nach Süden führende Strecke war zwischen Jewdakowo und Millerowo schon bald zweigleisig auf Normalspur befahrbar. Millerowo war auch noch durch die unbedeutende eingleisige Normalspurstrecke Walujki – Starobelsk – Kondratschewskaja (siehe Seite 82) von Westen erreichbar. Zwischen Millerowo und Lichaja war kein durchgehender Betrieb möglich, da die bei Kamenskaja von den Russen gesprengte Eisenbahnbrücke über den Donez auch Anfang Dezember 1942 nicht wieder hergestellt war. Dies war von höherer Stelle nicht als notwendig angesehen worden und unterblieb auch aus Mangel an Brückenbaumaterial und Arbeitskräften. Hier war nur eine Straßenbrücke über den Donez vorhanden, so daß eine Umladung von der Eisenbahn auf die Straße und dann wieder auf die Eisenbahn erfolgen mußte. Der Streckenabschnitt zwischen einem Behelfsbahnhof bei Km 641 der Strecke (Moskau) – (Liski) – Rostow am Nordufer des Donez gegenüber von Kamenskaja und Millerowo war eingleisig auf Normalspur umgestellt, an der Umspurung des zweiten Gleises wurde noch gearbeitet. Der Streckenabschnitt Lichaja – Swerewo – Schachty – Rostow (siehe

Seite 70) war ebenfalls nicht gleich durchgehend befahrbar, da die Gleise zwischen Swerewo und Rostow an zwei Stellen durch gesprengte Brücken unterbrochen waren. Außerdem war nur ein Gleis der zweigleisigen Strecke auf Normalspur umgestellt. Die eingleisige Strecke Lichaja – Stalingrad war bis Tschir auf Normalspur befahrbar, nachdem am 24. September 1942 die große Eisenbahnbrücke über den Donez bei Belaja-Kalitwa fertiggestellt worden war. Am 1. September 1942 war die Strecke noch im Breitspurbetrieb zwischen Belaja-Kalitwa und Tschir benutzt worden. Diese Strecke war im Normalspurbetrieb zunächst nur für Re 12 (12 Züge/Tag) ausgelegt, durch entsprechende Maßnahmen wie dem Bau von zwölf zusätzlichen Kreuzungsstellen sollte die Leistungsfähigkeit schließlich auf 18 Züge pro Tag gesteigert werden. Da die 700 m lange Eisenbahnbrücke bei Tschir über den Don zerstört war, konnte weiter ostwärts von Loshki am Ostufer des Don über Woroponowo nur noch bis Gumrak bei Stalingrad auf Breitspur ein Pendelbetrieb ab Ende September mit höchstens sechs Zügen pro Tag unterhalten werden. Die wichtigste West-Ost-Verbindung war jedoch nicht nur wegen ihrer Eingleisigkeit nicht besonders leistungsfähig, sondern stellte auch hohe Anforderungen an die Lokomotiven, da sich die Strecke bei Belaja-Kalitwa aus dem Tal des Donez auf eine Hochebene kurvenreich hochwindet. Auf diesem Streckenabschnitt bis Tschir gab es starke Steigungen und enge Radien, noch dazu führte sie teilweise durch ein wasserarmes Gebiet mit zudem sehr hartem Wasser. Das Speisewasser für die Lokomotiven mußte zum Teil mittels Kesselwagenzügen herangeschafft werden, deren Transport die Leistungsfähigkeit der Strecke zusätzlich einschränkte.

Über die Strecke Lichaja – Tschir, die zu den weniger belasteten Strecken des russischen Eisenbahnnetzes gehört hatte, mußte nicht nur der gesamte Nachschub für die 6. Armee und für die deutsche Luftwaffe sondern auch noch für die Armeen der Verbündeten transportiert

**Russische Bahnarbeiter beim Auswechseln von Schwellen und Stopfen eines Gleises, die Spurlehre links dient zur Verlegung der Schienen in Normalspurabstand. (Aufnahme: BA 101/217/477/5A)**

werden. An dieser Lebensader lagen auch die großen Flugplätze von Tazinskaja, Morosowskaja und Obliwskaja, von denen die Kampfverbände des VIII.Fliegerkorps operierten und von denen später auch die Luftversorgung für die bei Stalingrad eingekesselten Truppen durchgeführt wurde. Auch die Luftversorgung der nach dem Kaukasus vordringenden Truppen ging von diesen Plätzen aus. In Anbetracht der geringen Leistungsfähigkeit der genannten Eisenbahnstrecke legte die Wehrmacht sehr schnell große Munitions- und Versorgungslager vor allem in Millerowo, Tazinskaja, Morosowskaja und Obliwskaja an. Die Verbündeten beklagten sich immer wieder über die geringe Zuteilung von Eisenbahntransportraum, aber die Deutsche Wehrmacht benötigte weitgehend die gesamte Kapazität der wichtigen Strecke, ein Zeichen für die angespannte Transportlage, die sich mit Eintritt des Winters noch verschlechtern sollte.
Eine weitere Eisenbahnverbindung in Richtung Stalingrad war die Strecke (Rostow) – Salsk – Tichoretzkaja – Abganerowo (siehe Seite 102), die jedoch durch die von den Russen gesprengten Brücken über den Manytsch und den Sal unterbrochen war.
Zur Verbesserung der Verkehrsituation wurde nicht nur fieberhaft an dem Wiederaufbau der zerstörten Eisenbahnbrücken und an der Umspurung der Breitspurstrecken auf Normalspur gearbeitet, man ergriff auch Maßnahmen, um das Gebiet zwischen dem nördlich nach Osten fließenden Don und den genannten Eisenbahnstrecken verkehrstechnisch zu verbessern. Insbesondere ging es um die Sicherstellung der Nachschubversorgung der ital. 8. Armee und der rum.3.Armee und wohl auch um die leichtere Abfuhr landwirtschaftlicher Erzeugnisse, denn in Millerowo, Tazinskaja, Morosowskaja befanden sich so gar nicht in die flache Gegend passende hohe Getreidespeicher. Bereits Mitte August 1942 wurde deshalb die Anlage dreier Großfeldbahnen in 600 mm Spur von insgesamt 400 km Streckenlänge geplant (siehe Seite 116). Die Trassierungsarbeiten begannen noch im September, sämtliche Strecken sollten bis zum Beginn der Schlammperiode im Herbst 1942 Betrieb sein.

## Betriebsmaschinendienst

Auch auf den eingleisigen Strecken besaß fast jeder Bahnhof eine Wasserstationsanlage; Bahnbetriebswerke (Bw) waren im Abstand von 100 bis 150 km vorhanden. Allerdings machte sich hier das Fehlen einer ausreichenden Anzahl von Ausschlackgruben bemerkbar. Die russ. Lokomotiven besaßen Klappen an den Feuerbüchsen, durch welche die Schlacke seitlich vom Rost entfernt werden konnte.
Es stellte sich sehr schnell heraus, daß die russische Steinkohle aus dem Donezbecken für deutsche Lokomotiven wenig geeignet war, sie konnte deshalb allenfalls in einer Mischung mit deutscher Kohle im Verhältnis 1:1 oder 1:2 verwendet werden. Eine Mischung von 1:1 war jedoch nur bei sehr gutem Heizerpersonal möglich. Neben Personenzuglokomotiven der Baureihe 38 (pr. P 8), die auf Steigungsstrecken nicht verwendbar waren und denen der starke Steppenwind manchmal sehr zu schaffen machte, kamen hauptsächlich Güterzuglokomotiven preuß. Bauart der Baureihen $55^{0}$ (pr. G $7^{1}$), $55^{25}$ (pr. G $8^{1}$), $56^{2}$ (pr. G $8^{1}$ mit Vorlaufachse), $56^{20}$ (pr. G$8^{2}$) und $57^{10}$ (pr. G 10) zum Einsatz, die mit ihrem Achsdruck zwischen 13 und 17 t für den russischen Oberbau gut geeignet waren, der nur für einen maximalen Achsdruck von 16 t ausgelegt war. Diese Lokomotiven besaßen Feuerbüchsen, die speziell für beste deutsche Steinkohle aus Oberschlesien ausgelegt und somit für die Verbrennung minderwertiger Kohle schlecht geeignet waren, eine Erfahrung, welche die Verwaltung der franz. Paris-Orleans-Bahn (P.O.) schon kurz nach dem Ersten Weltkrieg mit diesen Lokomotiven machen mußte, die im Rahmen der Waffenstillstandsvereinbarungen im Jahre 1919 an die Feindmächte abgeliefert worden waren. Die Schwierigkeit beim Verfeuern der Donez-Kohle bestand darin, daß die Kohle nur solange gut verbrannte, wie das Feuer bei geöffnetem Regler ausreichend angefacht wurde. Am besten fuhr man mit einem Grundfeuer aus deutscher Kohle an; sobald die Maschine arbeitete, legte man dann Donez-Kohle gemischt mit deutscher Steinkohle nach. Bei Verfeuerung von reiner Donez-Kohle im Stillstand fehlte der Lok die

Von 1913 bis 121 lieferten die deutschen Lokomotivfabriken fast 5000 Güterzugloks der preußischen Gattung G $8^1$. Wie die Vorgängerbauart G 8 (beide waren Dh2-Loks) spielten sie in beiden Weltkriegen eine große Rolle. Bei der Deutschen Reichsbahn wurden sie als Reihe $55^{25}$ geführt. (Carl Bellingrodt, Slg. Knipping)

In den dreißiger Jahren stattete die Reichsbahn 691 Loks der Reihe $55^{25}$ zur Erhöhung der Höchstgeschwindigkeit und Verminderung des Achsdrucks mit vorderer Laufachse aus. Sie wurden in die Nummernreihe $56^2$ umgruppiert, waren aber auch als „G $8^1$ mit Laufachse" oder „G$8^1$ Umbau" bekannt. Auch von dieser Variante kamen viele auf sowjetischen Gleisen zum Kriegseinsatz. (Slg. Knipping)

Die Güterzugloks der Baureihe $56^{20}$ (ex pr. G $8^2$) aus den ersten Jahren nach dem Ersten Weltkrieg kamen ab 1941 in großen Zahlen auch nach Südrussland. Die 1'Dh2 war für Züge mit mäßiger Geschwindigkeit auf Strecken mit geringen Steigungen eine ideale Bespannung. (Slg. Knipping)

**Die zahlenstärkste Personenzuglok der Deutschen Reichsbahn war die pr. G 8, seit den zwanziger Jahren als Reihe $38^{10}$ bezeichnet. Die gezeigte 38 1100 war in der Zwischenkriegszeit bei der Polnischen Staatsbahn gelaufen und wurde 1939 erobert und mit der Nummer einer bereits ausgemusterten Reichsbahn-P 8 versehen in den „Osteinsatz" geschickt. (Hermann Maey, Slg. Knipping)**

**Der Achsdruck von nur 15 t und das mit fünf Kuppelachsen trotzdem ausreichende Reibungsgewicht machte preußische G 10 bzw. $57^{10}$ der DR im Zweiten Weltkrieg zu einer der am häufigsten in der Sowjetunion (aber auch auf dem Balkan) verwendeten Lokomotiven. Die abgebildete 57 2191 hat im Winter 1941/42 Frostschutz erhalten. (Slg. Knipping)**

**Tenderloks kamen in geringer Zahl in die Sowjetunion, weil sie für Streckendienste zu geringe Vorräte hatten und somit nur für Rangier- und Schiebedienste in Betracht kamen. Das Foto zeigt die 1935 mit den Saarbahnen zu Reichsbahn gekommene T 14 mit der Nummer 93 416. (Hermann Maey, Slg. Knipping)**

notwendige Luftzufuhr in der Feuerbüchse, die durch den Unterdruck in der Rauchkammer durch den Abdampf erzeugt wird. Dadurch klebte die Schlacke sehr schnell an den Roststäben fest und konnte nicht mehr durch die Rostspalten fallen. Auch das Anstellen des Bläsers schaffte hier kaum eine Besserung, da seine Wirkung viel schwächer war als die des Blasrohrs bei arbeitender Maschine. Dies führte dazu, daß bei einem Halt auf freier Strecke das Feuer gereinigt werden mußte, indem die Schlacke vom Rost gebrochen, zusammengekratzt und aus der Feuerbüchse entfernt wurde. Hilfsmittel wie in einem Bw standen meistens nicht zur Verfügung. Während der aufwendigen Reinigung der Feuerbüchse trafen dann aber besonders im Winter kalte Luftmengen in großem Umfang auf die heißen Wände. Die dabei entstehenden großen Temperaturschwankungen hatten die Bildung von Rissen an der Feuerbüchse zur Folge, die in den Werkstätten eines Bw meistens nicht repariert werden konnten. Die Folge war eine Reparatur im zuständigen EAW, das jedoch oftmals wegen Überlastung diese Arbeit nicht schnell genug ausführen konnte. Der besorgniserregende Anstieg an Schadlok zwang zur Sammlung und anschließenden Überführung derselben in das Reich zum zuständigen Heimat-RAW. Der Anteil der Schäden bei den Schadlok lag bei 75% Kesselschäden wie Feuerbuchsrisse, gebrochene Stehbolzen, usw.

Anfang 1943 kamen auch Einheitslokomotiven der Baureihen 50 ÜK und 52 zur RVD Kiew, die freiwerdenden Güterzuglok der

**Bei Kampfhandlungen durch Artillerietreffer stark beschädigter Wasserturm. (Aufnahme: BA 101/218/539/25)**

pr. Gattungen G 8[1] und G 10 gelangten dann weiter östlich zum Einsatz. Aber auch die fabrikneuen Einheitslok waren für die Verbrennung der Donezkohle nicht geeignet, denn dafür hätte das Verhältnis vom freien zum gesamten Rostquerschnitt und der Blasrohrquerschnitt zur Erhöhung des Blasrohrdrucks geändert werden müssen.
Im Oktober 1942 lag der Verbrauch an deutscher Kohle bei 60.000 t, zugeführt wurden dagegen nur 43.000 t, der Vorrat reichte im Durchschnitt für 16 Tage. Im Dezember 1942 stieg der Kohleverbrauch an deutscher Kohle auf 78.000 t, am Jahresende reichte der Vorrat nur noch für zweieinhalb Tage bei einem tägl. Verbrauch von 3000 t. Die angelieferte Donez-Kohle bestand vielfach nur aus Staub, der für eine Mischung mit deutscher Kohle überhaupt nicht geeignet war. Die Kohlenzüge waren zwingend notwendig und stellten eine Belastung der Zufuhrstrecken und Spitzenstrecken dar und schränkten damit die ohnehin nicht so große Leistung der Strecken entsprechend ein.
Die nördlich des Kaukasus vorhandenen Lokomotivbehandlungsanlagen mußten teilweise neu erstellt werden, da die russischen Lokomotiven in diesem Gebiet nicht mit Kohle, sondern mit Öl beheizt wurden und weil auf den Strecken auch russische Kondenslokomotiven im Einsatz gewesen waren, die lange Strecken ohne Wasserfassen zurücklegen konnten. Daher waren nicht ausreichend Wasserstationsanlagen vorhanden.
Ein weiteres Problem war das Wasser für die Kesselspeisung der Lokomotiven. Wenn kein Wasser aus Bächen oder Flüssen zur Verfügung stand, mußte es aus Tiefbrunnen gewonnen werden, die teilweise bis in eine Tiefe von 300 m niedergebracht wurden. Dieses Wasser besaß Härtegrade bis 186 und war für die Speisung von Dampfkesseln nicht brauchbar, da diese trotz häufigen Auswaschens leicht verkalkten. Auch die Russen hatten mit dem kalkhaltigen Wasser zu kämpfen, und so erfuhren Angehörige der Feldeisenbahntruppe schon bald von dem Wundermittel „Antikipin“ oder Antinakipin“, ohne sogleich dessen Zusammensetzung zu kennen. Zwei russische Lokführer aus Woronesch und Rossosch in einem Kriegsgefangenenlager (Dulag) waren im Herbst 1942 bereit, das Rezept preiszugeben unter der Bedingung, daß sie möglichst als Lokführer auf einer der Großfeldbahnen im Dongebiet eingesetzt würden. Nach ihrer Aussage wurde geschälte Eichenrinde in Wasser gekocht, und in 3 Liter dieses Suds wurden anschließend 500 gr. Kalzium-Natron aufgelöst. Das Ganze sollte für eine Wassermenge von 40 – 50 m³ zur Entkalkung ausreichen. Anstelle der Eichenrinde konnte auch Sulfit-Zellulose-Lauge, ein Abfallprodukt aus Papierfabriken, verwendet werden. Von deutscher Seite wurde das Mittel bei Härtegraden ab 30 erfolgreich angewendet, zumal auch die russ. Wasserenthärtungsanlagen in einigen Bahnhöfen benutzt werden konnten. Das harte Wasser führte zu Kalkansätzen an den Düsen der Dampfstrahlpumpen, an den Kesselventilen und an den Einströmungen. Die Strecken Lichaja – Stalingrad und Salsk – Stalingrad wären für die damals im Bau befindlichen Kondenslokomotiven der Baureihe 52 ein ideales Einsatzgebiet

**Im Sommer 1942 stellt die OT einen Wasserturm wieder her, rechts steht der Wasserbehälter des bisherigen Behelfswasserturms auf einem Schwellenstapel. (Aufnahme: BArch R 5 Anh./162)**

**Der Betrieb im Winter in den Weiten Rußlands setzte den Kriegswinter 1941/42 wurden die Lokomotiven für den nächsten Winter mit Frostschutz-Einrichtungen versehen. Das Bild zeigt eine pr. G 10. (Aufnahme: BA 101/ 84/344/15)**

gewesen, da diese wegen ihrer großen Reichweite unterwegs keine Wasserversorgung benötigt hätten. Als die Lokomotiven dann schließlich im Frühjahr 1943 aus den Werkstoren rollten, waren die Einsatzgebiete im Süden Rußlands, für welche die Lokomotiven ursprünglich konzipiert waren, jedoch bereits nicht mehr in deutscher Hand.

Das russ. Personal war überwiegend gut, teilweise sogar besser motiviert als das eigene Personal, es war sehr bereitwillig und zuverlässig. Als der Winter kam, gab es Engpässe bei der Versorgung mit warmen Mänteln und Schuhen. Im Bereich des FEKdo 3 mit seinen 2800 km Betriebslänge kamen im Durchschnitt auf einen Kilometer Betriebslänge 3,7 Deutsche und 12,65 Russen. Fast sämtliche Zugbegleiter waren Russen und auch bei den Weichenstellern war deren Anteil sehr hoch. In Anbetracht ihrer wertvollen Hilfeleistung hat-

te die Wehrmachtsführung im Bereich des FEKdo 3 für die bei der Eisenbahn beschäftigten Russen den Verpflegungssatz IV der Deutschen Wehrmacht genehmigt. Im Dezember 1942 waren im Bereich des FEKdo 3 insgesamt 2930 deutsche und 12.870 russische Kräfte beschäftigt. Die russ. Lokführer und Heizer wurden zur Bedienung deutscher Lokomotiven umgeschult. Ein russ. Heizer erhielt pro Tag 1,48 RM, ein russ. Lokführer 2,16 RM (auf dem schwarzen Markt kostete ein Laib Brot 18 – 20 RM, 1 kg Kartoffeln 6 RM). Im Herbst 1942 bot die O.T. auf der Suche nach Facharbeitern Entlohnungen an, die doppelt oder sogar dreimal so hoch waren, so kam es durch die Abwerbung zu Engpässen bei den bei der Bahn beschäftigten einheimischen Kräften. Als sich gegen Ende des Jahres die militärische Lage drastisch änderte, blieben viele Russen, die bisher wie gewohnt ihre Arbeit verrichtet hatten, aus Angst vor einer Bestrafung durch die zurückkehrende Rote Armee ihrem Arbeitsplatz fern.

Über den Betriebsmaschinendienst hinsichtlich der Stationierungen von Lokomotiven im Herbst 1942 gibt es nur wenige Angaben. So waren im Bereich des FEKdo 3 folgende Lokomotiven stationiert:

| | |
|---|---|
| Bw Kamenskaja | 55 5371 |
| Bw Rossosch | 55 1814 |
| Bw Walujki | 57 2476 |
| Bw Jewdakowo | 57 1404 |

Am 30. November 1942 waren im Bereich des FEKdo 3 an Streckenlok 608 (betriebsfähig 437) und an Rangierlok 112 (betriebsfähig 85) vorhanden, das entsprach einem Ausbesserungsstand von 27 %. Aus den Erfahrungen des Winters 1941/42 hatte man inzwischen gelernt, sämtliche Lokomotiven waren vor Einbruch des Winters 1942/43 mit Frostschutzeinrichtungen versehen worden.

Bei der Berechnung des Bedarfs an Lokomoti ven wurde von einer Reisegeschwindigkeit von 15 km/h, bei Steigungen von 10 km/h ausgegangen. Die Vorbereitungszeit im eigenen Bw und die Wendezeit im fremden Bw wurde bei Strecken unter 80 km mit 12, bei längeren Strecken mit 14 Stunden angenommen. Für 100 km Streckenlänge wurden für beide Richtungen 1,2 Lok angesetzt + 0,4 Schiebe- und Rangierlok + 0,4 Schadlok = 2 Lokomotiven.

Als betriebsfähig galten sämtliche einsetzbaren Lokomotiven, auch solche, für deren Ausbesserung weniger als 24 Stunden angesetzt waren.

Aufgrund der vorhandenen Bekohlungs- und Behandlungsanlagen in den Bw konnten im Dezember 1942 theoretisch die Lok-Kontingente (Strecken- und Rangier-Lok) auf folgenden Strecken eingesetzt werden:

| | |
|---|---|
| Walujki – Alexejewka | 25 |
| Alexejewka – Jewdakowo | 30 |
| Walujki – Starobelsk | 30 |
| Starobelsk – Kondraschewskaja | 25 |
| Kondraschewskaja – Millerowo | 30 |
| Tschertkowo – Glubokaja | 40 |
| Glubokaja – Km 641 | 15 |
| Tschertkowo – Rossosch | 45 |
| Rossosch – Jewdakowo | 30 |
| Lichaja – Morosowskaja | 60 |
| Morosowskaja – Tschir | 30 |

Als Mitte Dezember 1942 der Bestand an Schadlok immer größer wurde, lag das hauptsächlich an folgenden Ursachen:

1. Behelfsmäßige Instandsetzung mit hohem Arbeitsaufwand, teilw. wegen unzulänglicher Bw-Einrichtungen.
2. Mangel an primitivsten Ersatzteilen, wie beispielsweise Dichtungen.
3. Fehlen von Schlossern.
4. Unzulängliche Stromversorgung.
5. Versagen der Dampfstrahlpumpen bei bis zu 20% der Ersatzlok, oftmals infolge mangelhafter Bedienung.

Damals wurden viele Züge doppelt bespannt, damit bei einem Ausfall einer Lok die Strecke nicht blockiert wurde.

Als im Januar 1943 die Rote Armee überraschend schnell nach Westen vorstieß, wurden eine Reihe von Nord-Süd-Strecken unterbrochen, so daß viele Lokomotiven nicht mehr nach Westen abgefahren werden konnten. Eine Reihe von diesen fiel unzerstört in die Hände des Feindes.

Um dies in Zukunft zu verhindern, wurde am 18. Januar 1943 angeordnet, daß sämtliche Lokomotiven, die in Richtung Starobelsk und Walujki fahren, mit den notwendigen Sprengmitteln zu versehen sind, um diese bei Herannahen des Gegners unbrauchbar zu machen. Soweit die Lokomotiven nicht bereits mit anderen Sprengmitteln versehen waren, mußten 15 cm Haubitzgranaten mit Aufschlagzünder mitgeführt werden, die in das Feuer der Feuerbüchse geworfen dem Lokpersonal noch ausreichend Zeit gaben, sich in Sicherheit zu bringen.

## Der Betrieb

Als erster Schritt wurde der Breitspurbetrieb aufgenommen, meistens zunächst auf Teilstrecken, soweit betriebsfähiges Rollmaterial vorhanden war. Sobald eine Verbindung mit einer normalspurigen Zufuhrstrecke möglich war, wurde die Strecke umgespurt. Bei Spitzenstrecken wurde soweit wie möglich in Richtung Front gefahren, am günstigsten war dann ein Ausladebahnhof mit einem Bw oder mindestens mit einer Wasserstation. Die Leistung einer eingleisigen Strecke wurde in erster Linie von der Dichte der Überholungsgleise in Bahnhöfen und Kreuzungsstellen bestimmt. Auf besonders wichtigen Strecken wurde ein Abstand von 5 km als notwendig angesehen. Ein weiterer Faktor war die Anzahl der

**In einem zerstörten Bw treibt im Januar 1943 eine Lokomobile ein Notstrom-Aggregat an, wobei eine Breitspur-Dampflok den nötigen Dampf erzeugt. (Aufnahme: BArch R 5 Anh.I/162)**

**Infolge des gesteigerten Verkehrs genügten oftmals die ursprünglich vorhandenen Wasserstationsanlagen nicht mehr den neuen Anforderungen. So behalf man sich mit dem Bau von behelfsmäßigen Wassertürmen, auf deren Wintersicherheit schon während des Baus großer Wert gelegt wurde. (Aufnahme: BA 101/327/2890/6)**

eingesetzten Lokomotiven. Waren diese in ausreichender Zahl vorhanden, dann war die reibungslose Beförderung der Züge zwar sichergestellt, aber auch nur insoweit, wie genügend Wasserstationen und Lokbehandlungsanlagen vorhanden waren, denn die Lokomotiven benötigten bestimmte Zeiten zur Wartung und Pflege. Waren mehr Lokomotiven als Stellen für deren Wartung und Pflege vorhanden, dann kam es zu langen Wartezeiten. Dies betraf auch die Anzahl der vorhandenen Wasserkräne und schließlich auch die Leistungsfähigkeit der dazugehörigen Wasserstationsanlage. War der Wasserspeicher in seinem Fassungsvermögen für eine bestimmte Anzahl von Lokspeisungen innerhalb einer bestimmten Zeit bemessen, so konnte eine darüber hinausgehende Zahl von Lokomotiven nicht bedient werden, da auch die Förderpumpen für diese Leistung ausgelegt waren. Fiel nun eine Wasserstation wegen eines Defekts ganz aus und war keine ebenso leistungsfähige Ersatzpumpe vorhanden, dann mußte die nächste Wasserstation aufgesucht werden.

Weiterhin bestimmte zumindest bei einer Spitzenstrecke auch die Ausladeleistung der Ausladebahnhöfe deren Leistungsfähigkeit. Wenn die angekommenen Züge nicht schnell genug entladen und zurückgeführt wurden, dann konnten die Ausladebahnhöfe auch keine neuen Züge aufnehmen. Dies war auch beispielsweise bei Schlammperioden der Fall, in denen zwar die Züge entladen wurden, das Nachschubgut aus Mangel an Lagerraum aber nicht abgefahren werden konnte. Eine weitere Einschränkung des Betriebs konnte durch Schneeverwehungen und Feindeinwirkungen eintreten. Jede geringste Störung des Verkehrsflusses auf der Strecke hatte auch noch weitergehende Folgen, wenn beispielsweise ein Zug wegen ei-

**Ein aus gedeckten Güterwagen der Bauart Ghs Gattungsbezirk Oppeln gebildeter „Behelfsmäßiger Verwundeten Zug" (BVZ) für den Abtransport von Verwundeten im frontnahen Bereich. Entgegen den Vorschriften des IRK waren die Wagen nur mit einem kleinen roten Kreuz an den Seiten gekennzeichnet. Damit konnten diese Wagen, die mit einem Heizofen ausgestattet waren, auch zum Truppentransport verwendet werden. (Aufnahme: Sammlung Freese)**

nes Lokschadens oder Unfalls auf der Strecke liegenblieb. Schon bald staute sich der Verkehr im vorgeordneten Knotenpunkt. Hier wurden genügend Gleise zum vorläufigen Abstellen derjenigen Züge benötigt, die momentan nicht auf die Spitzenstrecke übergehen konnten. War die Aufnahmekapazität des Knotenbahnhofs erschöpft, da die Störung auf der Spitzenstrekke nicht so schnell behoben werden konnte, dann pflanzte sich der Stau auch auf die Zulaufstrecke(–n) des Bahnknotens weiter fort. Die Züge blieben dann oftmals auf dieser Strecke liegen, mit der Folge, daß nach einer gewissen Zeit die Lokomotiven an Wassermangel litten und vom Zug abgekuppelt die nächste Wasserstation aufsuchen mußten. Die geschilderten Einflüsse hatten zur Folge, daß die rechnerische Leistungsfähigkeit einer Strecke in der Praxis kaum erreichbar war. Wenn bei einem Ausbau für Re 12 (12 Züge/Tag) im Durchschnitt eine Leistung von 7 Zügen pro Tag geschafft wurde, dann war das schon ein guter Wert.

Die Deutsche Reichsbahn hatte im Dezember 1942 für Rußland 600 besonders hergerichtete G-Wagen für die Einstellung in behelfsmäßige Verwundeten-Züge (BVZ) zugeführt, diese sollen zwischen Front- und Lazarettbasis im Pendelverkehr in Richtung Heimat mit Verwundeten und in Richtung Front mit Nachschubgütern oder im Truppentransport eingesetzt werden. In der Türöffnung der seitlichen Schiebetür war ein Türeinsatzbrett angebracht, durch welches das Rauchrohr des im Wagen aufgestellten Heizofens nach außen geführt worden war. Die frei werdenden, bisher im Krankentransport eingesetzten Personenwagen sollten herausgezogen und in Zubringerzügen für den Urlauberverkehr im Pendelbetrieb auf den Spitzenstrecken eingesetzt werden. Im Bereich des FEKdos 3 waren nur fünf Heizwagen vorhanden, von denen drei für Lazarettzüge

vorgesehen waren, weshalb die Ofenheizung in den G-Wagen besonders in der kalten Jahreszeit eine bessere Lösung darstellte. Diese verursachte jedoch auch viele Brände, weshalb Brandwachen angeordnet wurden. Bei Truppentransporten wurden durch die Truppe viele dieser Heizöfen entwendet, in den wichtigsten Knotenbahnhöfen mußte deshalb immer ein ausreichender Ersatz bereitgehalten werden.
Betriebsstörungen als Folge von Anschlägen waren selten, das dünnbesiedelte und kahle Land bot kaum Unterschlupfmöglichkeiten für Partisanen, ebenso kamen auch Sabotageakte kaum vor. Störend neben den Ausfällen von Lokomotiven waren die zunehmenden russ. Luftangriffe, die sich hauptsächlich gegen die Eisenbahn richteten. Anfangs waren es noch Nachtangriffe, die kaum Schaden anrichteten. Erst als die gegnerische Luftwaffe auch bei Tage massiv besonders Bahnhöfe angriff, kam es oft zu anhaltenden Betriebsstörungen. Die deutsche Luftwaffe war damals infolge des Absinkens der Einsatzstärken nicht mehr in der Lage, die feindlichen Luftangriffe in großem Umfang zu verhindern.

## Das Programm Winter-Ostbau 1942/43

Die schlimmen Erfahrungen, welche sämtliche Beteiligten hinsichtlich des Eisenbahnbetriebes im Winter 1941/42 machen mußten, gaben Anlaß für das Programm Winter-Ostbau 1942/43, denn man hatte schnell gemerkt, daß die im Jahr zuvor zur Sicherung des Betriebs der Eisenbahnen in der ungewohnten Winterwitterung getroffenen Maßnahmen viel zu spät gekommen waren. Auch hier zeigten sich bereits die Folgen des Fehlens eines Feldzugsplanes, der sich über mehrere Jahre zu erstrecken hatte, und der bis zum Erreichen eines vorgegebenen Zieles gelten sollte.

So wurde zur Erhaltung und Steigerung der Leistungsfähigkeit der Eisenbahnen in den besetzten Gebieten in Rußland das Programm Winter-Ostbau 1942/43 rechtzeitig ins Leben gerufen. Unter der Beteiligung der für den Nachschub der betreffenden Einheiten von Heer und Luftwaffe, der Feldeisenbahn-Einheiten, der Deutschen Reichsbahn, des RAD, der O.T., usw. wurde der Umfang der notwendigen Maßnahmen erfaßt und Dringlichkeitsstufen festgelegt, welche Punkte jeweils bis zu welchem Datum zu erledigen seien.
Für diejenigen Maßnahmen, die voraussichtlich nicht bis zum 1. April 1943 abgeschlossen werden konnten, wurde um Ausweichvorschläge gebeten. Die O.T. sollte prüfen, inwieweit Kräfte aus den Bereichen des Nord- und Mittelabschnitts der Ostfront nach dem Süden verlegt werden können.
Das Programm betraf in erster Linie die Herstellung der Wintersicherheit, d. h. die Bereitstellung von wintersicheren Lokständen für mindestens 80 % der in dem jeweiligen Bw beheimateten Lokomotiven, der wintersichere Betrieb der Wasserstationsanlagen (frostsicherer Schutz, Bereitstellung einer Reservepumpe, usw.), die Bereitstellung jeweils einer Dienst/Wohn-Baracke und je zwei Weichenwärterbuden an jeder neu erbauten Kreuzungsstelle, die Sicherstellung der bisherigen Leistungsfähigkeit bestimmter Eisenbahnstrecken während des Winters, die Leistungssteigerung im rückwärtigen Gebiet für den umfangreichen Wirtschaftsverkehr, den Ausbau der Knotenpunkte hinsichtlich der Bahnhofs- und Bw-Anlagen, damit sie im Durchlauf den Streckenleistungen der angrenzenden Strecken entsprechen würden, den Schutz der fertiggestellten bzw. noch fertig zu stellenden Eisenbahnbrücken gegen Eisgang (Eisbrecher, Eissicherungsarbeiten, Hochwassersicherung, usw.), den entsprechenden Ausbau der Fernmeldeanlagen einschließlich der dazugehörigen Leitungen, usw..
Schnell wurde deutlich, daß die zur Verfügung stehenden Kräfte für die benötigten umfangreichen Arbeiten bei weitem nicht ausreichten. Der Schwerpunkt lag im südlichen Abschnitt der Ostfront und hier besonders bei denjenigen Strecken, die im Laufe der Operationen des Jahres 1942 erst in Besitz genommen worden waren. Im Rahmen des Programms sollten auch die bestehenden Wasserstationsanlagen mit Reservepumpen ausgestattet werden. Da ein immer größerer Mangel an Betriebsstoff eintrat, sollten der Antrieb der Pumpen zunehmend von Dieselmotoren auf Dampfmaschinen

Ein Behelfslokschuppen in der OT-Einheitsbauweise im Bau. (Aufnahme: BArch R 5 Anh.I/162)

Bei großer Kälte führen Eisenbahnpioniere und einheimische Kräfte in einem Bahnbetriebswerk gemeinsam Gleisarbeiten durch. (Aufnahme: BArch R 5 Anh.I/162)

umgestellt werden, die mit Kohle beheizt werden konnten.
Die Besprechung des Programms fand am 6. Oktober 1942 in Poltawa statt und zwar unter Beteiligung der RVM-Zweigstelle Osten (Warschau) und des Fekdo 3 (Es ging in erster Linie um den Ausbau der Strecke Lichaja – Stalingrad auf Re 18, Wiederherstellung der Don-Brücke ostw. Tschir, Ausbau der eingleisigen Verbindungsstrecke Ostrogoshsk – Jewdakowo auf Re 18, Neubau des zweiten Gleises für Re 24, Ausbau der Strecke Walujki – Kondraschewskaja – Millerowo auf Re 18, Ausbau der Strecke Jewdakowo – Millerowo – Lichaja auf Re 18 und nach Wiederaufbau der Donez-Brücke bei Kamenskaja auf Re 24, Ausbau des Bahnknotens Lichaja auf Re 36). Für die folgenden Punkte sollte ebenfalls das Fekdo 3, gegebenenfalls jedoch auch die HBD Ost zuständig sein: Wiederherstellung und Ausbau der Strecke Nyrkowo – Rodakowo – Lichaja auf Re 18 (die Strecke war durch zwei Brückensprengungen und zwei zerstörte Tunnel gesperrt) und Wiederherstellung des Bahnknotens Rodakowo und Ausbau auf Re 36. In den Zuständigkeitsbereich des Fekdo fiel auch der Ausbau der Strecke Debalzewo – Rodakowo – Kondraschewskaja auf Re 18 einschließlich des Wiederaufbaus der Donezbrücke bei Kondraschewskaja. Als Endtermin für die befohlenen Maßnahmen wurde der 1. Januar 1943 festgelegt.
Von Seiten des Fekdo 3 wurden Bedenken gegen die Forderungen erhoben, da der zweigleisige Ausbau der Verbindungsstrecke Ostrogoshsk – Jewdakowo auf Re 24 auf große Schwierigkeiten stoßen würde. Der Bau des zweiten Streckengleises sei wegen der erheblichen Erdbewegungen bis zum 1. April 1943 kaum zu bewältigen. Deshalb wurde der Neubau von weiteren drei Kreuzungsstellen mit jeweils einem zuglangen Überholungsgleis im Zuge des späteren zweiten Gleises bei etwa Km 9,6 zwischen den Bahnhöfen Petrenkowo und Pocholok (Abstand 8,02 km), bei etwa Km 17,2 zwischen den Bahnhöfen Pocholok und Jarki (Abstand 7,1 km) und bei etwa Km 24,1 zwischen den Bahnhöfen Jarki und Michnowo (Abstand 6,6 km) geplant. Zwischen Km 18,8 und 20,4 betrug die Steigung z.Z. 1:80 und zwischen Km 23,0 und 24,8 betrug die Steigung 1:50. Im Bahnhof Jewdakowo, dem Pufferbahnhof der Verbindungsstrecke, wurde der Bau von vier zuglangen Aufstellgleisen als notwendig angesehen, ebenso sollten im Bahnhof Gniloje zwei Aufstellgleise mit je einer Länge von 650 m angelegt werden. Damit könnte die geforderte Leistung auf der Verbindungsstrecke erreicht werden, bis der endgültige zweigleisige Ausbau dieser Strecke einschließlich der zu erstellenden Brückenbauwerke nach dem 1. April 1943 abgeschlossen sei.
Im Rahmen der Wintersicherung hatte man schon etwas vorgesorgt, so z. B. durch die Bereitstellung von Fertigteilen für wintersichere Lokschuppen. Die O.T. konnte am 4. Oktober 1942 einschl. des Bedarfs für den Winter-Ostbau 1942/43 an Material für Lokschuppen für jeweils 6 Lokomotiven melden: Im Lager Stalino 36 Stück, in den Lagern Usel und Charkow jeweils 12 Stück, darüber hinaus befanden sich weitere 12 Stück im Anrollen. Im Reich waren die Fertigteile für 80 Baracken 8 x 20 m in Auftrag gegeben worden. Beim Neubauamt für die HBA lagerten außerdem noch 8 kleine Lokschuppen für je 1 bis 2 Lok, die als Austausch-Lokschuppen gedacht waren.
Die Strecke Charkow – Isjum – Lichaja war am 4. November 1942 noch nicht wiederhergestellt, Kriegsbrückengerät zum Wiederaufbau zerstörter Eisenbahnbrücken fehlte, die Anforderungen dieses Materials durch den Befehlshaber der Eisenbahntruppen waren zu diesem Zeitpunkt noch nicht einmal zur Hälfte erfüllt worden. So wurde für den Wiederaufbau der Donez-Brücke bei Kamenskaja M.Z.-Gerät (4 x 56 m) und für die Donez-Brücke auf der Strecke zwischen Rodakowo und Kondraschewskaja R.W.-Gerät zweigeschossig (1 x 138 m) benötigt. Die Wiederherstellungsarbeiten hätten jeweils ca. 15 bis 16 Kp.-Wochen in Anspruch genommen.
Im Rahmen des Programms Winter-Ostbau 1942/43 wurde nicht nur die Wintersicherheit des Eisenbahnbetriebes hinsichtlich der bestehenden Strecken sondern auch noch darüber hinaus auch noch eine Steigerung der Leistungsfähigkeit bestimmter Eisenbahnstrecken

durch entsprechende Maßnahmen gefordert. Dies betraf besonders den wichtigen Bahnknoten Lichaja, der bisher nur eine Streckenleistung nach Re 18 verkraften konnte. Im Hinblick auf die Fertigstellung der Donez-Brücke bei Kamenskaja und die Aufnahme des Betriebes auf der Strecke Lichaja – Rostow wurde eine Leistung des Bahnhofs Lichaja von Re 36 gefordert. Hierzu wurde als erforderlich angesehen: Aufstellung einer Reservepumpe mit einer Leistung von 30 $m^3/h$, Neubau eines Gleisdreiecks im Bw, Neubau eines sechsständigen Lokschuppens einschließlich der dazugehörigen Gleisanlage (nicht so dringlich, da bereits Lokschuppen mit 15 Lokständen vorhanden waren), Aufstellung eines zusätzlichen Wasserturmes mit einem Fassungsvermögen von mindestens 100 $m^3$ neben dem bereits bestehenden mit 60 $m^3$, Aufstellung von zwei weiteren Wasserkränen im Bahnhof, Wiederherstellung der Hochbekohlungsanlage, Wiederherstellung des zweiten Einfahrgleises von Kamenskaja in die westliche Gleisgruppe (das zweite Gleis der zweigleisigen Strecke Moskau – Rostow war von den Eisenbahnpionieren auf einer Länge von va. 2 km abgebaut worden und vermutlich zum Bau der Umgehungsstrecke Kamenskaja – Belaja Kalitwa (– Stalingrad) verwendet worden), Wiederherstellung der Einfahrt von Rodakowo/Lutugino in die westliche Gleisgruppe und die Wiederherstellung und Umspurung der restlichen 7 Breitspurgleise im Bahnhof, die bisher zum Abstellen von nicht verwendbaren Breitspur-Lokomotiven und –Wagen benutzt wurden.

Der Bf.Repnaja sollte eine Wasserstationsanlage mit einer Pumpe erhalten. Im Bahnhof Belaja Kalitwa sollten drei Gleise auf 650 m verlängert werden, ein Gleisdreieck zum Wenden von Lokomotiven angelegt werden, Lokschuppen mit 12 Lokständen gebaut werden, ebenso zwei Schlackengruben und eine Notbekohlung. Im Bahnhof Tazinskaja war ein Wasserturm neu aufzustellen, ebenso eine Pumpe und ein Wasserkran. In Morosowskaja sollten 10 Lokstände wiederhergestellt und 9 weitere neu erbaut werden, ebenso eine Schlackengrube, eine Werkstätte war wieder aufzubauen. Im Bf. Tschir war der Wasserturm, die Pumpe, 5 Lokstände und das Bekohlungsgleis wiederherzustellen, zwei Schlackengruben anzulegen und der Bahnhof auf zwei weitere Gleise auszubauen. Der Bf.Ljapitschew sollte eine Wasserstationsanlage (1 Wasserturm, 1 Pumpe, 2 Wasserkräne) erhalten, ebenso der Bf.Karpowskaja. Im Bf.Woroponowo sollten die 12 Gleise mit beiderseitigen Einfahrten wiederhergestellt werden, ebenso der Wasserturm. Acht Wasserkräne und zwei Pumpen waren neu aufzustellen. Es wurden zusätzliche 12 Lokstände, eine Notbekohlung und 2 Schlackengruben für notwendig gehalten, eine Werkstätte war wieder aufzubauen. Diese Maßnahmen waren bereits für die

**Mit jeweils einem Gefechtsgewicht von 26 t konnten offenbar drei russische mittlere Panzer von Typ T 34 auf zwei vierachsige Flachwagen verladen werden, wobei der mittlere Panzer je zur Hälfte auf einem der beiden Wagen stand, der Achsdruck blieb dabei unter 10 t. (Aufnahme: BA 101/217/459/13A)**

Zeit des Normalspurbetriebs auf der durchgehenden Strecke Lichaja – Stalingrad vorgesehen, der erst mit der Wiederherstellung der großen Eisenbahnbrücke über den Don bei Tschir möglich gewesen wäre, doch dazu sollte es nicht mehr kommen. Mit dem Zusammenbruch des Südflügels als Folge der Einschließung der 6. Armee begann der Rückzug der Deutschen Wehrmacht aus einem Gebiet, das sie gerade einmal vor einem halben Jahr in Besitz genommen hatte.

## Die sowjetische Seite

Auch für die Sowjets waren die Verkehrswege in Folge der raschen Inbesitznahme der Gegend um Stalingrad durch die deutsche Wehrmacht unzureichend. In dem Gebiet nördlich des Don standen nur eine nach Süden führende eingleisige Eisenbahnstrecke, die in Kalatsch (nicht zu verwechseln mit Kalatsch am Don) ca. 50 km nördlich von Bogutschar endete, und zwei weitere eingleisige Strecken zur

Verfügung, die von Westen und von Osten kommend von Poworino über Rakowka nach bis Ilowlja führten (ca. 30 km vom großen Donbogen entfernt). Eine weitere Bahnlinie am Westufer des Kaspischen Meeres, und zwar von Kisljar nach Astrachan war vermutlich seit Herbst 1941 im Bau, jedoch auf den Luftbildern einer Nahaufklärer-Gruppe nicht genau zu erkennen. Ein Fernspähtrupp des LII. A.K stieß am 21. August 1942 durch die Kalmückensteppe bis zur eingleisigen Bahnlinie vor, die nach Aussagen von Bahnarbeitern erst vor etwa 14 Tagen fertiggestellt worden war. Eine längere Unterbindung der Wolgaschiffahrt und die Inbesitznahme Stalingrads hätte die Unterbrechung des Ölverkehrs und des Transports von Leih- und Pachtgütern von der transiranischen Bahn zur Folge gehabt und die russische Führung in eine schwierige Lage gebracht. So wurde die Leistungsfähigkeit der östlich der Wolga liegenden Strecke von Astrachan und Urbach nach Werschnij Baskunst und von da bis zur Wolgafähre bei Stalingrad verbessert. Die Strecke Urbach – Krasny Kut war zweigleisig ausgebaut, der anschließende eingleisige Streckenabschnitt durch den Bau neuer Kreuzungsstellen verbessert worden. Neben diesen Eisenbahnstrecken standen den Russen die Wolgaschiffahrt auf dem Unterlauf bis Astrachan und schließlich auch noch 27.000 Lastwagen (hauptsächlich Leih- und Pachtlieferung der USA) zur Verfügung. Die näher gelegenen Ausladebahnhöfe und Zulaufstrecken litten zwar häufig unter deutschen Artillerie- und Luftangriffen, der russische Nachschub wurde aber nicht nachhaltig behindert, besonders als die russischen Angriffe im November 1942 begannen und die Luftwaffe wegen des schlechten Wetters am Boden bleiben mußte. Zur Schlacht von Stalingrad kamen über die transiranische Bahn noch rechtzeitig 750 amerikanische Panzer vom Typ Sherman heran. Im Laufe des Jahres 1942 hatte Rußland aus Leih- und Pachtlieferungen außerdem rund 2000 Lokomotiven und rund 10.000 Güterwagen erhalten, so daß ein Teil des im Sommer verlorengegangenen Betriebsmaterials ersetzt und damit die Transportlage wesentlich verbessert werden konnte. Für den Truppentransport besaßen die Sowjets besondere vierachsige gedeckte Güterwagen, sie faßten 60 Mann, waren mit Öfen beheizbar und besaßen doppelte Wände, wobei zur Isolation der Zwischenraum mit Holzspänen ausgefüllt war. Diese Wagen waren an den Seitenwänden durch einen großen weißen fünfzackigen Stern gekennzeichnet.

Die Russen gingen in den wiedergewonnenen Gebieten im Januar 1943 sofort daran, die Eisenbahnstrecken wieder herzustellen und die Normalspurstrecken wieder auf Breitspur umzuspuren. Die Wiederherstellung auf Breitspur machte keine Schwierigkeiten, da den sich zurückziehenden deutschen Truppen für eine systematische Zerstörung der Einrichtungen oftmals keine Zeit geblieben war und die Schwellen damals auch noch nicht durch den Schienenpflug oder Schienenwolf zerbrochen werden konnten. Da die Deutsche Wehrmacht auf einer schnellen Wiederherstellung der Strecken und einer Umspurung auf Normalspur bestanden hatte, waren die meisten erbeuteten Breitspurbetriebsmittel nicht benötigt und auf unwichtigen Streckenteilen abgestellt worden. So z. B. waren allein bei Schachty 110 russische Lokomotiven und rund 700 Wagen auf dem zweiten, nicht umgespurten Gleis abgestellt, ebenso eine Reihe von Fahrzeugen auf dem Verschiebebahnhof Bataisk. Dieses für die Russen so wichtige Betriebsmaterial fiel dann zum großen Teil unversehrt wieder in deren Hand.

Die Wiederherstellung der Eisenbahnstrecken in den zurückeroberten Gebieten erfolgte durch die russischen Eisenbahntruppen zusammen mit dem rücksichtslosen Einsatz der Zivilbevölkerung. Zur Beschleunigung der Arbeiten wurden auch Geldprämien verteilt. Jede russische Armee besaß eine Eisenbahnbrigade mit ca. 1500 bis 2000 Mann, die hauptsächlich aus Strafgefangenen gebildet wurde. Mit der Aufstellung dieser Brigaden wurde Ende 1942 begonnen, dazu wurden die bis zu drei Jahren Gefängnis Verurteilten herangezogen, die zu den eingezogenen Jahrgängen gehören mußten. Anscheinend war der Personalbedarf jedoch so groß, daß 1943 sämtliche Verurteilten ohne Rücksicht auf das Strafmaß zu den Eisenbahnbrigaden kamen. Diese Brigaden wurden nur hinter der Front eingesetzt, sie waren größtenteils unbewaffnet und verrichteten die Wiederherstellungsarbeiten an den Gleisen, Kunstbauten, Brücken, usw. . Die Fachleute, die ebenfalls für diese Arbeiten benötigt wurden, wurden häufig zu diesem Zweck aus dem Militärdienst entlassen. Nach der Beendigung der Kämpfe um Stalingrad wurden sofort chinesische Arbeiter (Mongolen?) herangebracht, welche am Wiederaufbau der zerstörten Strekken eingesetzt wurden. Schon am 11. April 1943 konnte der Eisenbahnverkehr auf der Verbindung Moskau – Stalingrad wieder aufgenommen werden.

## Die Eisenbahnstrecken

Die Beschreibung der einzelnen Eisenbahnstrecken ist in mehreren Punkten unvollständig, da trotz intensiver Suche im Militärarchiv in Freiburg die betreffenden Streckenakten der Feldeisenbahner nicht gefunden werden konnten. So fehlen neben der genauen Kilometrierung auch Angaben über den Ausbau der einzelnen Stationen hinsichtlich der Gleispläne, die ebenfalls auf den Streckenbändern der Eisenbahnpioniere in den Streckenakten vorhanden sind. Die Kilometerangaben in den folgenden Streckenbeschreibungen sind deshalb meistens aus den Angaben der Eisenbahnpioniere errechnet, die aus den Lageberichten stammen. Enthält eine Kilometerangabe noch eine Dezimalstelle nach dem Komma, so handelt es sich um einen errechneten Wert, fehlt diese dagegen, so handelt es sich nur um einen Schätzwert. Eine weitere Hilfe zur Ermittlung der Kilometerangaben stellten die bis auf drei Stellen nach dem Komma genauen Kilometerangaben aus den betreffenden Brückenakten dar, die ebenfalls fallweise zur Berechnung der Kilometrierung herangezogen wurden.
Die vorhandene Kilometrierung der Strecken entsprach damals nicht den deutschen Vorschriften, sie wurde jedoch von den Eisenbahnpionieren beibehalten und entsprechend verwendet.

### Walujki – Ostrogoshsk – (Liski)

Die zweigleisige Strecke nach Walujki zweigt in Liski von der Hauptstrecke Moskau – Woronesch – Millerowo – Lichaja – Rostow ab und stellt eine wichtige Verbindung zwischen Moskau und dem Industriegebiet des Donez-Beckens dar. Walujki ist ein wichtiger Bahnknotenpunkt, von dem Strecken in Richtung Starobelsk, Kupjansk, und Kastornaja ausgehen. Diese zweigleisige Strecke war bisher von großer Bedeutung, sie war ebenso wie die Magistrale Moskau – Rostow mit modernster Stellwerks- und Signaltechnik amerikanischer Bauart und mit Lichtsignalen ausgestattet.
Über die Strecke hatte eine Feldeisenbahnbetriebsabteilung durch Befragung russischer Kriegsgefangener am 7. Mai 1942 folgende Informationen erhalten: „Schienenform Ia und IIa, 1840 Schwellen pro Kilometer, Bettung teilw. Schotter oder Kies. Die Strecke verläuft zwischen Koponischtsche und Liski am Ufer des Don entlang (?). Bw und Bww befinden sich in Walujki und Liski, Wasserstationen in Walujki, Birjutsch, Ostrogoshsk, Koponischtsche, und Liski. Auf der Strecke verkehren Personenzuglok der Reihe UG und SW, Güterzuglok der Reihe OD und E. Die nach Norden führende Strecke Walujki – Stary Oskol – Kastornaja wurde in den Jahren 1934 – 37 zweigleisig mit schwerem Oberbau (ebenfalls Schienenform Ia und IIa, 1840 Schwellen/km) ausgebaut."

Km 0,0: Bf. Walujki: Das Bahnbetriebswerk Waljuki (Personenbahnhof) besaß 3 Notbekohlungsanlagen, 2 Wassertürme und einen Lokschuppen mit 8 Ständen. Im Bahnbetriebswerk Waljuki-Sortirowka des Güter- und Rangierbahnhofs befanden 2 Wassertürme, eine Drehscheibe und 5 Lokschuppen (3 mit je 6 Ständen, einer mit 17 Ständen und einer mit 4 Ständen). Eisenbahnüberführung des westl. Gleises der von Süden kommenden Strecke Kupjansk – Walujki über die zweigleisige von Norden kommende Strecke Kastornaja – Wa-

**Der gesprengte Lokschuppen im Bw Walujki am 16. September 1942, im Hintergrund zwei Güterzuglokomotiven preußischer Bauart. (Aufnahme: BArch R 5 Anh.I/162)**

lujki im Rangierbahnhof Walujki: Eisenbeton-Plattenbalken-Brücke mit 3 Öffnungen (10,5 – 13,25 – 10,5 m), S.O. über S.O. 6,8 m, nördl. Überbau und nördl. Widerlager gesprengt, mittlerer Überbau angesprengt und nicht mehr verwendbar, beide Pfeiler angesprengt und nicht mehr verwendbar, zerstörte Länge: 25,0 m. Eisenbahnbrücke über Wasserlauf im ostw. Gleis der Strecke Kupjansk – Walujki im Güterbahnhof Walujki: Blechträgerbrücke, S.O. über N.W. 2,5 m, Wassertiefe 0,20 m, Überbau und südl. Widerlager gesprengt, zerstörte Länge: 6,0 m. Eisenbahnbrükke im Bw: Blechträgerüberbau, S.O. über Gelände 3,30 m, beide Widerlager zerstört, zerstörte Länge 7,0 m. Durchlaß im Bw: 2 nebeneinanderliegende Rohrdurchlässe je 1,5 m Durchmesser, S.O. über Rohrsohle 3,4 m, gesprengt, zerstörte Länge 9,0 m.

Erkundungsergebnis der Teilstrecke Walujki (ausschl.) – 10,3 km nordostw. Walujki vom 11. Juli 1942: Ostw. Gleis der Teilstrecke auf 2,8 km abgebaut, westl. Gleis auf 4,3 km gerissen und durch zwei Bombentreffer geringfügig zerstört.

Km 4,4: Eisenbahnbrücke, zwei eingleisige nebeneinanderliegende Blechträgerbrücken, S.O. über N.W. 4,40 m, Wassertiefe 0,10 m, südwestlich Brücke, Überbau gesprengt und abgestürzt, nicht wiederverwendbar, südwestl. Widerlager zerstört, nordwestl. Widerlager angesprengt, nicht wieder verwendbar, zerstörte Länge 10,5 m, nordwestl. Brücke, Überbau gesprengt und abgestürzt, wiederverwendbar, südwestl. Widerlager angesprengt, wiederverwendbar, nordwestl. Widerlager zerstört, zerstörte Länge des Überbaus 10,1 m.

Km 5,2: Eisenbahnbrücke, zwei eingleisige nebeneinanderliegende Blechträgerbrücken, mit jeweils 2 Öffnungen, Stützweite 5,8 bzw. 5,6 m, S.O. über Gelände 4,5 m, südostw. Brücke, Überbau und nordwestl. Widerlager unversehrt, südwestl. Widerlager zerstört, nordwestl. Brücke, Überbau und südwestl. Widerlager unversehrt, nordostw. Widerlager zerstört.

Km 5,6: Eisenbahnbrücke, zwei eingleisige nebeneinanderliegende Blechträgerbrücken, Stützweite 6,75 m, 1 Überbau unversehrt, 1 Widerlager angesprengt.

Km 5,75: Eisenbahnbrücke, zwei eingleisige nebeneinanderliegende Blechträgerbrücken, Stützweite jeweils 6,75 m, S.O. über Wasserspiegel 3,0 m, Wassertiefe 0,10 m, südostw. Brücke Überbau und nordostw. Widerlager unversehrt, südwestl. Widerlager gesprengt, wiederverwendbar, nordwestl. Brücke, Überbau und südwestl. Widerlager unversehrt, nordostw. Widerlager gesprengt, wiederverwendbar.

Km 10,4: Bf. Nasamowo: 2 Durchgangs- und 2 Überholungsgleise, 1 Stumpfgleis, 1 Durchgangsgleis und 1 Abstellgleis von insgesamt 4 Gleisen abgebaut, sämtliche Weichen gesprengt, eine Schienensprengung, Empfangsgebäude unversehrt.

Ergebnis der Lufterkundung der Teilstrecke Nasamowo – Ostrogoshsk = 106,7 km: Ostw. Gleis der Teilstrecke zwischen km 10,4 und km 14,0 abgebaut.

Km 15,6: Eisenbahnbrücke, zwei eingleisige nebeneinanderliegende Fachwerkträgerbrücken, Sützweite ca. 40,0 m, S.O. über N.W. ca. 6,0 m, beide Überbauten gesprengt und abgestürzt, nicht wiederverwendbar, beide Widerlager vollständig zerstört, Brückenstelle durch Lok und Wagen gesperrt.

Km 17,5: Bf. Mandrowo: 6 Gleise vorhanden, sämtliche Weichen gesprengt.

Km ?: Eisenbahnbrücke über die Polatowka: Zwei eingleisige nebeneinanderliegende Fachwerkträgerbrücken, S.O. über N.W. 9,0 m, Überbauten und Widerlager beider Brücken vollkommen zerstört, zerstörte Länge je 70,0 m.

Ostw. Gleis zwischen Mandrowo und Polatowka auf 3,0 km Länge abgebaut, auf 2,0 km Länge entnagelt und auf 0,2 km Länge gerissen. Westl. Gleis auf 2,4 km Länge gerissen.

Km 26,5: Bf. Rastraschino: 2 Durchgangs-, 2 Überholungsgleise und 1 Stichgleis vorhanden und in Ordnung.

Km 33,0: Bf. Polatowka: 2 Durchgangs- und 4 Überholungsgleise, 1 Stichgleis, 5 Weichen gesprengt, Wasserstationsanlage (Hochbehälter, Pumpanlage, Wasserkran) gesprengt.

Teilstrecke Polatowka – Ostrogoshsk zweigleisig bis auf geringe Schäden in Ordnung, ostw. Gleis durch 38 beladene z.T. zerstörte Züge gesperrt, westl. Gleis durch zerstörte Züge auf ca. 700 m Länge zerstört.

Km 47,0: Bf. Birjutsch: 2 Durchgangs-, 4 Überholungs- und 4 Stumpfgleise vorhanden, 2 Weichen zerstört, Empfangsgebäude zerstört.

Beide Gleise zwischen Birjutsch und Chlewitsche in Ordnung.

Km 57,0: Bf. Chlewischtsche: 2 Durchgangs-, 3 Überholungsgleise und 1 Stumpfgleis vorhanden und in Ordnung.

Oberbau zwischen Chlewitsche und Alexejewka durch eine Schienensprengung im ostw. Gleis beschädigt.

Km 65,0: Bf. Olegowo: 2 Durchgangsgleise und 1 Überholungsgleis vorhanden und in Ordnung.

Km 75,0: Bf. Alexejewka: 2 Durchgangs- und 8 sonstige Gleise vorhanden und in Ordnung, Bw mit Lokschuppen (2 Stände je 45 m), Drehscheibe, Öllokbehandlungsanlage, Bekohlungsanlage einschl. fahrbarem Dampfkran und Wasserstationsanlage unversehrt, ebenso mehrere Schuppen und Lagerhallen.

Oberbau beider Gleise zwischen Alexejewka und Ostrogoschsk durch 3 ausgebrannte Munitionszüge auf jeweils 900 m Länge und durch Schienensprengungen auf 100 m Länge zerstört.

Km 88,0: Bf. Motowa: 2 Durchgangs-und 2 Überholungsgleise vorhanden und durch 2 Schienensprengungen beschädigt.

Km 97,0: Bf. Sasimowka: 2 Durchgangs- und 3 Überholungsgleise vorhanden und in Ordnung, Wasserstationsanlage unversehrt.

Km 106,0: Bf. Injutino: 2 Durchgangs- und 2 Überholungsgleise vorhanden und durch 2 Schienensprengungen beschädigt.

Km 113,8: Bf. Gniloje:

Km 119,0: Bf. Ostrogoshsk: 2 Durchgangs- und 5 sonstige Gleise vorhanden und durch eine Schienensprengung beschädigt, Wasserstationsanlage mit einem Wasserturm unversehrt.

Weitererkundung war wegen Betriebsstoffmangel für Fieseler Storch am 11. Juli 1942 nicht möglich.
Oberbau der Strecke Ostrogoshsk – Koponikowo durch 12 Schienensprengungen, 3 Bombentrichter (ca. 5,0 m Durchm.) und einige Granattreffer geringfügig beschädigt, außerdem sperrt ein ausgebrannter Zug die Strecke.

Km 134: Bf. Koponischtsche: Hinter dem Bahnhof zweigt eine kurze Stichstrecke nach Korotojak am Don ab.

Km 145: Bf. Koponikowo: 4 Gleise vorhanden, 2 Gleise durch ausgebrannten Zug auf 250 m Länge zerstört.

Die Erkundung vom 18. Juli 1942 der Teilstrecke 10,2 km nordostw. Koponischtsche – Eisenbahnbrücke über den Don (1,8 km südl. Liski) = 14,8 km: Oberbau geringfügig zerstört.

Km 149: Eisenbahnbrücke: Blechträgerbrücke, Stützweite 4,0 m, Überbau gesprengt, beide Widerlager unversehrt.

Km 152: Bf. Othos: 4 Gleise vorhanden und unversehrt.

Km ?: Bf. Krupenkowo:

Km 162: Eisenbahnbrücke über den Don (1,8 km südl. Liski): Gesprengt (siehe Seite 70)

Bereits am 14. Juli 1942 befand sich die Teilstrecke Mandrowo – Liski in Wiederherstellung. Das Breitspurmaterial wurde bis auf sechs Züge, die im Pendelverkehr eingesetzt waren, in Richtung Liski abgezogen. Am 19. Juli 1942 war die Teilstrecke Polatowka – Ostrogoshsk eingleisig in Breitspur befahrbar, schon am nächsten Tag bis Koponischtsche. Im Bahnhof Charkow-Osnowa wurde am 9. August 1942 eine Flakbatterie auf R-Wagen beheimatet für den Schutz von Transportzügen auf

**Die Umschlagstelle Ostrogoshsk-Süd an der Strecke Walujki – Liski am 28. September 1942 mit einer Reihe von Schwellenstapeln, die gegen Fliegersicht getarnt sind. (Aufnahme: Will, BA/MA-Freiburg)**

**Auf der Schwellenumschlagstelle im Bahnhof Gniloje herrscht im Oktober 1942 Hochbetrieb, zum Transport der Schwellen an die im Bau befindliche Verbindungsstrecke kommen hauptsächlich erbeutete russ. Lastwagen zum Einsatz. Im Bahnhof ist ein russ. Lichtsignal zu sehen. (Aufnahme: BA/MA Freiburg)**

**Treibstoffumschlag in der Nähe von Ostrogoshsk an der Strecke Walujki – Liski. Aufnahme vom 7. August 1942. (Aufnahme: Will, BA/MA-Freiburg)**

**Bei dem russ. Bombenangriff am 28. September 1942 auf Gniloje an der Strecke Walujki – Liski ist der Stützpunkt eines Eisb.Pi.Masch.Zuges schwer getroffen und brennt aus. (Aufnahme: Will, BA/MA-Freiburg)**

den Strecken Charkow – Kupjansk und Walujki – Ostrogoshsk bis zu den damaligen Ausladestellen. Je ein Geschütz war an einem Zugende eingesetzt, für die Begleitmannschaft stand im Zug ein Aufenthaltswagen zur Verfügung.

Der Einsatz der Geschütze erfolgte nach folgender Dringlichkeit:

1. Lazarettzüge
2. SF-Züge
3. Versorgungszüge

Mit der Betriebsaufnahme der Strecke Walujki – Starobelsk – Kondraschewskaja – Millerowo in Normalspur wurde die Umschlagstelle Ostrogoshsk ab 15. September aufgelöst, bis dahin waren dort täglich auch zwei Güterwagenladungen mit Feldpost nach Jewdakowo im Straßentransport abgefertigt worden. Auf der Strecke in Richtung Walujki verkehrte weiterhin der Lazarettzug „Adler". Ab November 1942 war die Strecke Walujki – Koponischtsche ab Mandrowo in Normalspur zweigleisig befahrbar, ab 4. Dezember 1942 war dann die Strecke Walujki – Ostrogoshsk über die Verbindungstrecke Ostrogoshsk – Jewdakowo mit der Strecke Jewdakowo – Millerowo eingleisig in Normalspur verbunden. Auch der wichtige Bahnknoten Walujki war im Oktober 1942 von Charkow – Krupjansk und Kastonorja – Stari Oskol aus zwei Richtungen eingleisig in Normalspur erreichbar, nachdem auch die Verbindung Kursk – Kastonorja eingleisig in Normalspur befahrbar war.

In der Nacht vom 26./27. Dezember 1942 fand ein Bombenangriff auf Bf. Walujki statt, in der darauffolgenden Nacht wurde die

**Am 7. August 1942 sind weibliche Hilfskräfte mit dem Bau einer Kreuzungsstelle an der Strecke Walujki – Liski beschäftigt. (Aufn.: Will, BA/MA-Freiburg)**

**Der Bau des Anschlußgleises der Verbindungsstrecke bei Km 114,733 der zweigleisigen Strecke Walujki – Liski zwischen Gniloje und Ostrogoschsk am 27. September 1942. (Aufnahme: BA/MA Freiburg)**

Bahnstrecke südl. Walujki zwischen 22.30 und 4.00 Uhr mehrfach bombardiert, desgleichen wurde der Bf.Walujki in den Nacht vom 16./17. Januar 1943 und am 17. Januar abends erneut aus der Luft angegriffen. Seit dem 15. Januar 1943 war Alexejewka Ausladespitze. Die Räumung der Strecke Alexejewka – Walujki wurde durch rollende Fliegerangriffe und die dadurch verursachten Gleisschäden und Fernsprechstörungen und durch zahlreiche Lokausfälle äußerst erschwert. Durch den überraschenden Durchbruch der Roten Armee durch die von Ungarn und Italiener gehaltene Front am Don wurden einige Strecken unterbrochen, so auch die Strecke Walujki – Liski. Die Betriebs-Abt. 2 und 8 und die Masch.Abt. 13 hatten versucht, ihre Kräfte rechtzeitig vor dem teils sehr schnell hereinbrechenden Feind auf Räumungszügen, auf Lkw-Kolonnen und auf dem Landmarsch abzusetzen. Verschiedene Teile waren bereits in Charkow (Sammelplatz) eingetroffen, nachdem sie sich oftmals mit anderen Truppenteilen durchgeschlagen hatten und übermenschliche Strapazen und Entbehrungen durchmachen mußten. Von einem großen Teil der Abteilungen war auch nach Tagen noch nichts bekannt. Die Betriebsspitze wurde immer weiter zurückgenommen, sie befand sich am 18. Januar 1943 bereits in Nasamowo, der letzten Station vor Walujki. Die Räumungszüge fuhren auf Sicht hintereinander. Schon am folgenden Tag erreichte der Gegner mit Panzern und Infanterie Walujki.

## (Liski) – Millerowo – Lichaja – Rostow

Der Streckenabschnitt Woronesch – Liski – Lichaja – Rostow ist ein Teil der zweigleisigen Eisenbahnstrecke Moskau – Rostow, die ihrer Bedeutung entsprechend schon damals mit modernster Stellwerkstechnik, d. h. mit elektrischen Stellwerken und Lichtsignalen und zwar mit importierten amerikanischen Anlagen bzw. mit einem russischen Nachbau amerikanischer Anlagen ausgestattet war. In Woronesch, das damals in deutscher Hand war – die Frontlinie verlief knapp weiter östlich – befand sich neben einer Waggonfabrik mit einem monatlichen Ausstoß von 700 – 800 Wagen ein Zentraldepot mit Werkstätten, die monatlich an 120 bis 150 Lokomotiven mittlere Reparaturen durchführten. Außerdem gab es ein Bw mit drei Lokschuppen, zwei Drehscheiben, ein Tanklager und ein Bahnlager. Diese Einrichtungen konnten von der Deutschen Wehrmacht nicht benutzt werden, da sie sich im Kampfgebiet befanden und zudem größtenteils durch die Kampfhandlungen zerstört worden waren. Auch in Liski ca. 100 km südlich Woronesch befand sich ein Ausbesserungswerk für Lokomotiven mit ca. 4000 Beschäftigten und mit einer Kapazität von ca. 35 Lok pro Monat. Im Bahnbetriebswerk Liski waren ca. 170 Lok stationiert. Ebenso wie die Strecke zwischen Woronesch und Liski konnten auch diese für den

Eisenbahnbetrieb wichtigen Einrichtungen von der Wehrmacht nicht benutzt werden, da sie entweder zerstört waren oder in der Nähe der Front lagen. Südlich von Woronesch noch auf dem jenseitigen Ufer des Don zweigt in Liski die zweigleisige Strecke nach Walujki ab, einem bedeutenden Knotenpunkt (siehe Seite 70). An der Strecke nach Rostow liegt südlich des Donez als weiterer wichtiger Bahnknoten Lichaja, hier endeten nicht nur zwei eingleisige, von Westen aus dem Donezgebiet kommende Strecken, sondern hier beginnt auch die eingleisige Strecke nach Stalingrad (siehe Seite 87). Millerowo an der zweigleisigen Strecke Liski – Rostow war auch Anschlußpunkt der von Woroschilowgrad im Westen kommenden eingleisigen Strecke (siehe Seite 82). An der Transitrekke Liski – Rostow, die durch dünn besiedeltes landwirtschaftliches Gebiet führt, gab es keine nennenswerte Industrie, lediglich eine Motorenfabrik in Jewdakowo und eine Zuckerfabrik bei Millerowo, wo auch ein Getreidesilo stand. Die große Leistungsfähigkeit dieser bedeutenden Strecke kam auch darin zum Ausdruck, daß in den meisten Unterwegsbahnhöfen in der Regel eine Wasserstationsanlage und zwei Überholungsgleise vorhanden waren, außerdem war in diesem Streckenabschnitt jeweils ein Bw in Jewdakowo, Rossosch, Tschertkowo, Millerowo und Lichaja vorhanden.

Für die Deutsche Wehrmacht, der dieser Streckenabschnitt im Sommer des Jahres 1942 in die Hände fiel, war die genannte Strecke nur ein Torso, der nicht mit seiner ursprünglichen Leistung benutzt werden konnte, da infolge der zerstörten Eisenbahnbrücke über den Don weder ein Anschluß nach Norden zur Strecke Liski – Walujki noch infolge der zerstörten Eisenbahnbrücke über den Donez bei Kamenskaja ein Anschluß nach Süden vorhanden war.

Mit Beendigung der Kampfhandlungen wurde sehr schnell mit der Erkundung der Eisenbahnstrecke und deren Einrichtungen begonnen, so wurde schon am 16. Juli 1942 die Teilstrecke Eisenbahnbrücke über den Don (ausschl.) – Puchowo = 7,0 km erkundet: Der Oberbau der Teilstrecke ist durch 4 Bombentreffer und 4 Schienensprengungen geringfügig zerstört, außerdem wird die Strecke durch einen ausgebrannten Zug gesperrt.

Ergebnis der Erkundung vom 23. Juli 1942:

Km 292: Eisenbahnbrücke über den Don (1,8 km südl. Liski): Ostw. Brücke, zweigleisig (ostw. Gleis der Strecke Liski – Millerowo und ostw. Gleis der Strecke Liski – Walujki) mit 6 Öffnungen (20,0 – 50,0 – 120,0 – 120,0 – 50,0 – 20,0 m), S.O. über N.W. 18,0 m, erste (nördl.) Öffnung, zwei eingleisige nebeneinander liegende Eisenbetonplattenbalkenbrücken, unversehrt, zweite Öffnung, zweigleisige Trapezfachwerkträgerbrücke (Fahrbahn oben), unversehrt, dritte Öffnung zweigleisige Halbparabelfachwerkträgerbrücke, Konstruktionshöhe 20,0 m, Überbau am nördl.

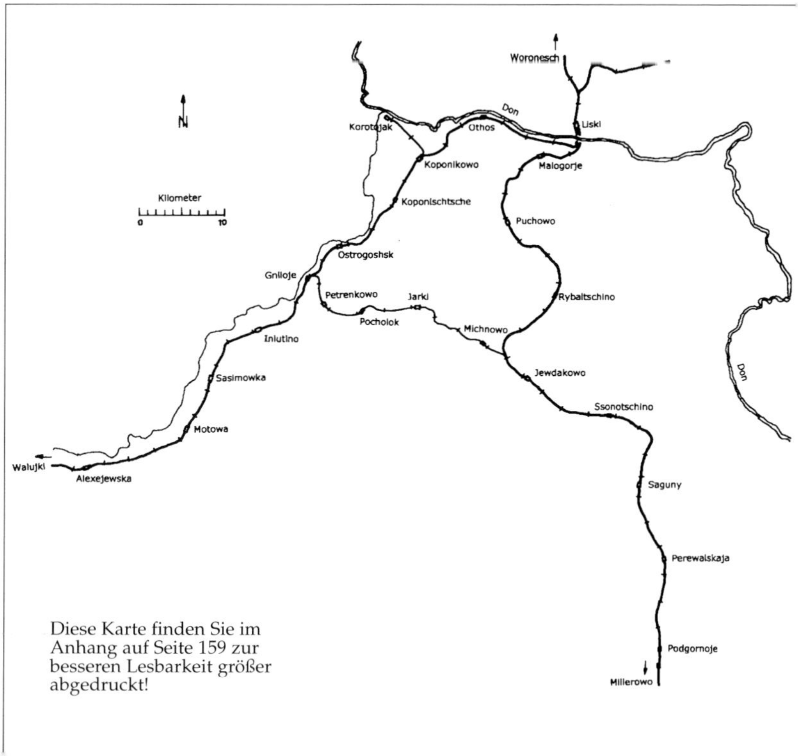


Diese Karte finden Sie im Anhang auf Seite 159 zur besseren Lesbarkeit größer abgedruckt!

Auflager (Pfeiler 2) gesprengt und abgestürzt, wieder verwendbar, Überbau liegt auf Pfeiler 3 auf, vierte Öffnung, wie dritte Öffnung, Überbau an beiden Pfeilern gesprengt und abgestürzt, wieder verwendbar, fünfte Öffnung, zweigleisige Trapezfachwerkträgerbrücke (Fahrbahn oben), Überbau an beiden Auflagern angesprengt, nicht abgestürzt, Auflager beschädigt, sechste (südl.) Öffnung, zwei eingleisige nebeneinander liegende Eisenbetonplattenbalkenbrücken, Überbau am südl. Auflager gesprengt und abgestürzt, liegt auf Pfeiler 5 auf, beide Widerlager und sämtliche Pfeiler unversehrt. Breite der Pfeiler und Widerlager ist für eine weitere eingleisige Brücke ausreichend. Westl. Brücke, zwei eingleisige nebeneinanderliegende Brücken, S.O. über N.W. 16,0 m, Wasserspiegelbreite ca. 240 m, Brücke im ostw. Gleis (westl. Gleis der Strecke Liski – Millerowo), Parallelfachwerkträgerbrücke (Fahrbahn oben), Konstruktionshöhe 7,0 m, 3 Öffnungen mit je 122,0 m Stützweite, erster (nördl.) Überbau unversehrt, zweiter (mittlerer) Überbau gesprengt und abgestürzt, zwei Teilstücke von 35,0 und 52,0 m Länge wiederverwendbar; dritter (südl.) Überbau durch Trennschnitt gesprengt und abgestürzt, ca. 90,0 m Länge des Überbaus wiederverwendbar; nördl. Widerlager unversehrt, südl. Widerlager beschädigt, Pfeiler (für östl. und westl. Brücke gemeinsam) unversehrt, Brücke im westl. Gleis (östl. Gleis der Strecke Walujki – Liski), Gitterträgerbrücke (Fahrbahn oben), 6 Öffnungen, Stützweite jeweils 60,0 m, Konstruktionshöhe 7,0 m, erster (nördl. Überbau) und zweiter Überbau unversehrt, dritter Überbau gesprengt und abgestürzt, nicht wiederverwendbar, vierter Überbau gesprengt und abgestürzt, 40,0 m wieder verwendbar, fünfter und sechster (südl.) Überbau gesprengt und abgestürzt, nicht wieder verwendbar; beide Widerlager unversehrt.

Die beiden Eisenbahnbrücken über den Don bei Liski wurden nicht wieder aufgebaut, denn im Raum Liski/Woronesch verlief die Frontlinie in der Nähe der Bahnlinie.

Km 298: Bf. Malogorje: 2 Durchgangs- und 2 Stumpfgleise (100 bzw. 400 m) vorhanden und in Ordnung.

Km 308: Bf. Puchowo: 2 Durchgangs- und 2 Überholungsgleise (750 bzw. 680 m) und 1 Ladegleis (300 m) vorhanden und unversehrt, Stellwerksanlagen geringfügig zerstört, Stellwerk unversehrt, sämtl. Weichen nur fernbedienbar, gemäß Meldung vom 17. Juli 1942 ist die Wasserstationsanlage mit einem Wasserturm und 2 Wasserkränen betriebsfähig.

Schon am 13. Juli 1942 war mit der Erkundung der Teilstrecke Puchowo – Rossosch = 100 km begonnen worden:

Km 329: Bf. Rybaltschino: Bahnhofsanlagen unversehrt.

Oberbau der Teilstrecke 14,4 km südl. Puchowo – Jewdakowo durch 15 Schienensprengungen geringfügig zerstört.

Km 341: Bf. Jewdakowo: 2 Durchgangs- und 2 Überholungsgleise, 1 Rampen- und 1 Straßengleis, 3 Anschlußgleise zur Motorenfabrik, ca. 100 m Gleis zerstört, Gleisanlage durch 6 Bomben- und Artillerietreffer geringfügig zerstört, Stellwerksanlagen geringfügig zerstört, Weichen nur fernbedienbar. Gemäß Meldung vom 17. Juli 1942 ist die Wasserstationsanlage mit 2 Wasserkränen betriebsfähig, Empfangsgebäude und Stellwerksanlage unversehrt, in Jewdakowo befand sich ein Bahnbetriebswerk mit 3 Lokschuppen mit je 6 Ständen und einer Notbekohlungsanlage.

Teilstrecke Bf.Jewdakowo – Bf.Saguny Oberbau in Ordnung.

Km 351: Bf. Ssonotschino: Bahnanlage geringfügig zerstört.

Km 361: Bf. Saguny: 2 Durchgangs- und 3 Überholungsgleise, 1 Stumpf, 1 Lade-, 1 Anschlußgleis für Getreidesilo und 1 Anschlußgleis zur Zementfabrik vorhanden und in Ordnung, Bahnanlage geringfügig zerstört.
Laut Meldung vom 17. Juli 1942 ist die Wasserstationsanlage mit 2 Wassertürmen und 4 Wasserkränen und die Bekohlungsanlage betriebsfähig.

Der Oberbau der Teilstrecke Saguny – Podgornoje durch Bombentreffer auf drei Gleislängen geringfügig zerstört, ostw. Gleis durch 3 Züge, die abgefahren werden können, gesperrt, westl. Gleis durch 5 zerstörte Wagen gesperrt.

Km 367: Bf. Perewalskaja: 2 Durchgangs- und 2 Überholungsgleise vorhanden und in Ordnung, 1 Stumpfgleis (500 m) auf 100 m Länge zerstört, Stellwerksanlage unversehrt.

Km 374: Bf. Podgornoje: Bahnhofsanlage mit Wasserturm einschl. Stellwerk unversehrt.

Oberbau der Teilstrecke Podgornoje – Sotniskaja durch zerstörten Munitionszug auf 400 m (beide Gleise) gesperrt, umfangreiche Erdarbeiten erforderlich, auf weiteren 200 m durch ausgebrannten Benzinzug Oberbau in beiden Gleisen völlig zerstört, Schwellen verbrannt, Schienen ausgeglüht, 4 weitere Züge, die abgefahren werden können, sperren die Strecke.

Km 381: Bf. Sotniskaja: 2 Durchgangs-, 2 Überholungsgleise, 1 Stumpfgleis vorhanden, Gleisanlage durch Bomben- und Artillerietreffer nachhaltig zerstört, Gleisanlage auf 400 m Länge durch zerstörten Munitionszug (beide Gleise) zerstört, umfangreiche Erdarbeiten erforderlich, weitere 200 m Gleis durch ausgebrannten Benzin-Zug (beide Gleise) völlig zerstört, Schwellen verbrannt, Schienen ausgeglüht, 1 Durchgangsgleis von den Russen behelfsmäßig wiederhergestellt.

**Die Einführung der Verbindungsstrecke erfolgte hinter Michnowo in die Strecke Liski – Millerowo, wobei die Verbindungsstrecke als zweites Gleis bis Jewdakowo geführt wurde, das gerade Gleis führt nach rechts in Richtung Liski als eingleisige Strecke weiter, das ehemalige zweite Gleis der Strecke ist abgebaut. (Aufnahme: BA/MA Freiburg)**

Oberbau der Teilstrecke Sotniskaja – Rossosch unversehrt, vier weitere Züge, die abgezogen werden können, sperren die Strecke.

Km 391: Bf. Rossosch: 15 Gleise im Bahnhof, 8 Gleise im Bw und insgesamt 25 Verbindungs- und Stumpfgleise vorhanden, 7 Gleise im Bahnhof auf jeweils 120 bis 250 m Länge durch ausgebrannte Wagen sowie durch 12 Bomben- und Artillerietreffer zerstört, Wasserstation (3 Wassertürme, Pumpstation und 7 Wasserkräne) durch Bombentreffer im Zuleitungsrohr nicht betriebsfähig, Bekohlungsanlage unversehrt, 3 Notbekohlungsanlagen vorhanden, Empfangsgebäude und 3 Lokschuppen mit je 6 Ständen zerstört, 1 Stellwerk betriebsfähig, 2 Stellwerke zerstört.

Meldung vom 4. August 1942: Vom Bf. Rossosch führt eine Feldbahn (Spurweite 750 mm) in nordwestl. Richtung zur Zuckerfabrik in Oljchowatka, gesamte Streckenlänge ca. 20,0 km, Strecke ab 13. August 1942 befahrbar.

Schmalspurbahnhof Rossosch: 7 Gleise, rollendes Schmalspurmaterial betriebsfähig: 1 Lok, 10 G-, 9 O-, 21 R-, 3 Kessel- und 15 sonstige Wagen.

Km 392: Eisenbahnbrücke über die Kalitwa: unversehrt.

Erkundungsergebnis der Teilstrecke Rossosch – Mitrofanowka = 28 km:

Oberbau der Teilstrecke Rossosch – Rajnowskaja durch 8 Schienensprengungen geringfügig zerstört.

Km 405: Bf. Rajnowskaja: 2 Durchgangs- und 3 Überholungsgleise vorhanden und in Ordnung, Empfangsgebäude unversehrt.

Oberbau der Teilstrecke Rajnowskaja – Mitrofanowka in Ordnung.

Km 419,8: Bf. Mitrofanowka: 2 Durchgangs-, 3 Überholungs- und 4 Stumpfgleise vorhanden und in Ordnung, Wasserstationsanlage mit einem Wasserturm betriebsfähig.

Teilstrecke Mitrofanowka – Tschertkowo = 81,2 km: Östl. Gleis durch 8, westl. Gleis durch 12 Schienensprengungen beschädigt.

Km 438,9: Durchlaß aus Eisenbeton: Lichte Weite 1,20 m, Höhe 1,20 m, gesprengt, Überschüttung über Durch-

**In einem Bahnhof im Süden Rußlands steht unzerstört ein Wasserkran russ. Bauart im Gegensatz zu den ausgebrannten Güterwagen im Hintergrund. (Aufnahme: BA 101/218/519/8A)**

**Eine russ. Güterzuglok der Reihe Эʸ mit der Achsfolge E steht inmitten von ausgebrannten Güterwagen, die mehrere Gleise blockieren. (Aufnahme: BA 101/218/525/16)**

laß ca. 10,5 m, Dammkrone auf 40 m Länge um 0,5 m abgesackt.

Km 441: Bf. Pasekowo: 2 Durchgangs- und 2 Überholungsgleise vorhanden und durch Sprengung sämtlicher Weichen zerstört, Wasserturm und Wasserkran gesprengt.

Km 450: Bf. Shurawka: 2 Durchgangs- und 4 Überholungsgleise vorhanden, durch Sprengung der Hälfte der Weichen unbenutzbar, Wasserturm, Wasserkräne, Pumpstation und Enthärtungsanlage gesprengt.

Km 460,3: Eisenbahnbrücke über den Bogutschar: 2 eingleisige nebeneinander liegende Parallelfachwerkträgerbrücken, Stützweite je 18,6 m, S.O. über N.W. 5,6 m, Wassertiefe 0,70 m, bei westl. Brücke ein Untergurt und mehrere Längs- und Querträger angesprengt, Überbau nicht abgestürzt, auf 0,3 m aus der Achse verschoben, beide Widerlager unversehrt, ostw. Brücke ein Widerlager gesprengt, ein Widerlager unversehrt, Überbau abgesackt, nördl. Endquerträger gesprengt, zerstörte Länge ca. 20 m (am 17. Juli 1942 befand sich die Brücke schon in Wiederherstellung).

Km 463: Bf. Kantemirowka: 2 Durchgangs- und 3 Überholungsgleise vorhanden, davon 2 Gleise durch Bombentrichter beschädigt, Pumpstation entfernt, Wasserkran unversehrt.

Km 473: Bf. Gartmaschewka: 2 Durchgangs- und 3 Überholungsgleise vorhanden und in Ordnung, Wasserstationsanlage (1 Wasserturm), Empfangsgebäude und Güterschuppen unversehrt.

Km 485: Bf. Sorinowka: 2 Durchgangs- und 3 Überholungsgleise und sämtliche Weichen unversehrt vorhanden, Empfangsgebäude zerstört.

Km 491: Bf. Schelistowka: 2 Durchgangs- und 3 Überholungsgleise vorhanden, davon ein Überholungsgleis durch Schienen- und Weichensprengungen zerstört.

Km 500: Bf. Tschertkowo: 2 Durchgangs- und 10 sonstige Gleise vorhanden, gesamte Bahnhofslänge 900 m davon 600 m durch Bombentreffer restlos zerstört, Wasserstationsanlage (Zwei Wassertürme, Pumpstation, 2 Wasserkräne), Bahnbetriebswerk, Bekohlungsanlage, 3 Notbekohlungsanlagen, 4 Lokschuppen (3 mit jeweils 6 Ständen, einer mit 9 Ständen) unversehrt.

Erkundungsergebnis vom 20. Juli 1942 der Teilstrecke Tschertkowo – 10 km nördl. Millerowo = 53 km: Ostw. Gleis auf 21,1 km Länge jede zweite Schiene gesprengt, westl. Gleis auf 15,5 km jede zweite Schiene gesprengt.

Km 510: Bf. Mankowo: 2 Durchgangs- und 2 Überholungsgleise vorhanden und unversehrt, ebenso die 13 Gleise im Bw, welches selbst ebenfalls unversehrt ist.

Km 519: Bf. Scheptuchowka: 2 Gleise vorhanden, davon ein Rampengleis auf 25 m Länge abgebaut, 1 Bombentrichter in der Gleisanlage, 1 Weiche gesprengt, Wasserstationsanlage (1 Wasserturm) unversehrt.

Km 531: Bf. Michailo Alexandrowski: 2 Durchgangs- und 3 Überholungsgleise vorhanden und in Ordnung, Wasserstationsanlage (Wasserturm, Pumpstation, 1 Wasserkran) unversehrt, Stellwerksanlage beschädigt.

Km 541: Bf. Syssojewo: 4 Gleise vorhanden, davon 3 Gleise durch Sprengung jeder zweiten Schiene nachhaltig zerstört, ostw. Durchgangsgleis und 2 Weichen unversehrt, Wasserstationsanlage vorhanden.

Ergebnis der vorläufigen Erkundung vom 21. Juli 1942 der Teilstrecke 13 km nördl. Millerowo – Millerowo (einschl.) = 13 km: Beide Gleise auf 4 km Länge durch Sprengung jeder zweiten Schiene zerstört.

Km 552: Bf. Bumkowo: Jede zweite Schiene und sämtl. Weichen gesprengt.

Km 563: Bf. Millerowo: 15 Gleise darunter 2 Ladegleise (700 m), Ladestraße, am Südausgang des Bahnhofs 6 Gleisgruppen vorhanden, 75% der Weichen zerstört, sonstige Gleisanlagen geringfügig beschädigt, 1 Wasserturm unversehrt, 1 Wasserturm zerstört, 3 Wasserkräne unversehrt, 2 Wasserkräne zerstört, Pumpanlage teilw. abgebaut, 3 Lokschuppen mit je 6 Ständen und Lokbehandlungsanlage beschädigt, Gleisdreieck und Wagenreparaturwerkstatt unversehrt, 3 Notbekohlungsanlagen vorhanden.

Die Lufterkundung am 21. Juli 1942 der Teilstrecke Millerowo – Kamenskaja ergab:
Dieser Abschnitt war bis unmittelbar vor dem Rückzug der Sowjets der Strecke in Betrieb gewesen, Brücken und Oberbau fast völlig zerstört, auf dem westl. Gleis wurden etwa 22 Züge festgestellt, meist bestehend aus G- und Kesselwagen, davon stehen auf der Teilstrecke Staraja Staniza bis 17 km südl. Staraja Staniza hintereinander 15 Züge, Wagen zum Teil zerstört.
Am 24. Juli wurde die Teilstrecke Millerowo (ausschl.) – Djatkino = 37,0 km erkundet: Beide Gleise auf 2,6 km Länge (südl. Tarasowka) durch zerstörte Munitionszüge unterbrochen und auf 200 m Länge durch Schienensprengungen zerstört.

Km 570: Bf. Staraja Staniza: 2 Durchgangs- und 3 Überholungsgleise vorhanden und in Ordnung.

Km 576: Kreuzungsstelle (6,0 km südl. Staraja Staniza): In Ordnung.

Km 590: Bf. Tarasowka: 2 Durchgangs- und 5 Nebengleise vorhanden und in Ordnung, Wasserstationsanlage (1 Wasserturm) unversehrt, Ladestraße vorhanden.

Km 608: Bf. Djatkino: 2 Durchgangs- und 2 Überholungsgleise einschl. Weichen unversehrt vorhanden, ostw. Überholungsgleis durch zerstörten Zug gesperrt.

Erkundung der Teilstrecke Djatkino (einschl). – Eisenbahnbrücke über den Donez am 26. Juli 1942: Ostw. Gleis auf 6,2 km Länge abgebaut und durch 30 Schienensprengungen sowie einen Bombentrichter (18 m Durchm.) zerstört, westl. Gleis auf 400 m Länge durch zerstörte Züge und einige Schienensprengungen geringfügig zerstört.

Km 620: Bf. Glubokaja: 11 Gleise vorhanden und durch ca. 50 Schienensprengungen geringfügig zerstört, Wasserturm und Wasserkran unversehrt, Pumpanlage teilw. zerstört.
Km 635: Bf. Pagore Towo (auch Pogorolewo): 4 Gleise vorhanden und durch Schienensprengungen geringfügig zerstört.
Km 641: Abzweig: Abzweiggleis (300 m) unversehrt vorhanden.
Km 643: Eisenbahnbrücke über den Donez (ca. 1 km nördl. Kamenskaja): Zweigleisige Brücke mit vier Öffnungen (25,0 – 110,0 – 110,0 – 25,0 m), Gesamtlänge 270 m, beide Endüberbauten mehrmals gesprengt und abgestürzt, nicht wieder verwendbar, beide Mittelüberbauten (Halbparabelfachwerkträger, Fahrbahn unten) durch je zwei Trennschnitte gesprengt und abgestürzt, nicht wieder verwendbar, beide Widerlager angesprengt, Mittelpfeiler angesprengt, wiederverwendbar, nördl. und südl. Pfeiler nachhaltig zerstört.

Erkundungsergebnis der Teilstrecke Eisenbahnbrücke über den Donez – Lichaja = 23,4 km vom 4. August 1942: Oberbau beider Gleise auf 22,4 km Länge nachhaltig gesprengt, Fernsprechleitungen zu 50% zerstört.

Km 644: Bf. Kamenskaja: 2 Durchgangs- und 3 Überholungsgleise vorhanden und durch Sprengung jeder Schiene zerstört, sämtl. Weichen gesprengt, Wasserstationsanlage zerstört, Lokschuppen zu 60% zerstört.
Km 656: Bf.Lichaja: (siehe Seite 87)

Erkundung der Teilstrecke Lichaja – Swerewo vom 27. Juli 1942: Sämtliche Schienen durch Sprengung zerstört.

Km 665: Bf. Samtschalewo:
Km 670: Eisenbahnbrücke der von Westen kommenden eingleisigen Strecke Debalzewo – Tschernuschino (siehe Seite 85) über die Strecke Lichaja – Rostow: Blechträgerbrücke, Stützweite ca. 20 m, Überbau gesprengt und abgestürzt, Widerlager beschädigt.

Beide Gleise Lichaja – Swerewo auf der gesamten Länge von 23 km durch Sprengen jeder Schiene zerstört.

**Die von den Sowjets zerstörte zweigleisige Donez-Brücke bei Kamenskaja am 23. August 1942. Aus Materialmangel erfolgte keine Wiederherstellung, daneben befindet sich die ebenfalls zerstörte Straßenbrücke, an deren Wiederaufbau gearbeitet wird. (Aufnahme: Will, BA/MA-Freiburg)**

Km 679: Bf. Swerewo:
Km 693: Bf. Tscherewkowo:
Km 822: Bf. Rostow:

An der zerstörten Eisenbahnbrücke über den Donez bestand zunächst nur eine Pontonbrükke, die später durch die wiederhergestellte Straßenbrücke ersetzt wurde und über welche die Verbindung zwischen beiden Streckenendpunkten insbesondere bei der Nachschubversorgung möglich war. In diesem Zusammenhang wurde am Nordufer des Donez kurz vor der zerstörten Eisenbahnbrücke ein Behelfsbahnhof bei km 641,0 eingerichtet, dort befand sich bereits ein russisches Abzweiggleis, und hier konnte der Umschlag zwischen Schiene und Straße und umgekehrt stattfinden. Ab 5. September 1942 wurden täglich zwei Züge umgeschlagen. Durch den Bau eines zusätzlichen Ladegleises durch ital. Bau-Kpn. konnte schon bald die Umschlagleistung verdoppelt werden. Die Straße von Kamenskaja nach dem Behelfsbahnhof war sandig und somit bei jedem Wetter befahrbar. Die ital. Truppen, die den weiter nördlich am Don liegenden Abschnitt übernommen hatten, wickelten über diesen Weg anfänglich einen großen Teil ihrer Nachschubtransporte ab.

Die Beute an Breitspurmaterial auf der Strecke zwischen den Brücken über Don bzw. Donez betrug im Sommer 1942: 96 Lokomotiven, 588 G-, 26 O-, 91 K- und 1283 sonstige Wagen, dieses Rollmaterial war ausreichend, um schnell den Betrieb, zumindest am Anfang auf Teilstrecken, wieder aufnehmen zu können.

Abgesehen von den zerstörten Brücken im Norden über den Don bei Liski und im Süden über den Donez bei Kamenskaja, durch welche diese Strecke von den übrigen Strecken bis zur Betriebsaufnahme auf der eingleisigen Strecke Kondraschewskaja – Millerowo (siehe Seite 82) völlig abgeschnitten war und praktisch in der Luft hing, waren die Zerstörungen an der gesamten Strecke nicht so schwerwiegend, so daß schon sehr bald zumindest auf Teilstrecken ein Inselbetrieb in Breitspur möglich wurde. So war bereits am 13. Juli 1942 zwischen Puchowo und Mitrofanowka und ab 16. Juli 1942 bis Kantemirowka das westl. Gleis wiederhergestellt und in Breitspur befahrbar. Nach Wiederherstellung der Eisenbahnbrücke 3,5 km südl. Kantemirowka war ab 19. Juli 1942 die Strecke schon bis Tschertkowo im westl. Gleis in Breitspur befahrbar, einen Tag später konnte bereits bis Maltschewskaja gefahren werden. So wurden bereits am 18. Juli 1942 vierzehn Wagen mit Betriebsstoff von Jewdakowo nach Kantemirowka, verschiedene Transporte von Jewdakowo nach Rossosch, 2 Verwundetentransporte von Podgornoje nach Rossosch und 1 Leerwagenzug für Verwundete von Rossosch nach Jewdakowo gefahren, dazu kam die Zusammenstellung von 3 Zügen für die schwere Artillerie. Seit dem 23. Juli 1942 wurde auf der Strecke Millerowo – Donezbrücke in Breitspur mit russischem Personal Betrieb gemacht. Am 25. Juli 1942 wird zwischen Puchowo und Millerowo mit Re 5 gefahren, nachdem schon seit dem 20. Juli 1942 zwischen Rossosch und Kantemirowka auf beiden Gleisen ein Pendelbetrieb stattgefunden hatte. Am 19. und 20. Juli 1942 wurden zwischen Puchowo und Maltschewskaja gefahren: 3 Truppentransportzüge, 3 Bauzüge und 6 Leerzüge. Am 24. Juli traf der erste Zug aus Richtung Maltschewskaja in Tarasowka ein. Bis zum 27. Juli 1942 wurden 676 beladene und 231 leere Wagen von der Strecke Millerowo – Donezbrücke abgezogen und teilw. entladen. Schon sehr schnell kam es zu einer ersten Betriebsstörung, als in der Nacht vom 28./29. Juli 1942 das Gleis südl. Millerowo an zwei Stellen von Partisanen gesprengt wurde. Der Schaden war schnell wieder behoben, eine Betriebsunterbrechung wurde dadurch nicht verursacht.

Am 1. August 1942 wurde der Betrieb auf der Strecke Millerowo – Donezbrücke an die F.B.Abt.2 übergeben. Mit der Betriebsaufnahme auf der auf Normalspur umgespurten Strecke Waljuki – Ostrogoschk – (Liski) (siehe Seite 65) wurde zwischen Ostrogoshsk und Jewdakowo ein Pendelbetrieb mit Lkw eingerichtet, der ein zweimaliges Umladen (Schiene/ Straße/Schiene) erforderte. Die Leistungsfähigkeit der Strecke Jewdakowo – Millerowo wurde somit vom Umschlag des Nachschubgutes bestimmt. Nach der Einrichtung einer Krankensammelstelle in Millerowo konnten die Ver-

**Infolge der Zerstörung der Eisenbahnbrücke über den Donez bei Kamenskaja durch die Rote Armee war die zweigleisige Strecke Liski - Rostow unterbrochen. Ihr Wiederaufbau wurde nicht in Angriff genommen. Dagegen diente die Straßenbrücke, an deren Wiederherstellung am 23. August 1942 gearbeitet wurde, als wichtige Nachschubverbindung zwischen dem Bahnhof Kamenskaja und einem Behelfsbahnhof bei km 641,0 nördlich des Donez. (Aufnahme: Will, BA/MA-Freiburg)**

wundeten auf der Schiene bis Jewdakowo, von dort auf der Straße bis Ostrogoshsk transportiert werden, der Weitertransport im Lazarettzug „Adler“ erfolgte dann ab Ostrogoshsk. Die schweren Fälle wurden durch Lufttransport evakuiert. Der Bahnhof Glubokaja südlich von Millerowo eignete sich besonders gut als Umschlagplatz für Lkw, denn von hier verlief die Rollbahn über Krassnowka – Rjadin – Forchstadt nach Belaja Kalitwa, die auch für Großtransportraum gut befahrbar war. Die Leistung der Rollbahn entsprach bei gutem Wetter der Ladung von 3 bis 4 Züge täglich. Diese Straßenverbindung in Richtung Osten war bis zur Betriebsaufnahme auf der Strecke Lichaja – Stalingrad von besonderer Bedeutung. Am 9. August 1942 wird der Betriebsstoffmangel bei der nach Osten und Süden vorrückenden Truppe so stark, daß die Umschlagstelle Jewdakowo angewiesen wird, verstärkt Betriebsstoff vor allen anderen Versorgungsgütern abzufertigen.
Gemäß Befehl des Luftgaukommandos Kiew vom 20. August 1942 wurde eine leichte Batterie der Eisb.Flak-Abt. 864 in Jewdakowo zum Schutz der Transportzüge auf der Strecke Jewdakowo – Millerowo eingesetzt, dabei wurden den zu schützenden Zügen jeweils zwei Geschütze zugeteilt. Der Bedienungsmannschaft war ein Personenwagen oder ein G-Wagen zur Verfügung zu stellen, falls ein entsprechendes Unterkommen in dem zu schützenden Transportzug nicht möglich war. Falls sich keine andere Möglichkeit ergab, sollen die Schutzeinheiten in Leerzügen nach Jewdakowo zurückkehren. Damalige Dringlichkeit der zu schützenden Züge:

1. Lazarettzüge
2. SF-Züge
3. Rauhfutterzüge
4. Betriebsstoffzüge
5. Munitionszüge

Auffallend ist der Schutz der Lazarettzüge, bei denen es sich damals wohl um behelfsmäßige Verwundetenzüge gehandelt hat, deren Wagen nicht deutlich mit dem roten Kreuz gekennzeichnet waren, dessen Schutz sich ohnehin in Rußland als fragwürdig herausgestellt hatte.
Am 23. August 1942 wurde mit der Wiederherstellung der Strecke Lichaja – Kamenskaja in Normalspur begonnen, nachdem bereits Normalspurbetrieb auf der einen von Westen kommenden eingleisigen Strecke Debalzewo – Lichaja (siehe Seite 85) aufgenommen worden war.
Am 10. September 1942 war die Strecke Kondraschweskaja – Millerowo (siehe Seite 82) eingleisig in Normalspur wiederhergestellt und ging in Betrieb (RE 8), damit war endlich ein normalspuriger Anschluß von Westen an die Strecke Millerowo – Puchowo – Donezbrücke vorhanden. Nachdem seit dem 16. August 1942 bereits mit den Umspurarbeiten an der Strecke Jewdakowo – Millerowo durch FEKdo 3 begonnen worden war, wurde die Umspurung des Streckenabschnitts Jewdakowo – Schelistowka durch die F.B.Abt.2 in Normalspur am 26. August 1942 abgeschlossen. An dem Wiederaufbau der Eisenbahnbrücke über den Donez bei Kamenskaja wurde dagegen noch nicht gearbeitet, da kein geeignetes Brückenbaumaterial (Kriegsbrückengerät) vorhanden war. Am 27. September 1942 wurde das umgespurte zweite Gleis zwischen Jewdakowo

und Millerowo in Betrieb genommen. Anfang Oktober 1942 wurde das westl. Gleis zwischen Puchowo und Jewdakowo zur Gewinnung von Oberbaustoffen für die Verbindungsstrecke Ostrogoshst – Jewdakowo (siehe Seite 112) abgebaut, das andere Gleis war zwischen der Eisenbahnbrücke über den Don bei Liski und Jewdakowo in Normalspur befahrbar. Am 4. Oktober 1942 fand ein Bombenangriff auf den Bahnhof Jewdakowo statt, bei dem mehrere Wagen zerstört und der Wasserturm beschädigt wurde. Am 12./13. Oktober 1942 zwischen 17.00 und 2.00 Uhr war Millerowo das Ziel fortgesetzter Bombenangriffe, die jedoch keine Schäden an den Bahnanlagen verursachten. Im Oktober 1942 war die Strecke Jewdakowo – Millerowo – Staraja Staniza zweigleisig in Normalspur befahrbar, im Reststück bis zur Eisenbahnbrücke über den Donez bei Kamenskaja war ein Gleis umgespurt, das andere verblieb zwischen Staraja Staniza und Glubokaja in Breitspur und wurde zum Abstellen von nicht mehr benötigten Breitspur-Lokomotiven und –Wagen benutzt. Zu dieser Zeit wurde auch eine Verbindungskurve in Betrieb genommen, die bei ungefähr bei Km 540 abzweigte und zwischen Km 103 und 105 in die Strecke Kondraschewskaja – Millerowo einmündete. Damit war eine Verbindung der beiden Strecken durch Umfahrung des Bf.Millerowo geschaffen.

Zu einem Zusammenstoß zweier Züge bei Rybaltschino kam es am 25. November 1942 um 16.10 Uhr, dabei wurden eine Lokomotive beschädigt und ein Wagen zerstört, es gab 2 Tote und 2 Verletzte bei dem ital. Eisb.Pi.Btl. 9. Zwischen 16 Uhr am 7. und 4 Uhr am 8. Dezember 1942 mußte der Betrieb in Millerowo wegen Kohlenmangel eingeschränkt werden. Am 17. Dezember 1942 um 21.30 Uhr fand ein sowjetischer Bombenangriff auf Bf. Jewdakowo statt, bei dem ein Gleis und vier Wagen zerstört wurden. Am 19. Dezember 1942 um 8.00 Uhr mußte der Betrieb zwischen Tschertkowo und Mitrofanowka eingestellt werden, die Bahnhöfe an diesem Streckenteil mußten vor der anstürmenden Roten Armee geräumt werden. Tschertkowo von Süden und Mitrofanowka von Norden waren nun Betriebsspitzen, damit war die Strecke Jewdakowo – Millerowo unterbrochen. Als Folge der taktischen Lage wurden am 21. Dezember 1942 sämtliche Arbeiten im Bf.Millerowo eingestellt. Die Eisb.Pi.Kpn. 58 und 74 wurden zur Ortsverteidigung eingesetzt. Der russ. Vorstoß nach Westen erreichte auch am 24. Dezember 1942 das Gebiet um Staraja Staniza, im Bahnhof wurden sämtliche Arbeiten eingestellt, 3./Eisb.Bau-Btl. 2 wurde zur Ortssicherung eingesetzt, die Strecke von Millerowo nach Süden war unterbrochen. Schon am nächsten Tag mußten die gerade begonnenen Arbeiten an der Eisenbahnbrücke über den Donez bei Kamenskaja infolge der taktischen Lage wieder eingestellt werden, 6./Eisb.Pi.Rgt. 6 wurde infanteristisch und zum Stellungsbau eingesetzt. Am 28. Dezember 1942 fanden wie bereits an den Tagen zuvor wiederholt Bombenangriffe auf den Bf.Rossosch statt, die eine nachhaltige Zerstörung der Gleisanlagen zur Folge hatten, besonders der Nordkopf des Bahnhofs wurde erheblich beschädigt. Dadurch war der durchgehende Betrieb für 24 Stunden unterbrochen. An diesem Tag lag auch das Ergebnis der Erkundung der Strecke von Kamenskaja in Richtung Tarasowka vor: Die Strecke war befahrbar, Tarasowka war feindfrei und so konnte die Strecke zwischen dem Behelfsbahnhof (Km 641) an der Donez-Brücke und Millerowo wieder in Betrieb genommen werden. Dieser Zustand währte jedoch nicht lange, denn schon nach wenigen Tagen wurde Millerowo von der

**In einem unbekannten Bahnhof an der Strecke zwischen Liski und Millerowo rangiert die 55 1814 (pr. G8) vom Bw Rossosch. (Aufnahme: BA 101/148/1624/5A)**

Roten Armee endgültig eingeschlossen, hier befanden sich noch Teile der Betriebs- und Maschinen-Abteilungen der Feldeisenbahner. Ab 5. Januar 1943 fuhren die Züge vom Behelfsbahnhof am Donez nur noch bis Staraja Staniza, mit Millerowo bestand keine Fernsprechverbindung mehr. Die Loklage wurde erschwert durch den Verlust der Bw Glubokaja, Tschertkowo und Rossosch. Am 7. Januar 1943 gelang es den eigenen Truppen, von dem auf dem zweiten Streckengleis abgestellten Breitspur-Rollmaterial eine Lok und 25 Wagen zu zerstören. Am 10. Januar 1943 wurde mit den Sperrvorbereitungen an der Strecke zwischen dem Donez und Millerowo begonnen. Am 13. Januar 1943 befanden sich die Betriebsspitzen in Mitrofanowka (aus Richtung Norden) und in Tarasowka (aus Richtung Süden). Am 15. Januar 1943 wurde der Betrieb auf der gesamten Strecke eingestellt, im Raum Glubokaja wurden auf dem zweiten Streckengleis 186 abgestellte Breitspurlok von der eigenen Truppe zerstört.
Um die Jahreswende 1942/43 war eine Feldbahn zwischen Bf.Kamenskaja und dem Behelfsbahnhof bei Km 641 am anderen Ufer des Donez mit einer Länge von 3,25 km angelegt worden. Offenbar zusätzlich zu der bereits bestehenden Straßenbrücke wurde zwischen dem 6. und dem 12. Januar 1943 nördlich von Kamenskaja eine 16 t Behelfs-Straßenbrücke über den Donez erbaut.

## Walujki – Starobelsk – Kondraschewskaja

Diese bisher unbedeutende eingleisige Strecke erlangte für die deutsche Wehrmacht besondere Bedeutung, da die Donez-Brücke bei Kondraschewskaja von den Russen zerstört worden war und somit Kondraschewskaja von Rodakowo/Woroschilowgrad auf der Schiene nicht erreicht werden konnte. Eine Wiederherstellung der Donez-Brücke kam aus Personal- und Materialmangel zunächst nicht in Betracht, andererseits bestand jedoch eine eingleisige Strecke von Kondraschewskaja nach Millerowo, das in Folge der Zerstörung der Don-Brücke bei Liski und der Donez-Brücke bei Kamenskaja eisenbahnmäßig isoliert war (siehe Seite 70).

Km 0,0: Bf. Walujki (siehe Seite 65)

Ergebnis der Erkundung der Strecke Starobelsk – Kondraschewskaja vom 4./5. September 1942:

Km 128: Bf. Starobelsk: Bahnhof Starobelsk ist gut ausgebaut, FBAbt. 8 baut mit eigenen Kräften 2 weitere lange Abstellgleise, Wasserturm am Wasserkran angeschlossen, zwei neue Wassertürme befinden sich in Aufstellung. Unbedeutendes Nebenbahn-Bw, Lokschuppen mit drei kurzen Ständen ca. 22 m lang, keine Werkzeuge und Werkzeugmaschinen vorhanden, Wasserversorgung z. Z. nur behelfsmäßig aus leicht erschöpfbarem Brunnen mit Dieselpumpe 25 $cm^3/h$ über Zwischenbehälter möglich, kleiner Ölvorrat vorhanden, die 1,5 km entfernte Pumpstation befindet sich in Wiederherstellung, der Treibstoff für den 35 PS Motor der Pumpe wurde einem Notstromaggregat entnommen, der Wasserturm mit 250 $cm^3$ ist in Ordnung, es befindet sich nur ein Wasserkran im Bahnhof, im Bw erfolgt die Speisung der Lokomotiven über einen Notanschluß mit einem Rohr aus einem Fenster des Wasserturms, Kohlevorrat: 1500 – 2000 t, sonstige Vorräte: keine, das Bw von rum. Truppen ausgeraubt, kein Dieselöl vorhanden, Petroleum an die Bevölkerung verkauft, die verschleppten Maschinen sollen sich in Kondraschewskaja befinden, wo auch die beiden Drehkrane des Bw's sein sollen, die einheimischen Eisenbahner sind verschleppt, es sollen sich im Ort nur sieben Lokführer und sieben Heizer befinden, die jedoch anderweitig eingesetzt sind (Stand vom 26. 8. 1942).

Km 229: Bf. Kondraschewskaja: Bahnhof gut ausgebaut, Personenbahnhof mit 4 langen Gleisen, Güterbahnhof mit 7 Gleisen mit jeweils 1000 m Länge. (siehe Seite 82)

Die Strecke Walujki – Starobelsk war ab 26. August 1942 um 7.00 Uhr in Normalspur wiederhergestellt, und bereits am 7. September 1942 war die gesamte Strecke Walujki – Kondraschewskaja durchgehend eingleisig in Normalspur befahrbar, gleichzeitig wurde mit dem Bau von Kreuzungsstellen begonnen. Im Oktober 1942 war die Strecke für eine Streckenleistung von 12 Zügen pro Tag ausgebaut. Unter Berücksichtigung der vorhandenen Lokbehandlungsanlagen in den Bw's konnten im Dezember 1942 auf dem Streckenabschnitt Walujki – Starobelsk 30 und auf dem Streckenabschnitt Starobelsk – Kondraschewskaja 25 Lokomotiven eingesetzt werden. Am 15. Januar 1943 war die Betriebsspitze in Starobelsk. Durch den gegenläufigen Betrieb (zur Front Truppenbewegungszüge, Lazarettzüge, Nachschubzüge, usw. und von der Front Lazarettzüge, Räumungszüge) kam es immer wieder zu Stauungen auf der eingleisigen Strecke nach Walujki. Am 27. Januar 1943 wurde der Bf. Starobelsk aufgegeben, dabei wurde das dort vorhandene Normalspurmaterial und zwar 17 Lok und 600 Wagen (darunter 1 Werkstattzug, 1 Bauzug, 2 behelfsmäßige Lazarettzüge, 1 Kesselwagenzug und 2 Güterzüge) von eigenen Truppen zerstört, da infolge eines russ. Durchbruchs die nach Walujki führenden Strecke gesperrt und somit eine Räumung nach Norden nicht mehr möglich gewesen war.

**Eine neue Kreuzungsstelle an der Strecke Walujki – Starobelsk, auf den beiden Gleisen stehen nebeneinander ein Schienen-Lkw und ein russ. Personenwagen, der offenbar bereits von dem Umspurzug in Walujki auf Normalspur umgespurt worden ist. (Aufnahme: BArch R 5 Anh. I/162)**

## (Woroschilowgrad) - Kondraschewskaja - Millerowo

Infolge der Zerstörung der Don-Brücke bei Liski und der Donez-Brücke bei Kamenskaja war die zweigleisige Strecke (Liski) – Millerowo – Kamenskaja – (Lichaja) isoliert (siehe Seite 70), da auch die von Westen kommende Strecke Woroschilowgrad – Kondraschewskaja – Millerowo wegen der gesprengten Donezbrücke bei Kondraschewskaja unterbrochen war. Sonst wäre abgesehen von schnell zu reparierenden Schienensprengungen eine Verbindung über Rodakowo mit Charkow möglich gewesen. Nun konnte jedoch auch der Wiederaufbau der Donez-Brücke bei Kondraschewskaja wegen des Fehlens von Brückengerät nicht in Angriff genommen werden, deshalb trieb man zunächst die Wiederherstellung der eingleisigen Strecke Walujki – Starobelsk – Kondraschewskaja (siehe Seite 81) voran, während auch mit dem Bau einer Verbindungsstrecke Ostrogoshsk – Jedakowo (Kapitel 6.3.9) zwischen der zweigleisigen Strecke Walujki – (Liski) (siehe Seite 65) und der zweigleisigen Strecke (Liski) – Millerowo – (Lichaja) begonnen wurde.

**Für den Bau des Überholungsgleises einer neuen Kreuzungsstelle an der Strecke Walujki – Starobelsk werden Erdarbeiten durchgeführt. Es ist Anfang September 1942, die Strecke ist bereits auf Normalspur umgespurt. Der deutsche Schienen-Lkw befördert einen russ. Personenwagen. (Aufnahme: BArch R 5 Anh. I/162)**

Debalzewo – Rodakowo = 57 km
Rodakowo – Lutugino = 29 km
Lutugino – Woroschilowgrad = 21 km

Km 0,0: Bf. Woroschilowgrad
Km 17,0: Brücke über den Donez: Gitterträgerbrücke, gleichzeitig Straßenbrücke, 3 Öffnungen (66,5 – 66,5 – 66,5 m), Gesamtlänge 204 m, S.O. über Flußsohle 19,5 m, Wassertiefe noch nicht bekannt, südwestl. Überbau und Mittelüberbau gesprengt und abgestürzt, nordostw. Überbau am unterwasserseitigen Hauptträger angesprengt aber nicht abgestürzt (300 kg Sprengmunition wurden ausgebaut), südwestl. Widerlager angesprengt, nordostw. Widerlager und beide Zwischenpfeiler unversehrt.

Am 27. Juli 1942 wurde die Teilstrecke zwischen der Eisenbahnbrücke über den Donez und Millerowo = 96,0 km erkundet.

Km19,0: Bf.Kondraschewskaja:

Auf der weiteren eingleisigen Strecke war der Oberbau geringfügig beschädigt, die Fernsprechleitung auf 500 m Länge unterbrochen.

Km 28,5: Bf. Olchowaja: 1 Durchgangsgleis, 2 Überholungsgleise, 1 Abstell- und 1 Ladegleis vorhanden und in Ordnung, 2 Wasserkräne, Ölpumpenstation und Empfangsgebäude unversehrt.
Km ?: Eisenbahnbrücke über den Derkul (2,6 km südwestl. Iljenko): Parallelfachwerkträgerbrücke, lichte Weite 78,50 m, S.O. über N.W. 7,40 m, Wassertiefe 7,0 m, Überbau im nordwestl. Drittelpunkt gesprengt und abgestürzt, liegt auf südwestl. Auflager auf, Wiederlager unversehrt.

Oberbau geringfügig beschädigt, Fernsprechleitungen auf 500 m Länge unterbrochen.

Km ?: Bf. Iljenko:
Km ?: Bf. Karier (5,0 km nordwestl. Iljenko: 1 Durchgangsgleis, 1 Überholungsgleis (525 m)und 2 Abstellgleise (50 bzw. 300 m) vorhanden und in Ordnung, Empfangsgebäude unversehrt.
Km 55: Bf. Tschebotowka: 1 Durchgangsgleis, 2 Überholungsgleise, 2 Abstellgleise (100 bzw. 300 m) und 1 Ladegleis vorhanden, durch eine Weichensprengung beschädigt, 2 Wassertürme und Empfangsgebäude unversehrt.
Km 67: Bf. Suturmino: 1 Durchgangsgleis, 1 Überholungsgleis (800 m) und 2 Abstellgleise vorhanden und durch 13 ausgebrannte Wagen und einen Sprengtrichter beschädigt, Empfangsgebäude unversehrt.
Km 72,8: Eisenbahnbrücke: Walzträgerbrücke, Stützweite 3,0 m, Überbau abgesprengt, wiederverwendbar, Widerlager unversehrt.
Km 85,0: Bf. Krasnowka: 1 Durchgangsgleis, 2 Überholungsgleise (je ca. 900 m), 4 Abstellgleise, 1 Ladegleis und ein Industrieanschlußgleis (200 m) vorhanden, davon ein Abstellgleis durch 10 Schienensprengungen beschädigt, Wasserturm, Wasserkran und Empfangsgebäude unversehrt. Vom Bahnhof führt in nordwestl. Richtung zu dem Ort Rogalik ein Anschlußgleis von ca. 16 km Länge.
Km 97,8: Eisenbahnbrücke: zerstört
Km 98,9: Bf. Usowo: 1 Durchgangsgleis und 1 Überholungsgleis (800 m) vorhanden und durch Schienensprengung beschädigt.
Km 103,0: Eisenbahnbrücke:
Km 105,0: Bf.Millerowo: (siehe Seite 70)

Am 6. August 1942 befand sich die Brücke über den Derkul in Wiederherstellung und zwischen der Brückenbaustelle und Millerowo wurde der Breitspurbetrieb aufgenommen, wo auf der Strecke nach Süden ebenfalls schon Breitspurbetrieb durchgeführt wurde. Am 17. August

1942 wurde auch mit der Wiederherstellung der von Westen kommenden Strecke Orlowka – Rodakowo – Kondraschewskaja im Abschnitt Debalzewo – Rodakowo in Normalspur begonnen, die jedoch an der zerstörten Donez-Brück endete. Bereits am 26. August 1942 war die Strecke Walujki – Starobelsk in Normalspur wieder hergestellt und befahrbar und am 7. September 1942 war die gesamte eingleisige Strecke Walujki – Starobelsk – Kondraschewskaja (siehe Seite 81) in Normalspur betriebsfähig. Nach Fertigstellung der Brücke über den Derkul war die Strecke Kondraschewskaja – Millerowo seit dem 4. September 1942 durchgehend in Normalspur mit Re 8 befahrbar, zu dieser Zeit bestand auch auf der Strecke (Liski) – Jewdakowo – Millerowo – Pagore Towo – (Lichaja) schon durchgehend Normalspurbetrieb. Zur Steigerung der Leistungsfähigkeit der Strecke Kondraschewskaja – Millerowo wurden Kreuzungsstellen angelegt, so beispielsweise eine 5,0 km südwestl. von Iljenko, die am 14. September 1942 mit zwei Überholungsgleisen fertiggestellt war. An diesem Tag waren auch drei weitere Kreuzungsstellen befahrbar, so 8,5 km südwestl. und 12,4 km nordostw. Krasnowka und 6,1 km südwestl. Millerowo. mit jeweils einem Überholungsgleis, das jeweils zweite Überholungsgleis befand sich im Bau und war schon Ende September fertiggestellt. Im Oktober 1942 wurde eine Verbindungskurve nach Norden zum Anschluß an die Strecke (Liski-) Jewdakowo – Millerowo (siehe Seite 70) erbaut, die bei Km 104 von der von Kondraschewskaja kommenden Strecke abzweigte. Am 7. Oktober wurde mit dem Bau einer Kreuzungsstelle 6,5 Km nordostw. Tschebutowka begonnen, zwanzig Tage später war sie betriebsbereit, während mit dem Bau eines zweiten Überholungsgleises begonnen wurde. Am 1. November 1942 wurde die Strecke Debalzewo – Rodakowo mit Re 12 an die HFD Poltawa übergeben. Im Bw Rodakowo waren am 5. Dezember 1942 ein Lokschuppen mit 4 Ständen und ein Lokschuppen mit 6 Ständen wieder hergestellt. Ein Bombenangriff fand am 17. Dezember 1942 auf Millerowo statt, bei dem ein Gleis und der Lokschuppen I beschädigt wurden; dabei fiel ein Mann der Eisb.Pi. Kp. 58. Am 20. Dezember 1942 wurde mit der Wiederherstellung der Eisenbahnbrücke über den Donez bei Kondraschewskaja begonnen. Mit dem Bau von Panzerrampen in den Bahnhöfen von Krasnowka, Olchowaja und Kondraschewskaja rückte das Kriegsgeschehen am 24. Dezember 1942 näher, nachdem bereits einen Tag zuvor sämtliche Arbeiten an der Strecke Kondraschewskaja – Millerowo eingestellt worden waren. Die betreffenden Kräfte der Eisenbahnpioniere

Stab I./Eisb.Pi.Rgt. 5
4./Eisb.Pi.Rgt. 5
8./Eisb.Pi.Rgt. 6
Eisb.Bau-Kp. 110, 112
3./Eisb.Bau-Btl. 513

wurden infanteristisch eingesetzt, denn seit dem 23. Dezember 1942 fanden russische Panzerangriffe auf Krasnowka statt; und die Eisb.Bau-Kp. 110 und 112 hatten an ihrem Einsatzort Kondraschewskaja Feindberührung mit Panzerspähwagen und motorisierter Infanterie. Infolge der taktischen Lage mußte der Wasserstationsbauzug 9 seinen Bauzug in Krasnowka zurücklassen, der Führer des Bauzuges wurde vermißt und 3./Eisb.Bau-Btl 407 und 3./Eisb. Bau-Btl. 513 waren versprengt. Infolge Feindeinwirkung war die Strecke bei Krasnowka gesperrt. Am 24. Dezember 1942 waren Panzerrampen zum Be- und Entladen von Güterwagen mit Panzerfahrzeugen in den Bahnhöfen Kondraschewskaja, Olchowaja und Krasnowka fertiggestellt. Offenbar gelang es bald, die vorgestoßenen Kräfte der Roten Armee zurückzudrängen, denn bereits am 30. Dezember 1942 war der durch Feindeshand zerstörte Durchlaß 7,5 km nordostw. Iljenko wieder hergestellt, die Eisb.Bau-Kp. konnten wieder aus dem infanteristischen Einsatz herausgelöst werden. Bf.Suturmino war augenblicklich Betriebsspitze. Am 25. Dezember 1942 wurde der Bahnhof Krasnowka wieder besetzt, aber bereits am nächsten Tag mußte die Betriebsspitze nach Iljenko zurück verlegt werden. Am 27. Dezember 1942 fiel das Thermometer auf -27 Grad, viele Wasserstationsanlagen fielen durch Rohrbrüche aus. Es gelang, den russ. Angriff westl. von Millerowo zum Stehen zu bringen und die vorgestoßenen Truppen zurückzudrängen, so konnte bereits am 28. Dezember 1942 die Betriebssitze von Iljenko wieder nach Suturmino vorverlegt werden. Im Raum Starobelsk und Kondraschewskaja wurde fieberhaft am Bau von Ausladerampen für zu erwartende Truppenverstärkungen gearbeitet. Am 1. Januar 1943 war die Strecke von Kondraschewskaja bis zur Eisenbahnbrücke 4,5 km südwestl. Krasnowka wieder hergestellt und durchgehend befahrbar, am 5. Januar 1943 war dies bereits bis 13,5 km nordostw. Krasnowka der Fall. Am 17. Januar wurden die Wiederherstellungsarbeiten an der Donez-Brücke bei Kondraschewskaja eingestellt, die Betriebsspitze war jetzt wieder Bf.Iljenko. Die Räumungszüge wurden in Richtung Starobelsk – Walujki abgefahren. Am 18. Januar 1943 verblieben zwei Lok unter Dampf im Bf.Kondraschewskaja, bereit zum Sprengen. Die übrigen Lok beförderten vordringlich Lazarettzüge und dann Bauzüge und wurden in Richtung Walujki abgefahren. Das Bw blieb solange für Wendelok ausreichend besetzt, bis der Zerstörungsbefehl kam, dann wich der Rest der Besatzung über den Donez nach Woroschilowgrad aus bzw. setzte sich nach Walujki ab. Die Bespannung der letzten Züge stellten Bw Walujki bzw. Kupjansk. Sämtliche überzählige Lok wurden über Kupjansk in Richtung Charkow abgefahren. Der Rückzug nach Westen war unvermeidlich, deshalb wurden bis zum 21. Januar 1943 sämtliche Anlagen und Gleise der Teilstrecke Kondraschewskaja – Krasnowka durch eigene Truppen zerstört, nachdem bereits am 15. Januar 1943 die Eisenbahnbrücke 2,0 km südwestl. Millerowo hatte gesprengt werden müssen. Zu diesem Zeitpunkt wurden auch die Bahnanlagen von Millerowo unbrauchbar gemacht. Im dortigen Bahnhof wurden sämtliche Weichen, 3 Wassertürme, 6 Wasserkräne, Pumpanlage, Lokschuppen, E-Werk und 27 Normalspurlok gesprengt, das übrige Rollmaterial wurde zusammengefahren und in Brand gesteckt. Am 16. Januar 1943 gelang schließlich der seit Wochen in Millerowo eingeschlossenen Truppe der Ausbruch, sie zog sich entlang der nach Westen führenden Bahnstrecke immer wieder von beiden Seiten bedrängt durch die Rote Armee zunächst nach Krasnowka zurück, viele Soldaten litten an starken Erfrierungen (1). Die russ. Panzerkräfte mit Infanterie, die nach Durchbrechung der von Ungarn und Italienern gehaltenen Front am Don schnell nach Westen vorstießen, unterbrachen südl. von Walujki am 19. Januar 1943 die Strecke Walujki – Starobelsk und erreichten kurz darauf Walujki, damit war Kondraschewskaja von der einzigen nach Westen führenden Eisenbahnstrecke abgeschnitten. Der Bahnhof konnte bis dahin nicht restlos geräumt werden. Schon am 25. Januar 1943 mußte der Bahnhof Kondraschewskaja aufgegeben werden. Da auch die Strecke nach Walujki seit dem 19. Januar 1943 von den vorstoßenden russischen Truppen unterbrochen blieb, war eine Evakuierung von Rollmaterial nicht möglich und so mußten 8 Normalspurlok, ca. 100 gedeckte normalspurige Güterwagen und eine Feldbahndiesellok (600 mm Spur) zerstört im Bf.Kondraschewskaja zurückgelassen werden.

## Debalzewo – Tschernuschino – Lichaja

Die zweigleisige Strecke von Debalzewo bis Dolschanskaja lief eingleisig weiter und wurde vor Swerewo in die Strecke (Liski) – Lichaja – Rostow nach Norden (Richtung Lichaja) und nach Süden (Richtung Rostow) eingeführt. Es war die einzige benutzbare Strecke, die Lichaja direkt mit dem Donez-Becken verband. Es gab zwar noch eine weitere eingleisige Strecke von Debalzewo/Nyrkowo über Rodakowo nach Lichaja (183 km lang), diese war jedoch durch zwei zerstörte Tunnel beiderseits Lutugino dauerhaft gesperrt. Im Herbst 1942 arbeiteten zwei Tunnelbauzüge des RVM an der Wiederherstellung. Diese Strecke konnte jedoch nicht wieder in Betrieb genommen werden.

Km 0,0: Bf. Debalzewo: Bereits am 17. Juli 1942 befindet sich die Wasserstationsanlage in Wiederherstellung. Es gab zwei Bw und zwar Debalzewo Vbf. Ost und West. Letzteres war

(1) Thurner, Seite 133 ff.

völlig zerstört und wurde auch nicht wieder aufgebaut. Im Bw.Vbf.Ost dagegen waren 28 Lokstände vorhanden. Hier waren am 4. Dezember 1942 folgende Lokgattungen stationiert:

| | |
|---|---|
| 8 | P 8 |
| 4 | G 8 |
| 12 | $G\,8^1$ |
| 8 | $G\,8^1$ m.L. (BR $56^2$) |
| 13 | G 10 |
| 3 | $T\,9^3$ |
| 6 | G 7 |

Das Erkundungsflugzeug vom Typ Fi 176 (Storch) geriet am 17. Juli 1942 beim Start auf eine Mine, dabei wurde die Besatzung verwundet (Stab des Kdr. d.Eisb.Pi.6).

Erkundung vom 19. Juli 1942:

Km 1,2: Eisenbahnbrücke über die Strecke Debalzewo – Rodakowo: 2 eingleisige nebeneinander liegende Brücken, 2 Öffnungen, Gesamtlänge 17,0 m, S.O. über S.O. 7,50 m, Überbauten gesprengt und abgestürzt, Mittelpfeiler in halber Höhe gesprengt, Widerlager unversehrt.

Km 1,3: Straßenüberführung über zweigleisigen Streckenabschnitt gesprengt, beide Gleise durch Brückentrümmer verschüttet.

Km 4: Strecke von Debalzewo dreigleisig, die zweigleisige Strecke wird in einem von Norden führenden Bogen über die Strecke Debalzewo – Rodakowo in die eingleisige von Debalzewo unmittelbar in Richtung Tschernuchino führende Strecke eingeleitet, im weiteren Verlauf ist die Strecke zweigleisig.

Oberbau des zweigleisigen Streckenabschnitts bis Km 10,2 im nördl. Gleis auf 3,28 km Länge abgebaut und abtransportiert sowie 2,65 km Länge durch Sprengen sämtlicher Schienen zerstört. Im südl. Gleis auf 2,6 km Länge Schienen abgebaut und abtransportiert sowie auf 2,73 km Länge durch Sprengung sämtlicher Schienen zerstört. Im Bahnkörper außerdem Feldbefestigungen. Oberbau des eingleisigen Streckenabschnitts auf 3,1 km Länge abgebaut und abtransportiert und auf 0,5 km Länge durch Sprengen der Schienen zerstört.

Km 8: Bf. Tschernuchino: Durchgangsgleise zu 30% abgebaut, 8 Überholungs- und Abstellgleise vollständig abgebaut (40% der Schwellen und 100% der Schienen noch vorhanden), 2 Stumpfgleise durch Sprengen der Schienen zerstört, Signalanlagen und Empfangsgebäude vollständig zerstört.

Km ?: Bf. Schterowka:

Km 66: Bf. Schtschetowo (110 km westl. Lichaja): 1 Durchgangsgleis u. 2 Überholungsgleise, zwei Wassertürme mit 40 und 75 cbm, Bekohlung durch Schrägaufzug und Dampfkran. Am 4. Dezember 1942 waren hier 50 Strecken- und 3 Rangierlok stationiert, davon befanden sich 29 Lok in der Ausbesserung.

Km ?: Bf. Dolschanskaja:

Km ?: Bf. Gukowo

Hinter Bf. Gukowo teilte sich die eingleisige Strecke in einen nördlichen Zweig, der direkt in die Strecke Lichaja – Rostow einmündete und einen südlichen Zweig, der nach einer Überquerung dieser Strecke vor dem Bf. Swerewo mit dieser vereinigt wurde.

Meldung vom 31. Juli 1942:

Km 136: Eisenbahnbrücke über die Strecke Lichaja – Rostow: Blechträgerbrücke, Länge ca. 20 m, Überbau gesprengt und abgestürzt, Widerlager beschädigt.

Km 156: Bf. Swerewo

Am 6. August 1942 wurde an der Wiederherstellung der Strecke gearbeitet, dabei wurden zahlreiche Minen und Zeitzünderminen im

**Das Verbindungsflugzeug Fi 156 (Fieseler Storch) der Deutschen Luftwaffe mit seinen hervorragenden Langsamflugeigenschaften stand den Eisenbahnpionieren gelegentlich zur Streckenerkundung in kürzlich eingenommenen Gebieten zur Verfügung. (Aufnahme: BA 101/606/1790/27A)**

Bahnkörper entdeckt, dies führte zu Personalverlusten bei den eingesetzten Einheiten:

Eisb.Pi.Kp. 56, 75
Eisb.Bau-Kp. 110
Eisb.Betr.Kp. 202

Die gesamte Strecke sollte voraussichtlich am 25. August 1942 in Normalspur wiederhergestellt sein. Durch Bau eines Nebengleises, das von der Strecke Debalzewo – Lichaja kurz vor dem Überführungsbauwerk bei Km 136 abzweigte, wurde die Strecke Lichaja – Rostow im Bf. Swerewo am 6. Oktober 1942 erreicht und damit das zerstörte Überführungsbauwerk bei Km 136 umgangen, das nicht wieder aufgebaut wurde.

## Lichaja - Tschir - (Stalingrad)

Die eingleisige Strecke zwischen dem wichtigen Bahnknotenpunkt Lichaja an der nach Süden führenden Magistrale Moskau – Woronesch – Rostow und Zaryzin an der Wolga, dem späteren Stalingrad, war nach der Jahrhundertwende entstanden (2), den Anfang hatte ca. 1890 die Strecke Zarizyn – Donskaja (Kalatsch) gemacht[1]. Die Strecke hatte zunächst kaum Bedeutung, sie führte durch ein dünn besiedeltes Gebiet ohne nennenswerte Industrie und diente der Abfuhr landwirtschaftlicher Produkte, wovon auch die Getreidespeicher an der Strecke in Tazinskaja, Morosowskaja und Obliwskaja zeugten. In den dreißiger Jahren nahmen der Zugverkehr und vor allem der Güterverkehr zu, nachdem in Stalingrad eine bedeutende Industrie (Hüttenwerke, Chemiewerke, Traktorenfabrik usw.) entstanden war und eine Verkehrsverbindung an das Donez-Industriegebiet benötigte. Außerdem wurden Kohlengruben errichtet, die über Stichgleise an die Strecke bei Wasilewskij und bei Gratschi angebunden wurden. Aus vorgefundenen Unterlagen ging hervor, daß im Jahre 1933 in Richtung Osten 1,7 und in der Gegenrichtung 1,2 Millionen Tonnen auf der Strecke transportiert worden waren. Selbst bei einer Verdoppelung der Transportleistung wären das höchstens 4 – 5 Güterzüge pro Tag in einer Richtung gewesen.

Die Trassierung der Strecke besonders im Abschnitt Belaja Kalitwa – Tazinskaja war nicht besonders glücklich gewählt, hier gab es nicht nur große Steigungen (9,5 Promille) zwischen Belaja Kalitwa und Gratschi, sondern dazu auch noch enge Kurvenradien (300 m), welche nicht nur die Zuggewichte einschränkten, sondern auch den Einsatz zusätzlicher Loko-

(1) Westwood, Seite 95
(2) Westwood, Seite 162

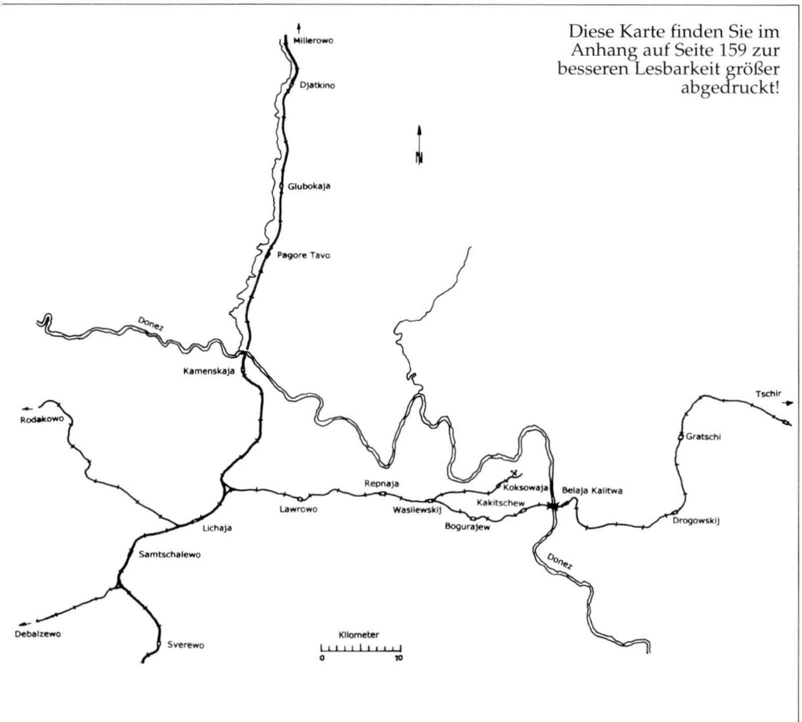


Diese Karte finden Sie im Anhang auf Seite 159 zur besseren Lesbarkeit größer abgedruckt!

motiven zum Nachschieben langer Züge notwendig machten. Ein weiteres Problem war die Versorgung der Lokomotiven mit geeignetem Speisewasser. Das im gesamten Bereich zwischen Don und dem Kaukasus aus Tiefbrunnen geförderte Wasser war teilweise sehr hart (bis 186 Grad) und daher für die Speisung der Lokomotivkessel nicht zu empfehlen. Abhilfe konnten nur die Entkalkung des Speisewassers und eine regelmäßige und häufige Auswaschung des Kessels bringen. Dazu mußten aber entsprechende Anlagen vorhanden sein.

Ein weiteres Problem war die Beschaffung geeigneten Heizmaterials für die Lokomotiven. Im Donez-Gebiet gab es zwar Steinkohle in Hülle und Fülle, die jedoch für die Verbrennung in den Feuerbüchsen der deutschen Lokomotiven wegen ihres hohen Schlackenanteils kaum brauchbar war. Erst die Mischung mit deutscher Steinkohle im Verhältnis 1:1 bzw. 1:2 erbrachte brauchbare Ergebnisse. Die Russen hatten übrigens die Donezkohle mit Öl getränkt, um ihre Verbrennung zu verbessern, wie Eisenbahnpioniere bei der Untersuchung einiger Bw feststellten, aber Erdöl aus russischen Quellen stand ja nicht zur Verfügung. Die Strecke hatte ungeachtet ihrer geringen Bedeutung doch eine gute Infrastrukur. Von wenigen Ausnahmen abgesehen hatten die meisten Bahnhöfe mindestens ein Überholungsgleis, fast jeder Bahnhof besaß eine Wasserstationsanlage und zwischen Lichaja und Stalingrad waren im Abstand von jeweils ca. 100 bis 150 km Bahnbetriebswerke vorhanden, so in Lichaja, Morosowskaja, Tschir und Woroponowo.

Erste Informationen über den Bahnhof Lichaja brachte die Aussage eines russischen Kriegsgefangenen vom 28. März 1942. Der Ort selbst war völlig unbedeutend, aber ein wichtiger Bahnknotenpunkt. Der Bahnhof hatte etwa 23 Gleise, auf denen täglich etwa 20 Züge auf der Strecke nach Woronesch (Moskau), etwa 10 Züge in Richtung Rostow, ca. 6 Züge in Richtung Stalingrad und ca. 8 Züge in Richtung Charkow abgefertigt wurden. In Lichaja fand stets bei allen Zügen ein Lok- und Personalwechsel statt. Die Lokomotiven der Reihe FD waren am meisten eingesetzt und zwar vor 2000 bis 2200 t- Zügen mit 90 bis 100 Wagen zwischen Lichaja und Moskau. Das Bw mit Drehscheibe besaß drei sehr gut ausgestattete Hallen von 1936 für je 4 Lok und zwei ältere Hallen für leichtere Instandsetzungen, die Wageninstandsetzung erfolgte primitiv unter freiem Himmel. In Morosowskaja befand sich eine im Jahre 1936 erbaute Reparaturwerkstätte für Lok und Wagen.

Eine Befragung eines russ. Kriegsgefangenen am 9. April 1942, der vor dem Krieg auf der Strecke Woronesch – Lichaja als Zugführer eingesetzt war, ergab weitere interessante Informationen: Im Bahnhof Lichaja befanden sich 7 Durchgangs- und viele Abstellgleise, es waren oft mehr als 15 Züge abgestellt. Dort gab es eine Wasserstation mit großem Wasserturm und Pumpwerk mit Dampfmaschine, eine Bekohlungsanlage mit 500–600 t Kohle, ein Eisenbahn-Depot, eine Lokomotiv-Reinigungs- und Reperaturwerkstätte mit 8 Gleisen. Die Strecke nach Stalingrad wies Holzschwellen auf, die Bettung bestand aus Sand oder Steinschlag, die Gleise waren in einem guten Zustand.

So bald wie möglich nach Ende der Kampfhandlungen begann man mit der Erkundung der von Lichaja in Richtung Stalingrad führenden Strecke. Besonders wichtig war dabei der Zustand der Kunstbauten, deren Wiederherstellung naturgemäß viel Zeit in Anspruch nahm, während Streckensperrungen in der Regel schnell wieder repariert werden konnten. Auch war der Zustand der Wasserversorgungsanlagen in den Bahnhöfen an der Strecke wichtig, da diese für eine schnelle Betriebsaufnahme von großer Bedeutung waren. Lichaja war ein besonders wichtiger Bahnknotenpunkt an der zweigleisigen Magistrale Moskau – Woronesch – Rostow, der damals von Westen her und zwar von dem Bahnknoten Debalzewo im Donez-Industriegebiet über zwei eingleisige, getrennt voneinander verlaufende Strecken erreichbar war.

So begann bereits am 24. Juli 1942 die Lufterkundung der Strecke, denn man wollte sich möglichst bald einen Überblick über den Zustand der Strecke beschaffen, eine genaue Bestandsaufnahme und Untersuchung der Bahnanlagen folgte später.

Km 0,0: Bf. Lichaja (siehe auch Seite 70): 3 Durchgangsgleise, ca. 70 Überholungs-, Abstell-, Lade- bzw. Stumpfgleise durch Sprengung von 85 Weichen, durch Abbau bzw. Sprengung von ca. 500 m Gleis sowie durch 7 Bombentreffer zerstört, Drehscheibe und 220 Weichen in Ordnung, 1 Wasserturm angesprengt, 4 Wasserkräne zerstört, 8 Wasserkräne unversehrt, Empfangsgebäude zerstört, (Meldung vom 5. September 1942).

**Durch deutsche Stukas zerstörter Munitionszug auf der Strecke zwischen Lichaja und Tschir, aufgenommen am 14. August 1942 aus einem Fieseler Storch. Durch die gewaltigen Explosionen ist der gesamte Oberbau völlig zerrissen, einige Waggonteile und Radsätze liegen neben dem Bahndamm. (Aufnahme: BArch R 5 Anh. I/162)**

Strecke Lichaja – Wasilewskij (Meldung vom 27. Juli 1942): Oberbau durch 8 – 10 zum größten Teil zerstörte Züge unterbrochen. Weiterführende Strecke bis Morosowskaja durch einen zum größten Teil zerstörten Zug vor der südwestl. Einfahrt des Bf. Kowylkino unterbrochen.

Km 9,85: Durchlaß: Lichte Weite 2,0 m, zerstört.

Km 10,75: Durchlaß: Lichte Weite 2,0 m, zerstört.

Km 11,0: Hp. Lawrowo: Durchgangsgleis in Ordnung.

Oberbau von Km 11,1 bis km 21,3 ostw. Belaja Kalitwa durch Sprengung jeder zweiten Schiene, der übrigen Strecke durch 10 Schienensprengungen und auf 400 m Länge durch ausgebrannten Munitionszug zerstört.

Km 13,2: Durchlaß: Lichte Weite 2,0 m, zerstört.

Km 14,9: Durchlaß: Lichte Weite 2,0 m, zerstört.

Km 25,0: Bf. Repnaja: Sämtliche Weichen und Wasserstationsanlage zerstört, Gleisanlage außerdem durch einen zerstörten Gerätezug beschädigt.

Km 31,0: Bf. Wasilewskij: Gleisanlage durch 3 zerstörte Züge (darunter ein Munitionszug) beschädigt.

Km 38,0: Bf. Bogurajew: 2 Gleise beschädigt, Gleisanlage außerdem durch 2 zerstörte Züge beschädigt.

Km 39: Eisenbahnbrücke: Stützweite 4,0 m, gesprengt.

Km 44,0: Bf. Kakitschew: Gleisanlage durch 3 zerstörte Züge beschädigt, vorgefundenes betriebsfähiges Material: ca. 6 – 8 Lokomotiven und 120 Wagen.

Km 47,2: Eisenbahnbrücke über den Donez: 6 Öffnungen (13,99 – 67,44 – 67,44 – 66,89 – 19,62 m), Endüberbauten: Blechträger, Mittelüberbauten: Parallelfachwerkträger, S.O. über N.W. 19,50 m, Wassertiefe 4,0 m, Wasserspiegelbreite ca. 180 m, Mittelüberbau durch Trennschnitte gesprengt und abgestürzt, 2. und 4. Überbau liegen auf Pfeilerstümpfen auf, sämtl. Pfeiler auf 4 – 5 m vom Pfeilerkopf abgesprengt, zerstörte Länge 268,9 m, ein Widerlager zerstört.

Km 49,2: Bf. Belaja Kalitwa: 8 nebeneinanderliegende Gleise, 3 Weichen gesprengt, Wasserstationsanlage zerstört.

Km 49,5: Eisenbahnbrücke: Blechträgerbrücke, Stützweite 4,0 m, S.O. über Gelände 2,0 m, Überbau gesprengt und abgestürzt, beide Widerlager unversehrt.

Km 51: Eisenbahnbrücke über Weg: Blechträgerbrücke, Stützweite 4,80 m, S.O. über Weg 5,35 m, Überbau gesprengt und abgestürzt, beide Widerlager unversehrt.

Km 56,6: Eisenbahnbrücke über Straße: Blechträgerbrücke, Stützweite 9,0 m, S.O. über Straße 5,0 m, Überbau gesprengt und abgestürzt, nordw. Widerlager teilw. zerstört, südöstl. Widerlager unversehrt.

Km 59,4: Eisenbahnbrücke über Straße: Blechträgerbrücke, Stützweite 7,0 m, S.O. über Straße 5,0 m, Überbau gesprengt und abgestürzt, nordw. Widerlager teilw. zerstört, südöstl. Widerlager unversehrt.

Km 60,3: Bf. Drogowskij: 3 nebeneinander liegende Gleise, 2 Weichen und 15 Schienen gesprengt, Empfangsgebäude zerstört.

Km 61,9: Eisenbahnbrücke über Straße: Fachwerkträgerbrücke, Stützweite 22,0 m, S.O. über Straße 14,4 m, Überbau angesprengt, auf ca. 15 m Länge wiederverwendbar, beide Widerlager unversehrt.

Km 64,6: Eisenbahnbrücke: Blechträgerbrücke, Stützweite 2,8 m, S.O. über Gelände 4,20 m, Überbau restlos zerstört, westl. Widerlager teilweise zerstört, ostw. Widerlager unversehrt.

**Bei der Donez-Brücke bei Belaja Kalitwa sind deutlich die durch jeweils einen Trennschnitt zerstörten Überbauten zu erkennen. Die Gegend ist bereits seit Mitte Juli eingenommen, Aufbauarbeiten haben am 1. August 1942 jedoch noch nicht begonnen. (Aufnahmen: Will, BA/MA-Freiburg)**

**Mit dem Fieseler Storch wird am 14. August 1942 der Bahnhof von Tazinskaja aus der Luft auf Auslademöglichkeiten untersucht, in der Bildmitte der abgebrannte Güterschuppen. (Aufnahme: BArch R 5 Anh. I/162)**

**Die Eisenbahnbrücke über die Zymla bei Tschernyschkow war durch Artillerietreffer nur leicht beschädigt, sie konnte bereits 2 Tage nach der Aufnahme vom 1. August 1942 mit Breitspur in Betrieb genommen werden. (Aufnahme: Will, BA/MA-Freiburg)**

Km 66,3: Bf. Gratschi: 5 nebeneinander liegende Gleise, 7 Weichen gesprengt, Empfangsgebäude zerstört, Güterschuppen unversehrt.

Oberbau von km 66 bis km 77 ostw. Belaja Kalitwa durch Sprengung jeder zweiten Schiene, die übrige Strecke durch 10 Schienensprengungen und auf 400 m Länge durch ausgebrannten Munitionszug zerstört (Meldung vom 27. Juli 1942).

Km 67,2: Eisenbahnbrücke: Blechträgerbrücke, Stützweite 2,0 m, S.O. über Gelände 4,0 m, Überbau restlos, beide Widerlager teilw. zerstört.

Km 69,5: Eisenbahnbrücke: Blechträgerbrücke, Stützweite 4,8 m, S.O. über Gelände 6,20 m, Überbau restlos, beide Widerlager geringfügig zerstört.

Km 80: Bf. Schirnow: 6 nebeneinanderliegende Gleise in Ordnung, Wasserstationsanlage zerstört.

Km 100,5: Bf. Tazinskaja: Gleisanlage durch 2 Schienensprengungen und 2 Bombentreffer beschädigt, Wasserstationsanlage (Hochbehälter, 1 Pumpe 40 $m^3$/Stunde, 1 Wasserkran), Inneneinrichtung des Empfangsgebäudes zerstört, Güterschuppen abgebrannt.

Km 109,0: Bf. Beskenzy: 1 Durchgangsgleis und 1 Überholungsgleis (800 m) vorhanden und unversehrt.

Km 119: Bf. Kowylkin: 1 Durchgangsgleis und 2 Überholungsgleise vorhanden und in Ordnung.

Km 130: Bf. Walkowo: 1 Durchgangsgleis und 2 Überholungsgleise vorhanden und in Ordnung, Wasserstationsanlage zerstört.

Km 143: Bf. Bystryi: 1 Durchgangsgleis und 2 Überholungsgleise vorhanden, Oberbau durch ausgebrannten Benzinzug unterbrochen.

Strecke Bf. Tschernyschkow – Bf.Surowikino (Meldung vom 27. Juli 1942): Oberbau unversehrt.

Km 150,4: Bf. Morosowskaja: 10 nebeneinanderliegende Gleise, 4 Weichen gesprengt, 800 m Gleis vollkommen zerstört, außerdem in den Gleisanlagen 7 große Bombentrichter, Wasserstationsanlage zerstört, Bekohlungsanlage unversehrt, Lokschuppen geringfügig zerstört, auf 8 – 10 Gleisen ca. 30 Lokomotiven (davon anscheinend 20 betriebsfähig, Untersuchung noch im Gange) und ca. 200 Wagen (ca. 150 benutzbar) abgestellt, Oberbau durch zerstörtes Rollmaterial (ca. 10 – 15 Züge) unterbrochen. Gemäß Meldung vom 31. Juli 1942 soll der vorgefundene Kohlevorrat für 9 Lokomotiven für 100 Tage ausreichen, die Fernsprechanlagen sind nur geringfügig beschädigt.

Die weitere Erkundung mit Erreichen der vordersten Panzerspitze wurde am 27. Juli abgebrochen. Etwas später wurde dann die Erkundung der Teilstrecke Morosowskaja – Sekretew (14,0 km nordöstl. Obliwskaja) = 72 km fortgesetzt. In diesem Abschnitt waren der Oberbau und die Bahnhöfe nur unwesentlich zerstört.

Km 160,4: Bf. Rasjed: 1 Durchgangsgleis und 1 Überholungsgleis vorhanden und in Ordnung.
Km 169,4 Bf. Zymla: 1 Durchgangsgleis und 1 Überholungsgleis vorhanden und in Ordnung.
Km 180,9: Eisenbahnbrücke über die Zymla: Fischbauchträgerbrücke mit drei Öffnungen (9,5 – 34,5 – 9,5 m), S.O. über N.W. 12,0 m, Endüberbauten unversehrt, Mittelüberbau im westl. Teil gesprengt, nicht abgestürzt, Widerlager unversehrt, Brücke in Wiederherstellung.
Km 181,4: Bf. Tschernyschkow: 1 Durchgangsgleis und 4 Überholungsgleise vorhanden und in Ordnung, Wasserstationsanlage zerstört.

Strecke bis Tschernyschkow voraussichtlich bis 3. August 1942 in Breitspur betriebsfähig.

Km 182,1: Eisenbahnbrücke: Stützweite 10,0 m, S.O. über Gelände 3,5 m, Überbau gesprengt und abgestürzt.
Km 188,6: Kreuzungsstelle
Km 195,0: Bf. Parschin: 1 Durchgangs- und 1 Überholungsgleis vorhanden, Wasserstationsanlage in Ordnung.
Km ? : Durchlaß: Stützweite 3,2 m, Höhe 4,0 m, unversehrt.
Km 199,5: Eisenbahnbrücke über den Tschir: 4 Öffnungen (4,0 – 56,0 – 56,0 – 4,0 m), Endüberbauten: Blechträger, verschoben, Mittelüberbauten: Trapez-Fachwerkträger, südwestl. Überbau im Drittelpunkt gesprengt und abgestürzt, nordöstl Überbau durch zwei Trennschnitte in den Drittelpunkten gesprengt und abgestürzt, Widerlager und Mittelpfeiler unversehrt.

**Die zerstörte Eisenbahnbrücke über den Tschir westlich von Obliwskaja. (Aufnahme: Will, BA/MA-Freiburg)**

Km 208,5: Bf. Obliwskaja: 1 Durchgangsgleis und 6 Überholungsgleise unversehrt vorhanden, Wasserstationsanlage zerstört. Nach einem Bericht vom 5. September 1942 waren 2 Ladegleise und eine Ladestelle mit einer Länge von 300 m zwischen zwei Gleisen vorhanden. Der abgebrannte Schuppen konnte nach Abräumen der Trümmer als Rampe verwendet werden, die Ausladeleistung betrug dann 3 Züge/Tag. Die Wasserstationsanlage war zum damaligen Zeitpunkt bereits wieder voll betriebsfähig.
Km 222,4: Bf. Sekretew: 1 Durchgangs- und 1 Überholungsgleis vorhanden und in Ordnung.

Vorauserkundung der Strecke Sekretew – Eisenbahnbrücke über den Don = 57 km:

Km 231,9: Eisenbahnbrücke über die Perosowaja: Parallelfachwerkträgerbrücke, Stützweite 23,20 m, S.O. über N.W. 7,75 m, Wassertiefe 1,50 m, Überbau in der Mitte angesprengt aber nicht

**Die Brücke über den Tschir bei Km 199,5 wurde unter Verwendung des Kriegsbrückengeräts „R" wiederhergestellt. (Aufnahme: Will, BA/MA-Freiburg)**

abgestürzt, beide Widerlager unversehrt.

Km 233,8: Eisenbahnbrücke: Blechträgerbrücke, Stützweite 5,50 m, durch Artillerietreffer beschädigt.

Km 235,7: Bf. Ssurowikino: 1 Durchgangsgleis und 5 Überhoungsgleise bzw. Abstell- und Ladegleise, 3 Anschlußgleise zum Öllager und Getreidesilo, sowie einige Fabrikanschlußgleise durch einige 2 Schienensprengungen beschädigt, Weichen und Empfangsgebäude unversehrt, Wasserstationsanlage zerstört. Eine Ladestelle zwischen zwei Gleisen besaß eine Länge von 250 m. Neben einer Kopframpe sind zwei gut erhaltene Schuppen von 100 m Länge vorhanden. Nach Osten Fabrikanschluß, in der Fabrik befinden sich zwei Ladegleise jeweils 250 m lang. Nach Westen existiert ein Anschlußgleis zu einer vollständig abgebrannten Fabrik, nach deren Abräumen wäre eine Ladestelle von 300 m Länge vorhanden. Im Bahnhof selbst befindet sich am nördl. Bahnhofsgleis eine Ladestelle mit 300 m Länge. Die Ausladeleistung des gesamten Bahnhofs wird auf 4 bis 5 Züge/Tag geschätzt (Bericht vom 5. September 1942).

Km 239,8: Eisenbahnbrücke über Wasserlauf: Trapezfachwerkträgerbrücke, Stützweite 46,30 m, S.O. über N.W. 12,0 m, Wassertiefe 0,3 m, Überbau durch 2 Trennschnitte gesprengt und abgestürzt, Widerlager in Ordnung.

Km 248,7: Bf. Dmitrijewka: 1 Durchgangs- und 1 Überholungsgleis durch Sprengung einer Weiche geringfügig beschädigt, außerdem Durchgangsgleis auf 100 m Länge abgebaut.

Km 248,7: Eisenbahnbrücke über Wasserlauf im Bf.Dmitrijewka: 2 nebeneinanderliegende Blechträgerbrücken, Stützweite 5,50 m, S.O. über Gelände 4,20 m, Überbau durch zwei Trennschnitte gesprengt und abgestürzt, beide Widerlager unversehrt.

Km 256,7: Kreuzungsstelle

Km 260,2: Eisenbahnbrücke über die Liska: Trapezfachwerkträgerbrücke, Stützweite 55,0 m, S.O. über N.W. 8,50 m, Wassertiefe 2,50 m, Überbau durch Trennschnitt gesprengt, nicht wiederverwendbar, beide Widerlager unversehrt.

Km 263,9: Bf. Tschir: 1 Durchgangsgleis, 6 Überholungs- bzw. Abstell- und Ladegleise, 4 Abstellgleise und Gleisdreieck in Ordnung, Halbrundlokschuppen (5 Stände) und 3 Wasserkräne zerstört, Bekohlungsanlage mit Kran in Ordnung, Empfangsgebäude unversehrt, Pumpstation gesprengt. Auf der Südseite des Bahnhofs befindet sich eine Ladestelle zwischen zwei Gleisen mit 300 m Länge, ein abgebrannter Schuppen ist vorhanden, eine Rampe ist anscheinend durch Beschuß sehr stark beschädigt. Nach Südwesten abzweigend ist ein ca. 600 m langes Anschlußgleis vorhanden, an dessen Ende sich eine 250 m lange und 50 m breite Ladestelle parallel zu einer Straße befindet, an dieser Straße steht ein sehr gut erhaltener Schuppen. Ein weiteres Anschlußgleis in eine abgebrannte Fabrik ist nur über Kopfmachen erreichbar, es kommt für Umschlagzwecke kaum in Frage (Bericht vom 5. September 1942).

**Die zerstörte Eisenbahnbrücke über den Don bei Tschir mit Blick nach Osten. (Aufnahme: Will, BA/MA-Freiburg)**

**Die Eisenbahnbrücke über den Don bei Tschir hatte eine Länge von 712 m, im Sommer überspannten drei Überbauten den Fluß, bei Hochwasser konnte der Strom seine Breite mehr als verdoppeln. (Aufnahme: Will, BA/MA-Freiburg)**

Km 270,5: Eisenbahnbrücke: Blechträgerbrücke, Stützweite 12,5 m, S.O. über N.W. 6,0 m, Überbau an beiden Widerlagern angesprengt.
Km 272,4: Hp. Rytschow: 1 Durchgangsgleis und 1 Überholungsgleis vorhanden und in Ordnung, Empfangsgebäude unversehrt, vorgefundenes betriebsfähiges Breitspurmaterial: 11 G-, 12 X- und 80 sonstige Wagen.
Km 273,8: Eisenbahnbrücke: Blechträgerbrücke, Stützweite 12 m

Der Oberbau auf der weitergehenden Strecke ist auf 2,2 km Länge durch Sprengung jeder zweiten Schiene zerstört außerdem mehrere Schienensprengungen, Bombentreffer sowie Feldbefestigungen im Oberbau.
Am 29. August 1942 wurde bei der weiteren Erkundung der Strecke die Don-Brücke noch feindbesetzt gefunden, ein Mann des Erkundungstrupps wurde verwundet.

Km 279,4: Eisenbahnbrücke über den Don: 11 Öffnungen, Abstände der Stützweiten in Richtung Stalingrad gesehen: 19,60 – 68,15 – 73,20 – 81,20 – 73,20 – 81,20 – 73,20 – 68,15 – 77,30 – 77,30 – 19,60 m, Gesamtlänge 712,10 m, S.O. über N.W. 20,0 m, Wassertiefe bis 12,o m, beide Endüberbauten Parallelfachträger (Fahrbahn oben), Überbauten 2 bis 8 Fachwerkträger nach „System Gerber", Überbauten 9 und 10 Halbparabelfachwerkträger (Fahrbahn unten), sämtl. Überbauten gesprengt und abgestürzt, Überbauten 2 und 3 etwa zu 4/5 der Länge, Überbauten 5 und 6 etwa zu 2/3 der Länge wiederverwendbar, Pfeiler IX angesprengt, die übrigen Pfeiler und beide Widerlager unversehrt, Oberkante der Pfeiler II – VII 7,56 m über N.W., Oberkante der Pfeiler VIII – X 17,0 m über N.W.

Die weiterführende Strecke bis Stalingrad siehe Seite 105.
Im Bahnhof Wasilewskij (Km 31,0) zweigt eine eingleisige Stichbahn nach Koksowaja ab, wo sich eine Schachtanlage befindet. Die Fernsprechleitung ist auf 150 m Länge zerstört. Vorgefundenes betriebsfähiges Breitspurmaterial: 1 K- und 11 sonstige Wagen. Ende August 1942 ist die Strecke auf 1,6 km Länge umgespurt und in Normalspur befahrbar, die Schienen der übrigen Strecke werden z.T. abgebaut. Später wurde die Kohleförderung wieder aufgenommen, dabei wurde die gesamte Strecke in Normalspur wiederhergestellt.

Km 0,0: Bf. Wasilewskij:
Km 2,7: Durchlaß: Stützweite 3,1 m, abgebrannt, Widerlager in Ordnung.
Km 3,1: Bf. Koksowaja: 1 Durchgangs-, und 5 Abstell- bzw. Ladegleise vorhanden

und unversehrt, ebenso Empfangsgebäude und Güterschuppen. In nördl. Richtung enden nach 6,0 Km drei Anschlußgleise von Koksowaja zu drei weiteren Schachtanlagen, die Gesamtlänge beträgt 13,0 km. Der Oberbau ist durch einzelne ausgebrannte Wagen geringfügig beschädigt.

Eine weitere eingleisige Stichstrecke nach Norden zweigte im Bf.Gratschi ab, sie endete nach ca. 40 km in Leninskij an der Kalitwa. Weitere Angaben sind nicht vorhanden.
Während sich die Zerstörungen an den Gleisen verhältnismäßig leicht beheben ließen, standen einer schnellen Betriebsaufnahme der gesamten Strecke bis nach Stalingrad die zerstörten großen Brückenbauwerke über den Donez und über den Don entgegen.
Auf dem Streckenabschnitt zwischen Lichaja und der Eisenbahnbrücke über den Don bei Tschir wurde im Sommer 1942 eine Fülle von Breitspurmaterial erbeutet: 96 Lokomotiven, 588 G-, 26 O-, 91 K- und 1283 sonstige Wagen. Soweit betriebsfähig wurde das Eisenbahnmaterial zunächst auf Teilstrecken im Breitspurbetrieb genutzt. So wurde die 66 km lange Strecke Gratschi – Morosowskaja bereits am 29. Juli 1942 mit 2 Lokomotiven und 200 Wagen in Breitspur in Betrieb genommen, während die Wiederherstellung der Brücke über die Zymla bei km 180,9 schon am 3. August 1942 beendet war, worauf ein Pendelbetrieb in Breitspur auf dem Streckenabschnitt Gratschi – Tschernyschkow geführt werden konnte. An der wichtigen Brücke über den Donez bei Belaja Kalitwa wurde am 6. August 1942 mit den Aufräumarbeiten begonnen, zur gleichen Zeit waren die Arbeiten zur Wiederherstellung der sieben kleinen Brücken hinter Belaja Kalitwa in vollem Gange, ebenso wurde an der Brücke über den Tschir (km 199,5) gearbeitet.

Auch am Wiederaufbau der Bahnhöfe wurde gearbeitet, so konnten bereits die Wasserstationsanlagen der Bahnhöfe Walkowo, Morosowskaja und Tschernyschkow am 5. August 1942 in Betrieb gehen.

Während die motorisierten Einheiten der 6. Armee schnell nach Osten vorstießen, waren die Arbeiten an der Strecke bereits in vollem Gange:
12. August 1942: Beginn der Wiederherstellung der Teilstrecke Obliwskaja – Tschir.
13. August 1942: Inbetriebnahme der Wasserstationsanlagen in den Bahnhöfen Belaja Kalitwa (Hochbehälter 65 $m^3$, 2 Pumpen (je 35 $m^3$/Stunde), 4 Wasserkräne),
Schirnow (Hochbehälter 120 $m^3$, 2 Pumpen (je 45 $m^3$/Stunde), 2 Wasserkräne), Walkowo (Hochbehälter 75 $m^3$, 1 Pumpe 20 $m^3$/Stunde, 1 Wasserkran),
Morosowskaja (Hochbehälter 150 $m^3$, 3 Pumpen (2 x 60 und 1 x 120 $m^3$), 4 Wasserkräne) und Tschernyschkow (Hochbehälter 35 $m^3$, 1 Pumpe 30 m3/Stunde, 2 Wasserkräne).
15. August 1942: Inbetriebnahme des Breitspurgleises zwischen Belaja Kalitwa und Gratschi.
18. August 1942: Da der Wiederaufbau der Eisenbahnbrücke über den Donez bei Belaja Kalitwa noch einige Zeit in Anspruch nehmen würde, wurde auf der Teilstrecke Lichaja – Brücke über den Donez mit der Umspurung begonnen, während zunächst auf der weiter führenden Strecke nach Reparatur einiger kleiner Brücken der Breitspurbetrieb von Belaja Kalitwa bis Gratschi ausgedehnt wurde.
22. August 1942: Fertigstellung der Kreuzungsstelle bei Km 88 mit zwei Überholungsgleisen am 22. August, ebenso war an diesem Tag im Bf.Beskenzy ein zweites Überholungsgleis fertiggestellt.
23. August 1942: Um 0.35 Uhr wurde der Bahnhof Ssurowikino durch ein deutsches Flugzeug mit Bomben angegriffen: 10 Tote, 10 Schwer- und 4 Leichtverwundete (5./Eisb.Pi.Rgt 4). An diesem Tag war auch die Wasserstationsanlage im Bf. Ssurowikino (Hochbehälter 120 $m^3$, Pumpanlage 35 $m^3$, 1 Wasserkran) wiederhergestellt.
24. August 1942: Wiederherstellung der Wasserstationsanlage im Bf.Repnaja
(Hochbehälter 35 $m^3$, Pumpanlage 30 $m^3$/Stunde, 1 Wasserkran).
26. August 1942: Fertigstellung der Umspurung der Teilstrecke Lichaja – Donezbrücke bei Belaja Kalitwa und in Normalspur befahrbar,

**Am 24. August 1942 sind Einwohner von Belaja Kalitwa zur Arbeitseinteilung an der Brückenbaustelle angetreten. (Aufnahme: Will, BA/MA-Freiburg)**

**An der Donez-Brücke bei Belaja Kalitwa werden am 24. August 1942 die Pfeilerköpfe aufbetoniert. (Aufnahme: Will, BA/MA-Freiburg)**

die Teilstrecke Lichaja – Wasilewskij wurde an die F.B.Abt.20 am 29. August 1942 übergeben, die von nun ab den Betrieb durchführte. Im Bf.Obliwskaja war die Wasserstationsanlage (Hochbehälter 65 $m^3$, Pumpanlage mit je einer Pumpe mit 65 $m^3$/Stunde, 40 $m^3$/Stunde bzw. 35 $m^3$/Stunde, 2 Wasserkräne) wiederhergestellt.

Zur Steigerung der Leistungsfähigkeit der gesamten eingleisigen Strecke wurde mit dem Bau zusätzlicher Kreuzungsstellen ab 7. September 1942 begonnen, so bei km 17,7, km 41,0, km 55,6, km 134,7, km 175,7, km 202,1, km 215,2, km 229,0 und km 242,5. Teilweise baute man zunächst nur die Weichen im Durchgangsgleis ein, um den Betrieb wenig zu stören. Erst später erhielten die Kreuzungsstellen ein und schließlich zwei Überholungsgleise. Ebenso wurden folgende Bahnhöfen mit einem zweiten Kreuzungsgleis versehen: Lawrowo, Rasjed, Zymla, Sekretew und Dmitrijewka. Zu diesem Zeitpunkt wurde auch an dem Wiederaufbau der 10 zerstörten Stände des 14ständigen Lokschuppens im Bf. Morosowskaja gearbeitet, mit dem Neubau eines 9ständigen Lokschuppens war begonnen worden, ebenso mit der Anlage einer Schlackengrube und eines zusätzlichen Wasserkrans. Im Bf. Tschir wurde die Wiederherstellung des zerstörten 5ständigen Lokschuppens begonnen und ebenso der Bau von zwei Schlackengruben mit jeweils einem Wasserkran. Der Wasserturm mit einem Fassungsvermögen von 100 $m^3$ war schon bald im Rohbau fertig, das Pumpwerk am Don wurde mit seinem ausgebrannten Pumpenhaus instand gesetzt.

**Sägen von Bauholz an der Brückenbaustelle bei Belaja Kalitwa am 24. August 1942, zum Antrieb der Säge dient ein von den Eisenbahnpionieren entsprechend umgebauter Drucklufterzeuger. (Aufnahme: Will, BA/MA-Freiburg)**

**Am 24. August 1942 befindet sich auch eine Straßenbrücke über den Donez bei Belaja Kalitwa im Bau. (Aufnahme: Will, BA/MA-Freiburg)**

**Für den Wiederaufbau vermutlich der Brücke bei Km 239,8 zwischen Surowikino und Dmitrijewka steht Kriegsbrückengerät steht nicht zur Verfügung, weshalb Peine-Träger eingebaut werden müssen. Da diese jedoch max. eine Länge von knapp 30 m aufweisen, muß ein Hilfspfeiler erstellt werden, die Rammarbeiten sind am 24. August 1942 bereits im Gang. (Aufnahme: Will, BA/MA-Freiburg)**

Die Strecke war zwischen der sich im Aufbau befindlichen Donez-Brücke bei Belaja Kalitwa und dem Bahnhof Tschir in Breitspur vollständig fertiggestellt und wurde seit dem 11. September 1942 im Pendelbetrieb durchgehend benutzt. Dies war den Einheiten der Roten Armee nicht entgangen und so war die Brücke über die Liska bei Tschir nicht nur das Ziel sowjetischer Fliegerangriffe bei Tag und bei Nacht, die jedoch keinen Erfolg hatten, sondern am Tag darauf wurde die gerade erst wiederhergestellte Brücke bei Km 270,5 durch eine Zeitzündermine gesprengt. Der Überbau stürzte durch die Sprengung des einen Widerlagers ab, mit dem Wiederaufbau wurde sofort begonnen, am 19. September 1942 war die Brücke wieder hergestellt. Am 14./15. September 1942 richteten sich die sowjetischen Bombenangriffe auch auf Belaja Kalitwa und besonders auf die Brückenbaustelle am Donez, bei der auch nachts unter Scheinwerferlicht ununterbrochen gearbeitet wurde, dabei gab es bei Eisb.Pi.Komp. 75 und bei 6./Eisb.Pi.Rgt. 4 mehrere Tote und Verwundete, am darauf folgenden Tag mußten die Arbeiten bei Nacht vorübergehend sogar ganz eingestellt werden. Die sowjetische Angriffe konnten den Aufbau der Brücke nicht verhindern, denn bereits am 24. September 1942 war die Eisenbahnbrücke über den Donez fertiggestellt. Die Endüberbauten bestanden aus Walzträgern, bei den Mittelüberbauten wurde RW-Kriegsbrückengerät verwendet.

**Eisenbahnbrücke über den Donez bei Belaja Kalitwa am 11. September 1942: Im Vordergrund ist der Vorbau des letzten Feldes vom rechten Ufer aus zu sehen, die einzelnen Bauteile werden über die bereits erstellte Brücke auf Lorengleisen herangebracht und mit dem Montagekran an Ort und Stelle gehalten. Anschließend erfolgt der Einbau, wie links im Bild zu sehen, mittels einer Vielzahl von Schraubverbindungen. (Aufnahme: Will, BA/MA-Freiburg)**

Der Wiederaufbau der Eisenbahnbrücke über den Donez bei Belaja Kalitwa erfolgte unter Verwendung des Kriegsbrückengeräts „System Roth-Waagner", das bereits im Ersten Weltkrieg erfolgreich eingesetzt wurde. Deutlich ist zu sehen, daß die Pfeiler nach einer Betonzwischenlage mit Bohlen auf die notwendige Höhe gebracht worden sind. Der Montagekran, der ebenfalls zu dem Baukastensystem gehörte, ermöglichte eine zügiges Arbeiten. Am 23. September 1942 fand die Belastungsprobe statt. (Aufnahme: Will, BA/MA-Freiburg)

Bei dem Wiederaufbau der Eisenbahnbrücke über den Donez bei Belaja Kalitwa wurden die Trümmer der von den Russen gesprengten Brücke nicht weggeräumt, sie dienten während der Arbeiten als Verbindung zwischen den einzelnen Pfeilern, wie der Lattenrost zeigt. Die Aufnahme vom 11. September 1942 zeigt die Brückenbaustelle mit Blick nach Osten. (Aufnahme: Will, BA/MA-Freiburg)

Am 8. September 1942 war auch mit den Arbeiten zum Wiederaufbau der großen Eisenbahnbrücke über den Don hinter Tschir begonnen worden. Die Bauleitung hatte die O.T., die Bauausführung lag in den Händen der Firma Beton- und Monierbau Berlin, die wohl auch an weiteren Wiederaufbauarbeiten in Rußland beteiligt war und in Kiew ein Büro unterhielt. Auch der Stahlbauzug von Lackum 24 war an den Wiederherstellungsarbeiten eingesetzt. Für die Arbeiten an der Eisenbahnbrücke über den Don waren vier Dampframmen vorhanden, welche von einer Baufirma in Warschau gemietet worden waren. Die Firma Beton- und Monierbau hatte für die Baustelle am Don Ukrainer in Charkow angeworben, die als Küchenhilfen, Bauarbeiter, Fahrer und Schlosser täglich bis zu 16 Stunden arbeiteten, auch an Wochenenden. Der Stundenlohn lag zwischen 0,60 und 0,90 Mark, von einem Bruttoverdienst von beispielsweise 22,88 Mark verblieben nach Abzug eines geringen Steuerbetrages und des Verpflegungsgeldes noch 18,70 Mark. Die Bauleitung vor Ort lag auch in den Händen des zweiten Bataillons des Eisb.Pi.Rgt. 4 (mot). Auf beiden Ufern des breiten Flusses wurden umfangreiche Materiallager und Unterkünfte angelegt, die Verbindung zwischen beiden Ufern wurde durch Ponton-Fähren aufrechterhalten. Für den Materialumschlag an der großen Baustelle wurde am 14. November 1942 eine Feldbahn eingerichtet. Als Folge der taktischen Lage mußten dann am 21. November 1942 die Arbeiten am Wiederaufbau dieser wichtigen Brücke, über die nach Fertigstellung ein durchgehender Normalspurbetrieb auf der gesamten Strecke Lichaja – Stalingrad möglich gewesen wäre, eingestellt werden, stattdessen wurde mit dem Stellungsbau an beiden Brückenköpfen der Eisenbahnbrücke und der Straßenbrücke begonnen. Die vorhandenen Kräfte der Eisenbahntruppen

5./Eisb.Pi.Rgt. 4
Eisb.Pi.Kp. 53, 56, 63
Eisb.Bau-Kp. 123

wurden infanteristisch eingesetzt.

Am 23. und am 24. September 1942 richteten sich zahlreiche russische Fliegerangriffe gegen die gesamte Strecke zwischen Lichaja und Stalingrad, davon allein 16 Bombenangriffe gegen Tschir. Die verursachten Gleisschäden wurden schnell wieder beseitigt. Nach der Fertigstellung der Eisenbahnbrücke über den Donez wurde am 24. September 1942 mit der Umspurung begonnen und am 26. September 1942 um 16.00 Uhr war die Umspurung der gesamten Strecke bis Bf. Tschir (insgesamt 259 km!) abgeschlossen, obwohl diese Arbeiten immer wieder unter Bombenangriffen und Bordwaffenbeschuß zu leiden hatten. In der Nacht vom 26./27. September 1942 fand ein Fliegerangriff auf den Bf. Lichaja statt, bei dem ca. 100 Bomben abgeworfen wurden; neben Zerstörungen an den Gleisanlagen erhielt der Lokschuppen einen Volltreffer. In dieser Nacht fanden auch fortgesetzte Bombenangriffe auf die gesamte Strecke Lichaja – Tschir statt. Schon am 26. September 1942 wurde der Bf.Tschir von elf Fliegerangriffen mit Bomben heimgesucht, neben der Beschädigung des Hochbehälters durch Bombensplitter traten jedoch keine Schäden oder Verluste ein. Schon in der folgenden Nacht gab es wieder laufend Bombenangriffe auf der gesamten Strecke, dabei fielen im Bereich des Bf. Lichaja ca. 100 Bomben, ebenso wurde wieder der Bf.Tschir heimgesucht. Hier gab es größere Schäden, Gerät und 2 Kfz wurden vernichtet, 3 Kfz wurden stark beschädigt, Personenverluste traten keine auf. Am 28. September 1942 wurden im Bf.Ssurowikino durch einen Bombenangriff sämtl. 5 Gleise auf 700 m Länge zerstört. Südl. von Rytschow, dem letzten Bahnhof an der Strecke von Lichaja vor der zerstörten Brücke über den Don, wurde An-

**An der Eisenbahnbrücke über den Donez bei Belaja Kalitwa konnte das Baumaterial auf dem rechten Ufer bis an die Baustelle herangebracht werden, da von Lichaja seit dem 26. August 1942 Normalspurbetrieb auf der eingleisigen Strecke bestand. Die Aufnahme von 11. September 1942 zeigt russ. Zivilisten beim Entladen eine Transportzuges, im Vordergrund eine aus Schwellen bestehende behelfsmäßige Entladerampe. (Aufnahme: Will, BA/MA-Freiburg)**

**Die Gesamtansicht nach Norden der Brückenbaustelle am Donez vom 11. September 1942 zeigt rechts oberhalb der Bahnstrecke den Ortsrand von Belaja Kalitwa, dahinter die Mündung der Kalitwa und am rechten oberen Bildrand darüber Forchstadt. (Aufnahme: Will, BA/MA-Freiburg)**

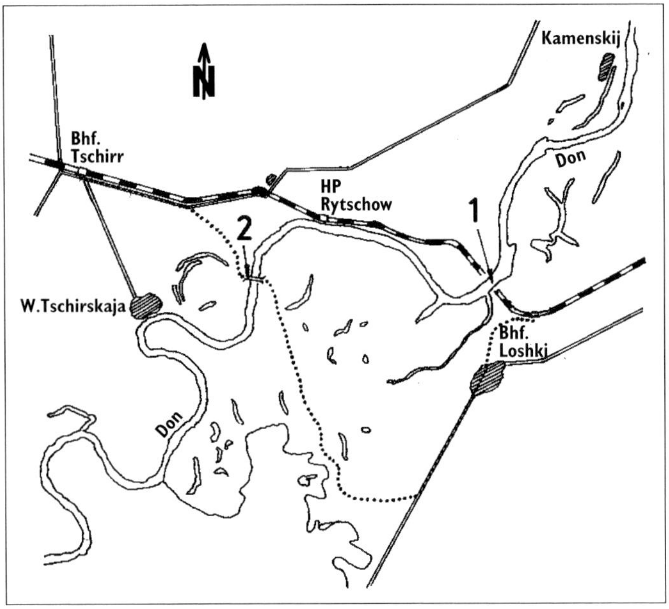


**Durch die zerstörte Eisenbahnbrücke am Don (1) in der Nähe von Tschir war die Eisenbahnlinie nach Stalingrad unterbrochen. Bereits am 24. September 1942 befand sich etwas weiter unterhalb eine Straßenbrücke (2), über die der Straßentransport (punktierte Linie) der Nachschubgüter zwischen dem Bahnhof Tschir (Normalspur) und dem Bahnhof Loshki (Breitspur) nach Stalingrad lief. (Zeichnung: Freese)**

fang Oktober 1942 eine Straßenbrücke über den Don fertiggestellt. Vom Bf.Rytschkow wurde eine Straße über diese Brücke bis zum Bf.Loshki, dem ersten Bahnhof auf dem anderen Ufer des Don an der nach Stalingrad führenden Bahnstrecke angelegt. Über diese Straße verlief ein Teil des Nachschubs für die Einheiten der 6. Armee im Raum Stalingrad. Allerdings waren die Umlademöglichkeiten im Bf. Rytschow, der eigentlich nur ein Haltepunkt gewesen war, wegen der geringen Anzahl der Gleise beschränkt, auf jeden Fall stellte dieser Transportweg eine Entlastung des immer wieder von russischen Bombenangriffen heimgesuchten Bf. Tschir dar. In der Nacht vom 1./2. Oktober 1942 fanden starke Bombenangriffe auf die Teilstrecke Bf. Tschir – Donbrücke statt, dabei wurde die Fernsprechleitung zerstört. In der folgenden Nacht waren erneut starke Bombenangriffe auf die gesamte Strecke zu verzeichnen, der Zugverkehr von und nach Morosowskaja war unterbrochen, sämtliche Fernsprechleitungen wurden zerstört. Außerdem wurde der Bahnkörper durch Detonation einer Mine 10,9 km ostw. Bf. Tschir auf 20 m Länge beschädigt.

2. Oktober 1942: Beginn des Baus eines zweiten Hochbehälters (80 m³) im Bf. Tazinskaja, im Bf. Morosowskaja wurde mit dem Wiederaufbau des Lokschuppens (10 Stände) begonnen.

3. Oktober 1942: Wiederherstellung der Wasserstationsanlage (Hochbehälter 100 m³, Pumpanlage 40 m³/ Stunde, 3 Wasserkräne) im Bf. Tschir. In der Nacht vom 6./7. Oktober 1942 fand erneut ein Bombenangriff auf den Bf.Ssurowikino statt, der jedoch keine Schäden oder Verluste verursachte.

9. Oktober 1942: Wiederherstellung des Lokschuppens im Bf. Lichaja, der bei dem Bombenangriff in der Nacht vom 26./27. September einen Volltreffer erhalten hatte, außerdem war eine Ausladerampe (233 m) erstellt worden.

Mit welchen Schwierigkeiten das Personal der Eisenbahn konfrontiert wurde, zeigen beispielhaft die Ereignisse nur weniger Tage im Oktober:

11. Oktober 1942: Zusammenstoß zweier Züge zwischen Tschernyschkow und Parchin, 5 Tote,

**Die Aufnahme vom 11. September 1942 zeigt den Bauzustand der Eisenbahnbrücke über den Donez bei Belaja Kalitwa. (Aufnahme: Will, BA/MA-Freiburg)**

beide Lok beschädigt, Streckensperrung für 15 Stunden.
12. Oktober 1942: Mehrfache Fliegerangriffe auf den Abschnitt zwischen Morosowskaja und Tschernyschkow, Streckensperrung für 6 Stunden, anschließend Lotsenbetrieb für 5 Stunden.
13. Oktober 1942: Zusammenstoß zweier Züge, beide Lok beschädigt, 2 Verletzte, Streckensperrung für 4 Stunden.
15. Oktober 1942: Die gesamte Strecke Lichaja – Tschir ist mit Re 16 (16 Züge/Tag) befahrbar.
16. Oktober 1942: Sperrung der Strecke zwischen Morosowskaja und Bystrij durch Bombenabwurf eines notlandenden deutschen Flugzeugs, 11 Stunden Lotsenbetrieb zwischen Ssurowikino und Dmitrijewka wegen gestörter Fernsprechverbindungen.
17. Oktober 1942: Zusammenstoß zweier Züge (Flankenfahrt) im Bahnhof Walkowo, beide Lok entgleist, worauf sämtliche Gleise für 10 Stunden gesperrt waren.
19. Oktober 1942: Beginn des Baus einer Entschlackungsgrube (42 m) im Bf. Morosowskaja, im Bf.Tschir ist der Lokschuppen wiederhergestellt. Im Bf. Lichaja sind zwei Rechteckschuppen mit insgesamt 15 Ständen wiederhergestellt, zwei Entschlackungsgruben (42 und 36 m lang) sind fertiggestellt, ebenso die Besandungsanlage.
Der Bau der für den großen Betrieb so wichtigen Kreuzungsstellen zog sich hin, am 22. Oktober 1942 wurden immer noch die Schwellen für die restlichen Kreuzungsstellen auf der Bahn erwartet. Da bis dahin noch keine Baracken als Dienst- und Wohngebäude für die Kreuzungsstellen eingetroffen waren, wurden im Hinblick auf die zu erwartende kältere Jahreszeit stattdessen Wagenkästen von russ. Personenwagen als Behelfsunterkünfte aufgestellt.
27. Oktober 1942: Die gesamte Strecke Lichaja – Tschir ist in Normalspur für RE 18 (18 Züge/Tag) betriebsfähig.
Nachdem die Luftangriffe im Raum Tschir nachgelassen hatten, konnten am 30. Oktober 1942 die Arbeiten an der Wiederherstellung der großen Eisenbahnbrücke über den Don ostw. Tschir wieder aufgenommen werden. Im Oktober war auch mit dem wintersicheren Ausbau sämtlicher Wasserstationsanlagen an der Strecke begonnen

**Mitte November 1942 ist die große Eisenbahnbrücke über den Don Bei Km 279,4 in der Nähe des Bahnhofs Tschir bereits weitgehend wiederhergestellt. Einige Überbauten konnten nach der Reparatur wieder verwendet werden, für die übrigen Überbauten wurden Peine-Träger verwendet, für die jedoch zwischen den Original-Pfeilern jeweils Hilfspfeiler erbaut werden mußten. Infolge der Einschließung Stalingrads konnte die Brücke nicht mehr in Betrieb genommen werden. (Aufnahme: Johann Hochwallner)**

worden, denn der kommende Winter ließ nicht auf sich warten.
31. Oktober 1942: Fertigstellung eines zweiten Überholungsgleises im Bf. Lawrowo.
Ab 5. November 1942 waren sämtliche Kreuzungsstellen auf einer Streckenlänge von 196 km in Betrieb.
7. November 1942: Einrichtung eines Fährbetriebes zur Entlastung der Straßenbrücke zwischen Rytschow und Loshki, dessen Leistung allerdings nur sehr gering war. Bereits zehn Tage später mußte der Fährbetrieb über den Don wegen Eisgang wieder eingestellt werden.
Im November 1942 wurde auch östlich von Lichaja eine Verbindungskurve eingerichtet, welche Kamenskaja mit der Strecke Lichaja – Tschir verband.
Infolge der Zerstörung der Brücke über den Donez bei Kamenskaja mußten die von Millerowo auf der Schiene auf dem nördlichen Ufer ankommenden Nachschubgüter auf Lkw umgeladen und über die Straßenbrücke über den Donez nach Kamenskaja gebracht werden, von dort konnte nun unter Umgehung des Bahnhofs Lichaja der Weitertransport nach Belaja Kalitwa bzw. Tschir mit der Eisenbahn erfolgen.

In der Woche vom 18. Bis 24. Oktober 1942 herrschte sehr schlechtes Wetter, die Straßen waren von den Kolonnen nicht befahrbar, dadurch konnten die ankommenden Züge nicht entladen werden. Die Folge war ein Rückstau, der die Abstellung von 28 Zügen auf Bahnhöfen und Kreuzungsstellen auf der Strecke vor den Ausladebahnhöfen bedingte.
11. November 1942: Beginn des Betriebes auf einer Feldbahn mit einer Länge von ca. 6–8 km zwischen Rytschow und dem Don zur Entlastung des Straßentransports, hierzu wurde eine weitere Umladung des Nachschubgutes in Rytschow notwendig (Normalspur/Schmalspur), die Umladung auf Lkw oder bespannte Fahrzeuge mußte dann am Don erfolgen. Nachdem sich offenbar der Oberste Quartiermeister (O.Qu.) der 6. Armee bei dem General des Transportwesens wegen des geringen Zulaufs von Zügen auf der Strecke Lichaja – Tschir beschwert hatte, wurde von dieser Stelle am 25. Oktober 1942 auf die schlechte Ausladeleistung im Bf. Tschir hingewiesen, der zufolge die Aufnahmefähigkeit der Strecke behindert würde. Darauf antwortete die 6. Armee, daß die Entladung der meisten Züge schnellstens erfolge und nur wenige noch beladene Verpflegungszüge länger als normal gestanden hätten, außerdem sei das Armee-Verpflegungslager (AVL) nicht in der Lage, noch mehr Züge aufzunehmen, zum Teil fehlten auch die Loks zum Heranziehen der Züge.
30. Oktober 1942: Fertigstellung von drei Gleisen zum APL, zum AML und zum AVL im Bf. Tschir in Normalspur. Im Bahnhof von Lichaja wurde zur Erhöhung der Leistungsfähigkeit eine Reihe von wichtigen Bauvorhaben durchgeführt, so war seit dem 31. Oktober 1942 ein Lokschuppen mit 6 Ständen im Bau.
3. November 1942: Fertigstellung eines weiteren Gleises zum AVL im Bf. Tschir, schon am Tag darauf wurde das Anschlußgleis zum AML auf 1200 m verlängert.
Am Ende der Woche gab es Schnee, dann fiel das Quecksilber auf 13 Grad unter Null. Die Wasserstationen Lichaja und Tschir fielen aus. Leerzüge nach Westen konnten deshalb nicht abgefahren werden und verstopften die Gleise.
13. November 1942: Im Bahnhof Ssurowikino befand sich eine Rampe mit einer Länge von 60 m im Bau.
14. November 1942: Beginn des Baus des 4. bis 6. Wasserkrans im Bf. Tschir.
18. November 1942: Baubeginn des zweiten Wasserturms im Bf. Tschir.
19. November 1942: Die dritte Entschlackungsgrube im Bf. Tschir ist im Bau.
21. November 1942: Fertigstellung des 2. Wasserkrans im Bf. Walkowo.
Als Folge der Einschließung Stalingrads wurden besonders im Bereich der Betriebsspitze des Normalspurbetriebs, d. h. zwischen Obliwskaja und Rytschow, sämtliche Bauvorhaben eingestellt, da er schon bald zum Kampfgebiet werden sollte.

## Salsk – Stalingrad

Die eingleisige Strecke Salsk – Stalingrad verband das aufstrebende Industriezentrum Stalingrad mit Rostow an der Mündung des Don in das Schwarze Meer. Rostow war durch eine im Sommer 1942 sehr stark zerstörte zweigleisige Eisenbahnstrecke über Taganrog an das Industriegebiet des Donez angebunden. Bei Rostow befand sich eine wichtige Eisenbahnbrücke über den Don, über welche die bedeutende zweigleisige Strecke nach dem Kaukasus verlief und von welcher jeweils eine eingleisige Strecke bei Bataisk bzw. bei Tichoretzkaja abzweigte, beide Strecken bildeten die Zufuhr-

**Eine von den Russen gesprengte Fischbauchträger-Brücke einer eingleisigen Eisenbahnstrecke in der Steppe im Süden Rußlands mit einem Breitspur-Panzerzug. (Aufnahme: BA 101/217/460/9)**

strecken nach Salsk. Die Eisenbahnbrücke über den Don bei Rostow war im Spätsommer 1941 von den Deutschen zerstört worden, wurde Ende 1941 von den Russen wieder behelfsmäßig errichtet und bei deren Rückzug im Sommer 1942 erneut zerstört. Der Aufbau einer Ersatzbrücke durch die deutschen Eisenbahnpioniere war sehr zeitraubend, die Brücke konnte erst am 1. Oktober 1943 in Betrieb genommen werden. Bis dahin wurde der mächtige Strom mittels einer Straßenbrücke für Lastwagen und durch eine Seilbahn überbrückt. In Rostow hatten die Reichsverkehrsdirektion (RVD) Rostow (blaue Eisenbahner) und das FEKdo 3 (graue Eisenbahner) seinen Sitz.

Eine Befragung russischer Kriegsgefangener am 30. März 1942 hatte ergeben, daß die Strecke zwischen Sarepta (südl. Stalingrad) und Salsk nur Steigungen unter 8 Promille aufwies, jedoch sehr kurvenreich dennoch mit 45 km/h befahrbar war, im Frieden verkehrten tägl. 10 Züge in beiden Richtungen. Brücken befanden sich bei Schutowo (Stützweite 25 m, Vollwandbrücke), Kotelnikowo (Stützweite 20 m, Fachwerkträger) und über den Sal (Stützweite 30 m, Fachwerkträger). Wasserstationen gab es in Sarepta, Tundutowo, Tinguta, Abganerowo, Shutowo, Kotelnikowo (10 Wasserkräne), Semitschnaja, Remontnaja, Silnowniki und Kuberle vorhanden. Bahnbetriebswerke mit Bekohlungsanlage befanden sich in Sarepta, Kotelnikowo und Kuberle, hier fand auch immer der Lokwechsel statt. Ein großes Ausbesserungswerk für Lok und Wagen stand in Kotelnikowo, eine Lokhalle bot Platz für 10 Lokomotiven, eine Drehscheibe war vorhanden, ebenso eine Halle zum Auswaschen und Ausschlacken der Loks, für die Wagenausbesserung waren zwei Hallen vorhanden. Zwischen Tinguta und Ljapitschew war seit September 1941 eine Neubaustrecke im Bau, die Erdarbeiten wurden durch die Heranziehung der Zivilisten vorangetrieben, ob bereits Oberbau verlegt worden war, war nicht bekannt.

Auf dem Streckenabschnitt Salsk – Stalingrad wurden 28 Lokomotiven, 380 G-, 270 R- und 134 K-Wagen erbeutet, die schon bald verwendet wurden. Mitte August 1942 wurde auf der Strecke Salsk – Stalingrad (220 km) auf Teilstrecken ein Breitspurbetrieb durchgeführt, so z. B. bereits am 7. September 1942 ein Pendelbetrieb zwischen Remontnaja und Tinguta. Auf der Strecke waren auch zwei ölgefeuerte Breitspurlokomotiven erbeutet worden. Am 22. September 1942 war der Oberbau auf dem Streckenabschnitt bis 14,4 km nördlich Bf.Tinguta wiederhergestellt, weitere Arbeiten mußten wegen der Feindlage eingestellt werden. Mitte September wurde mit der Umspurung der Strecke von Salsk in Richtung Kotelnikowo begonnen, sie war am 22. September 1942 um 18.00 Uhr beendet und wurde betriebsmäßig der FBA 22 zwischen Remontnaja und Kotelnikowo übergeben. Die Umspurarbeiten auf der weiterführenden Strecke nach Tinguta mußten am 30. September 1942 wegen feindlicher Fliegerangriffe unterbrochen werden. Zwischen dem 4. und dem 15. Oktober 1942 fanden immer wieder russ. Bombenangriffe auf Tinguta, Abganerowo, Shutowo und Salsk statt, so griffen in der Nacht vom 15./16. Oktober 1942 ca. 100 Bomber den Bf. Abganerowo an und am 25. Oktober 1942 den Bf. Tinguta, der gleichzeitig dazu noch unter Artilleriebeschuß lag. Auch am 27. und 28. Oktober 1942 richteten sich die russischen Fliegerangriffe auf die Spitzenstrecke bis Abganerowo. Trotz dieser Widrigkeiten konnte die Strecke Salsk – 10,9 km nördl.

**Die Heißdampf-Güterzuglokomotive mit der Achsfolge E der Reihe Эу war eine der am weitesten verbreiteten Lokomotiven der sowj. Staatsbahn, hier ist die Lok mit der Betriebsnummer 5539 zusammen mit einer ölgefeuerten Personenzuglokomotive mit der Achsfolge 1C1 h2 der Reihe Эу im Süden Rußlands in deutsche Hand geraten.**
**(Aufnahme: BA 101/217/476/35A)**

**Angehörige einer Einheit der Eisenbahn-Pioniere haben sich auf einer russ. Güterzuglokomotive der Reihe Эy für eine Propaganda-Aufnahme in Pose gestellt, Anlaß war vermutlich der Beginn des Breitspur-Betriebs auf der Strecke Salsk – Tinguta (Stalingrad). Aufnahme: BA 101/217/466/12)**

Tinguta am 3. November 1942 mit Re 7 in Normalspur in Betrieb genommen werden. Als Folge der Einschließung der 6. Armee in Stalingrad mußte auch die Front im Süden der heißumkämpften Stadt zurückgenommen werden und so lag schon am 21. November 1942 die Betriebsspitze am Bf. Gniloaxaiskaja, am folgenden Tag am Bf. Shutowo. Zur Sicherung der Strecke wurden die dort vorhandenen Einheiten der Eisenbahnpioniere eingesetzt:

1. und 4./Eisb.Pi.Rgt. 3
Stab/Eisb.Br.Bau-Btl. 12
1. und 4./Eisb.Br.Bau-Btl. 12
1 Trupp Eisb.Wass.St.Kp. 195

Am 27. November 1942 sprengten eigene Truppen Gleise an der Strecke nördl. Shutowo, das 1./Eisb.Pi.Rgt. 3 wehrte einen Angriff in Rgt.-Stärke auf den Bahnhof Kotelnikowo ab. Die am Morgen in Kotelnikowo eintreffenden ersten Teile der 6. Pz.Div. mußten aus dem Transportzug heraus sofort den Bahnhof gegen die vordringenden Russen verteidigen. Am 1. Dezember 1942 hatte sich die Lage wieder beruhigt, so daß einige Einheiten der Eisenbahnpioniere aus dem infanteristischen Einsatz wieder herausgezogen werden konnten. Bereits am nächsten Tag trafen weitere Teile der für den Entsatzangriff auf Stalingrad im Rahmen des LVII.A.K. eingesetzten 6. Pz.Div. im Raum Remontnaja ein. Das A.K. war nur mit unzureichenden Kräften ausgestattet, dennoch gelang der Vorstoß in Richtung Stalingrad anfänglich, mit welchem jedoch nur ein Korridor zur Versorgung der eingeschlossenen Truppen mit Nachschub und zum Abtransport der vielen Verwundeten geöffnet werden sollte. Der Vorstoß blieb aber schließlich vor Gniloaxaiskaja ganze 48 km vom Kessel entfernt am 18. Dezember 1942 liegen. Schon am 14. Dezember 1942 hatten die Eisenbahnpioniere die Verhältnisse im wieder eroberten Gebiet erkundet und festgestellt, daß von der Strecke zwischen Kotelnikowo und Gremjatschnaja (= 21,4 km) das Hauptgleis inzwischen von den Russen wieder auf Breitspur umgespurt worden und durch 12 Gleissprengungen gesperrt war. Am nächsten Tag konnte auch die Teilstrecke Gremnatschnaja – Tschelikowo (= 18,8 km) in Augenschein genommen werden. Auch hier lag bereits wieder Breitspurgleis, das durch Schienenspren-

**Eine kleine Brücke mit einem darauf stehenden vierachsigen Kesselwagen russ. Bauart war von den Russen im zerstörten Zustand zurückgelassen worden. (Aufnahme: BA 101/792/138/33A)**

gungen unbrauchbar gemacht worden war. Am 16. Dezember 1942 war die Teilstrecke Kotelnikowo bis 5,4 km nordostw. Tschelikowo in Normalspur wiederhergestellt und befahrbar. Der Gegner versuchte durch Bombenangriffe den Bahnbetrieb erneut zu stören, so wurde in der Nacht vom 16./17. Dezember 1942 der Oberbau nördl. Shutowo durch drei Bombentreffer beschädigt, am 19. Dezember 1942 wurde der Bf. Kotelnikowo mit Bomben angegriffen. Nachdem die für den Entsatzangriff eingesetzten Kräfte für die Verteidigung der Bahnlinie Lichaja – Tschir (siehe Seite 87) abgezogen worden waren, wurde am 30. Dezember 1942 der Bf.Kotelnikowo von eigenen Truppen zerstört, Betriebsspitze war Remontnaja.

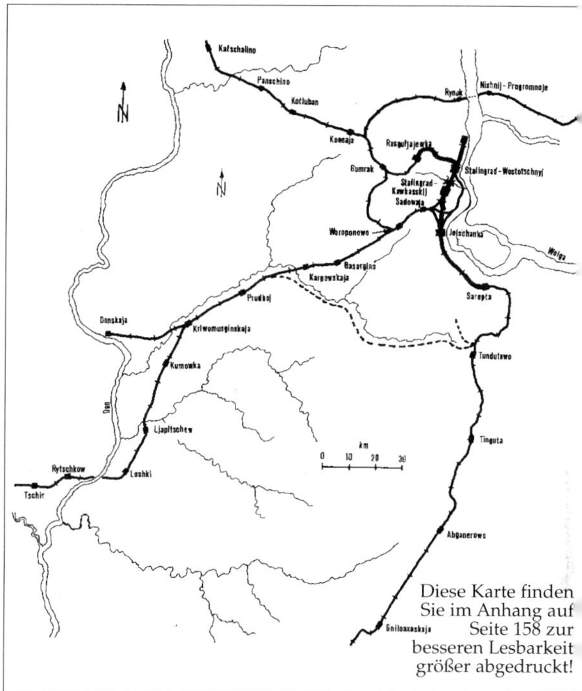


Diese Karte finden Sie im Anhang auf Seite 158 zur besseren Lesbarkeit größer abgedruckt!

## Die Bahnstrecken im Raum Stalingrad

Im Raum Stalingrad trafen drei eingleisige Eisenbahnstrecken zusammen, und zwar die von Nordwesten kommende Strecke Poworino – Ilowlja – Kotluban – Konnaja – Gumrak – Rasguljajewka – Stalingrad-Wostotschnyj, die von Westen kommende Strecke Lichaja – Tazinskaja – Tschir – Kriwomusginskaja – Karpowskaja – Woroponowo – Sadowaja – Stalingrad-Kawkasskij und schließlich die von Südwesten kommende Strecke Salsk – Remontnaja – Kotelnikowo – Tinguta – Tundowo – Sarepta – Jelschanka – Stalingrad-Kawkasskij. Hinter Sadowaja zweigte noch eine noch Verbindungsstrecke nach Jelschanka ab, außerdem gab es noch eine Verbindungsstrecke zwischen Gumrak und Woroponowo. Die von Nordwesten kommende Strecke war bis Kotluban und die von Südwesten kommende Strecke war bis vor Tinguta immer in russischer Hand, während sich der Bf. Jelschanka in deutscher Hand befand und über die Verbindungsstrecke von Sadowaja erreichbar war. Schließlich gab es noch eine 19 km lange eingleisige Strecke von Kriwomusginskaja nach Donskaja/Kalatsch am Don. Zwischen der von Südwesten von Salsk kommenden Strecke und der Strecke Lichaja – Stalingrad hatten die Russen mit dem Bau einer Verbindungsstrecke begonnen, die 3,0 km nordostwärts Tundutowo beginnen und ca. 5,0 km südwestlich von Karpowskaja in die Strecke Lichaja – Stalingrad einmünden sollte. Die Erkundung einer weiteren im Bau befindlichen Strecke Tundutowo – Woroponowo ergab für die Teilstrecke Tundutowo – Plantator (ca. 20 km nordwestlich Tundutowo), daß die Dammschüttung bereits vorhanden war, Brücken und Durchlässe jedoch noch fehlten. Einer Gefangenenaussage vom 30. März 1942 zufolge befände sich eine Neubaustrecke zwischen Tinguta und Ljapitschew seit September 1941 im Bau, die Erdarbeiten seien unter Heranziehung der Zivileinwohner vorangetrieben worden. Es war nicht bekannt, ob der Oberbau bereits läge.

Die Befragung dieses russ. Kriegsgefangenen vom 30. März 1942, zu einem Zeitpunkt als die Deutsche Wehrmacht noch im Raum von Charkow stand, ergab weitere wichtige Informationen über die Eisenbahnen im Raum Stalingrad: Zu jedem der beiden Bahnhöfe in Stalingrad gehört je ein Bw mit zwei Drehscheiben und zwei Lokschuppen für jeweils 10 Lokomotiven. Die Wasserstation des Bahnhof Stalingrad-Kawkasskij besitzt zwei Wassertürme und vier Wasserkräne, an denen vor dem Krieg, d. h. vor 1941, täglich 20 Lok gespeist wurden, während

des Krieges sank diese Zahl auf 6 Lokomotiven täglich. Abseits von den beiden Bahnhöfen Stalingrads befindet sich ein größeres Lokomotiv- und Wagen-Ausbesserungswerk.
Zaryzin hatte wohl schon seit langem zwei Bahnhöfe besessen, und zwar Wostotschnyj und Kawkasskij, die ursprünglich durch die Zariza-Schlucht voneinander getrennt waren. Der Name Wostotschnyj wies auf den Namen der damaligen Bahngesellschaft „Südost (-bahn)" hin, während der Name Kawkasskij daran erinnerte, daß hier die Kaukasus-Nord-Bahn ihren Anfang nahm.
Die von den Russen gesprengte Eisenbahnbrücke über den Don 14,9 km ostwärts Bf. Tschir markierte das vorläufige Ende der Strecke Lichaja – Stalingrad, dennoch wurde auch die auf dem östlichen Ufer des Don weiter nach Stalingrad führende Strecke von den deutschen Eisenbahnpionieren schon am 8. September 1942 bis Woroponowo, einem wichtigen Knotenpunkt 83,6 km vom Don entfernt, in Augenschein genommen.

Km 279,4: Eisenbahnbrücke über den Don (siehe Seite 87)
Km 283,9: Bf. Loshki:
Km 282,5: Kreuzungsstelle (10,5 km südwestlich Bf. Ljapitschew): 1 Durchgangs- und 1 Überholungsgleis vorhanden und unversehrt.

**Sämtliche 11 Überbauten der Eisenbahnbrücke über den Don bei Tschir sind gesprengt und abgestürzt. Am 23. August 1942 war mit den Wiederherstellungsarbeiten noch nicht begonnen worden. (Aufnahme: Will, BA/MA-Freiburg)**

Km 293,0: Bf. Ljapitschew: 1 Durchgangsgleis und 2 Überholungsgleise (800 m), die Gleise durch Weichensprengungen beschädigt, die Wasserstationsanlage ist zerstört.
Km 294,2: Blechträgerbrücke: Stützweite 13,2 m, S.O. über Gelände 4,80 m, Überbau gesprengt und abgestürzt, nicht wieder verwendbar, das südwestliches Widerlager zerstört, das nordwestliche Widerlager unversehrt.
Km 300,3: Kreuzungsstelle: 1 Durchgangsgleis und 2 Überholungsgleise mit je 650 m Länge, am 30. September 1942 in Arbeit.

Der Oberbau auf der weiteren Strecke durch zwei Schienensprengungen, zwei Granat- und sieben Bombentreffer beschädigt, außerdem war die Strecke durch drei entgleiste Wagen gesperrt.

Km 307,0: Bf. Kumowka: 1 Durchgangs- und 1 Überholungsgleis vorhanden und unversehrt, Wasserstationsanlage zerstört.
Km 325,8: Kreuzungsstelle: 1 Durchgangs- und 2 Überholungsgleise mit je 650 m Länge, am 30. September 1942 in Arbeit.
Km 326: Bf. Kriwomusginskaja: 1 Durchgangs-, 1 Überholungsgleis und 2 Abstellgleise (je 750 m) vorhanden und unversehrt.
Km 331,4: Durchlaß: Walzträgerüberbau, Stützweite 9,70 m, S.O. über Straße 5,0 m.
Km 338,3: Bf. Prudboj: 1 Durchgangs- und 1 Überholungsgleis vorhanden und unversehrt.
Km 342,8: Parallelfachwerkträgerbrücke über die Karpowka: Stützweite 57,4 m, S.O. über N.W 7,40 m, Wassertiefe von 2,0 m, Überbau in beiden Endfeldern angesprengt, beide Widerlager waren geringfügig beschädigt.
Km 343,5: Bf. Karpowskaja: 1 Durchgangs-, 1 Überholungsgleis, 2 Abstellgleise (je 400 m lang), Gleisanlagen durch Sprengen einer Weiche sowie

16 Bomben- und Granattreffer beschädigt, Empfangsgebäude und Wasserstationsanlage zerstört.

Km 351,2: Bf. Basargino: 1 Durchgangs- und Überholungsgleis (800 m lang) vorhanden und unversehrt.

Km 358,0: Kreuzungsstelle (5,0 km westlich von Woroponowo): 1 Durchgangs- und 1 Überholungsgleis (1100 m lang), am 30. September 1942 zweites Überholungsgleis (650 m ) im Bau.

Km 363,0: Bf. Woroponowo: 1 Durchgangsgleis und 12 Überholungs- und Abstellgleise vorhanden, Wasserstationsanlage und Lokschuppen zerstört. Der Bahnhof konnte zunächst nur oberflächlich in Augenschein genommen werden, da dieser am 8. September 1942 noch unter Beschuß lag, im Bahnhof brannten ca. 400 Wagen. An rollendem Material wurden weiterhin festgestellt: Ein Panzerzug, vierzehn X-Wagen und sechzehn Lokomotiven, von denen anscheinend nur wenige betriebsfähig waren.

Da wegen der zerstörten Eisenbahnbrücke über den Don bei Tschir ostwärts des Flusses nur ein Breitspurbetrieb in Frage kam, war die Sicherstellung von ausreichendem Rollmaterial besonders wichtig.

Im Rahmen der Erkundung der Strecke bis Woroponowo war auch die Strecke Kriwomusginskaja – Donskaja/Kalatsch untersucht worden. Der Oberbau war durch vier Schienensprengungen und zwei Bombentreffer geringfügig beschädigt.

Km 0,0: Bf. Kriwomusginskaja (Km 326).

Km 35: Bf. Donskaja/Kalatsch: 1 Durchgangs-, 1 Überholungs-, 2 Abstell-, 2 Rampen- und 2 Hafengleise (je 1000 m lang). Die Gleisanlagen waren durch 7 Weichensprengungen und 2 Bombentreffer beschädigt.

Die Eisenbahnpioniere setzten am 18. September 1942 die Erkundung der vom Bf. Woroponowo zum Zentrum von Stalingrad führenden eingleisigen Strecke zunächst bis 4,4 km ostwärts Sadowaja fort. Der Oberbau der Strecke bis zum Bf. Sadowaja war durch 15 Schienensprengungen und zahlreiche Artillerietreffer beschädigt.

Km 372,6: Bf. Sadowaja: 1 Durchgangsgleis, 4 Überholungsgleise und 1 Fabrikanschluß, Gleise durch vier Schienen- und eine Weichensprengung beschädigt, elf Weichen in Ordnung.

Km 375,2: Bf. Stalingrad-Kawkasskij (Nordkaukasischer Bahnhof): 3 Durchgangs- und 4 Überholungsgleise, durch 15 Bomben- und Artillerietreffer und durch drei Weichensprengungen zerstört, man fand 90 betriebsfähige Wagen verschiedener Art und 5 Lokomotiven, die noch auf ihre Betriebsfähigkeit zu untersuchen waren.

Km 378,2: Eisenbahnbrücke über die Zariza: 2 eingleisige Blechträgerbrücken mit sechs Öffnungen mit einer Gesamtlänge von 153,30 m (22,65 – 27,0 – 27,0 – 27,0 – 27,0 –22,65 m), S.O. über N.W. 34,0 m, Wassertiefe 0,2 m. Von der ostwärtigen Brücke war ein Träger des südlichen Endüberbaus gesprengt. Bei der westlichen Brücke waren beide Träger des fünften Überbaus gesprengt. Die Erkundung der in Brand geschossenen Brücke wurde vom 8./Eisb.Pi.Rgt. 4 unter Feindeinwirkung durchgeführt, dabei wurden brennende Schwellen und die Sprengladung in einem Überbau ausgebaut.

Am 24. September 1942 wurde die Strecke weiter in Richtung Stalingrad-Wostotschnyj erkundet, die von Süden her in diesen Bahnhof im Zentrum Stalingrads einmündete. Dieser Streckenabschnitt war zweigleisig. Hinter Stalingrad-Kawkasskyj überschritt die Bahnlinie die Zariza.

Km 382,2: Bf. Stalingrad-Wostotschnyj (Hauptbahnhof, eigentlich Südostbahnhof).

**Bahngelände in Stalingrad im Spätsommer 1942. (Aufnahme: Johann Hochwallner)**

In der zweiten Septemberhälfte hatten die Eisenbahnpioniere auch die Strecke Gumrak – Rasguljajewka – Stalingrad-Wostotschnyj in Augenschein genommen. In diesem Streckenabschnitt wurden 400 Breitspurwagen verschiedener Art vorgefunden. Im Streckenabschnitt km 6,1 bis 7,0 südl. Gumrak waren zwei Weichen gesprengt, der Oberbau durch 3 Bombentreffer mit je 8,0 m Durchmesser und einen Artillerietreffer beschädigt.

Km 0,0: Bf. Woroponowo (Km 363,0).
Km 35: Bahnhof Gumrak.

Die eingleisige Strecke von Sadowaja, welche über die zweigleisige Strecke Salsk – Stalingrad-Kawkasskij hinweg an diesem Bahnhof vorbeiführte und direkt in dem Bahnhof Stalingrad-Wostotschnyi endete, war für den Eisenbahnverkehr im Raum Stalingrad auf deutscher Seite ohne Interesse, dagegen wurde die zehn Kilometer lange Strecke von Sadowaja (Km 372,6) nach dem 10 km entfernten Bahnhof Jelschanka in Breitspur wiederhergestellt und war am 1. November 1942 befahrbar. Südlich von Jelschanka an der Strecke Salsk – Stalingrad-Kawkasskij, die zwischen Jelschanka und Stalingrad-Kawkasskij zweigleisig ausgebaut war, verlief die Frontlinie des russischen Brückenkopfes auf dem westlichen Ufer der Wolga im Raum Beketowka.
Gumrak lag an der eingleisigen Strecke Jlowlja – Katschalino – Kotluban – Konnaja – Gumrak – Rasguljajewka – Stalingrad-Wostotschnyi. Der von Gumrak nach Nordwesten führende Streckenteil wurde nicht in Betrieb genommen, da im Raum Kotluban die Front verlief, daran änderte sich auch während des Kampfes um Stalingrad bis zur Einschließung nichts.

Km 0,0: Bf. Gumrak (Km 35).
Km 18: Bf. Rasguljajewka: 2 Durchgangs-, 3 Überholungs-, 3 Anschluß- und 2 Stumpfgleise vorhanden, durch Sprengung dreier Weichen, sowie einen Bomben- und vier Artillerietreffer beschädigt, 11 Weichen unversehrt. Im Bahnhof befanden sich elf betriebsfähige Lokomotiven.

Ab Bf. Rasguljajewka war die Strecke zweigleisig. Die Erkundung des anschließenden Streckenabschnitts bis 6,3 km ostwärts Rasguljajewka ergab, daß der Oberbau durch 10 Bomben- und 75 Artillerietreffer und zahlreiche Schienensprengungen zerstört war.

Km 22: Bf. Stalingrad-Wostotschnyj (Südost-Bahnhof) auch Hauptbahnhof: 3 Durchgangs-, 5 Überholungs-, 10 Anschluß-, 8 Stumpf- und 3 Ladegleise vorhanden, nur geringfügig zerstört, eine von zwei Drehscheiben und die Wasserstationsanlage, darunter 2 von 7 Wasserkränen zerstört. An erbeutetem Breitspurmaterial waren vorhanden: 42 Lokomoti-

**Abgestellte Lokomotiven in Stalingrad im Spätsommer 1942. (Aufnahme: Johann Hochwallner)**

ven, darunter anscheinend 17 betriebsfähige, 140 G-, 200 R-Wagen und 290 sonstige Wagen, sämtlich in betriebsfähigem Zustand.

Eine Inbetriebnahme des Streckenteils Rasguljajewka – Stalingrad-Wostotschnyj kam wegen der damaligen Frontnähe nicht in Betracht und war auch später wegen der unveränderten militärischen Lage nicht möglich.
Von der eingleisigen Strecke Gumrak – Konnaja zweigte kurz vor Konnaja (9,2 km hinter Gumrak) eine eingleisige Verbindungsstrecke zur Wolga-Fähre ab. Die Anlegestelle der Eisenbahnfähre über die Wolga lag auf dem westlichen Ufer bei Rynok, auf dem östlichen Ufer bei Nishnij Pogromnoje. Von hier führte eine eingleisige Strecke nach Werchnij Baskuntschak, wo ein Anschluß an die eingleisige Strecke Astrachan – Urbach vorhanden war. Die Verbindungsstrecke zur Wolgafähre wurde von der Deutschen Wehrmacht nicht in Betrieb genommen, da die Schwellen bereits für den Stellungsbau verwendet worden waren. Eine Kriegsgefangenenaussage vom 30. März 1942 hatte ergeben, daß sich nördlich von Stalingrad eine Eisenbahnbrücke über die Wolga im Bau befände, mit der erst nach Kriegsanfang (1941) begonnen worden sei. Die Widerlager seien bereits fertiggestellt, ebenso die Eisbrecher an den im Bau befindlichen Pfeilern. Die Breite der Wolga betrage an der Stelle der Brücke ca. 1000 m, da das westl. Ufer steil und das östliche Ufer flach sei, würde die Länge der gesamten Brücke ca. 1500 m betragen. Am Ostufer der Wolga sei bereits ein Gleisanschluß vorhanden. Offenbar sollte diese Brücke, die dann erst nach Kriegsende fertiggestellt wurde, das vorhandene Eisenbahntrajekt ersetzen. Erstaunlich ist, daß in den Erkundungsergebnissen der Eisenbahnpioniere bezüglich der Fährstelle dieser Brückenbau überhaupt nicht erwähnt wird. Der Grund könnte darin gesehen werden, daß die Brücke ohnehin nicht benutzbar war und auf Seiten der Deutschen Wehrmacht an einer Überquerung der Wolga mit der Eisenbahn auch keinerlei Interesse bestand. Brauchbares Brückenbaumaterial war anscheinend an der Brückenbaustelle nicht vorhanden oder bereits

**Von den Bomben deutscher Stukas umgepflügtes Bahngelände in Stalingrad. (Aufnahme: Johann Hochwallner)**

von der Truppe zum Stellungs- und Bunkerbau verwendet worden. Im Raum von Rynok verlief die Frontlinie bis zum Jahresende 1942.
Am 11. September 1942 wurde bereits an der Wiederherstellung der Strecke zwischen der Don-Brücke und dem Bf.Woroponowo gearbeitet. Schon am folgenden Tag war die Wasserstationsanlage im Bf.Karpowskaja wiederhergestellt und betriebsfähig. Bis auf zwei Eisenbahnbrücken (1,2 km nordostwärts Ljapischew und 0,7 km südwestl. Karpowskaja), an deren Wiederherstellung noch gearbeitet wurde, war der Streckenabschnitt zwischen der Eisenbahnbrücke über den Don und Woroponowo in Breitspur wiederhergestellt und befahrbar. Den Russen waren natürlich die Arbeiten an der Wiederherstellung der Eisenbahnstrecke vom Don nach Stalingrad nicht entgangen und so kam es bereits am 20. September 1942 zu mehreren Fliegerangriffen auf den Bf.Loshki, bei welchen 1 Mann vom 5./Eisb.Pi.Rgt. 4 durch Bordwaffenbeschuß verwundet wurde. Am 22. September 1942 war die Wasserstationsanlage (1 Hochbehälter 75 $m^3$, 1 Pumpe 65 $m^3/h$, 2 Wasserkräne) des Bf.Kriwomusginskaja wieder betriebsfähig, aber schon am nächsten Tag sollte es einen Rückschlag geben, als Partisanen den Durchlaß 11,9 km ostwärts Kriwomusginskaja sprengten. Am 25. September 1942 wurde auf dem ca. 45 km langen Streckenabschnitt Karpowskaja – Woroponowo der Pendelbetrieb in Breitspur durch die F.B.Abt. 20 aufgenommen. Der davor liegende Streckenabschnitt konnte nicht benutzt werden, denn am 26. Sep-

tember 1942 detonierte 10 km nordostwärts Ljapitschew eine von Partisanen gelegte Mine, die einen Sprengtrichter mit einem Durchmesser von 4,0 m und eine Zerstörung des Oberbaus auf einer Länge von 40 m zur Folge hatte. Wenn auch mit den Wiederherstellungsarbeiten sofort begonnen wurde, mußten hierfür doch Kräfte herangezogen werden, die an anderer Stelle für den Wiederaufbau fehlten. Zur Steigerung der Leistungsfähigkeit der eingleisigen Breitspurstrecke wurden bei km 300,3 zwischen Ljapitschew und Kumowka (Abstand 14,7 km) und bei km 325,8 zwischen Kriwomusginskaja und Prudboj (Abstand 12,5 km) Kreuzungsstellen mit jeweils zwei Überholungsgleisen von 650 m Länge angelegt, die sich am 30. September 1942 im Bau befanden.
Der Bahnhof Stalingrad-Wostotschnij war bereits am 2. Oktober 1942 durch einen Erkundungstrupp von 8./Eisb.Pi.Rgt 4 aufgesucht worden, dabei war das Gelände von Scharfschützen gesäubert und mehrere Gefangene eingebracht worden. An diesem Tag wurde auch der Betrieb auf den Teilstrecken Woroponowo – Gumrak, Gumrak -Rasguljajewka und Woroponowo – Sadowaja vom FEKdo.3 übernommen. Am 3. Oktober 1942 war der Durchlaß 11,9 km nordostwärts Kriwomusginskaja wiederhergestellt und damit die Strecke zwischen der Eisenbahnbrücke über den Don oder genauer gesagt zwischen Loshki und Woroponowo in Breitspur im Pendelbetrieb durchgehend befahrbar, ebenso die Strecke Donskaja – Kriwomusginskaja. Zunächst setzten in Kalatsch am Don die Lkw-Kolonnen mittels Fähren über den Don; schon bald hatten die Pioniere mehrere Pontonbrücken über den Don erbaut und schließlich war dort auch eine feste Straßenbrücke entstanden. Auf dem anderen Ufer wurden die Nachschubfahrzeuge dann im Bahnhof Donskaja entladen. Von dort wurde anschließend der Nachschub mit der Bahn weiter nach Woroponowo und Gumrak tranportiert. Im Bf. Loshki wurden zusätzliche Ladegleise angelegt, denn ein weiterer Straßenübergang über den Don konnte in der Nähe der zerstörten Eisenbahnbrücke benutzt werden, an deren Wiederaufbau gearbeitet wurde. Dabei wurde der im Bf. Tschir ankommende Nachschub auf Lastkraftwagen verladen, die dann anfänglich mittels Pontonfähren über den Don gebracht und anschließend in Loshki entladen wurden. Später überquerten sie den Don auf einer festen von den Heerespionieren erbauten Straßenbrücke. Von Loshki fand dann der weitere Transport der Nachschubgüter wieder auf der Schiene statt. Ein umständliches Verfahren, das bei starkem Regen wegen aufgeweichter Straßen und bei Eisgang des Dons einen Engpaß verursachen sollte. Deshalb waren auch Seilbahnen zur Überbrückung des Don bei Tschir und Kalatsch am Don in der Überlegung. Wegen der nicht ausreichenden Zahl an leistungsfähigen Breitspurlokomotiven und anderer betrieblicher Mängel konnten auf den genannten Strecken täglich höchsten 4 bis 5 Züge täglich gefahren werden, teilweise sogar mit einem Gewicht von nur 250 t. Am 9. Oktober 1942 mußten die Wiederherstellungsarbeiten im Bf. Woroponowo wegen Artilleriebeschuß eingestellt werden. Der Betrieb auf der bisher in Betrieb genommenen Breitspurstrecke zwischen der Don-Brücke und Woroponowo wurde schon am 14. Oktober wieder unterbrochen, als westlich von Kriwomusginskaja eine von Partisanen gelegte Zeitmine explodierte. Die dadurch entstandenen Gleisschäden wurden innerhalb von zehn Stunden wieder repariert, hinzu kamen auch Gleissperrungen infolge von Engleisungen. Eine Verbesserung der Lage trat mit der behelfsmäßigen Wiederherstellung der Wasserstationsanlage (Wasserturm 75 $m^3$, Pumpe 40 $m^3/h$, 2 Wasserkräne) im Bf. Karpowskaja ein. Infolge der geringen Leistungsfähigkeit der Strecke und hinzukommenden Streckenstörungen konnten die Versorgungszüge nicht reibungslos vorgebracht werden, so daß ein Teil der Versorgungsgüter wieder mittels Lastwagenkolonnen direkt bis nach Gumrak transportiert werden mußte. Am 1. November 1942 kam der Befehl zur Erkundung des Baus einer Feldbahn von einem Bahnhof zwischen Kriwomusginskaja und Karpowskaja an der Strecke Lichaja – Stalingrad und Peskowatka. Zur Verbesserung der Verkehrssituation wurde am 2. November 1942 mit dem Bau einer zweiten Seilbahn über den Don bei Kalatsch begonnen, die geplante Feldbahn sollte bei Kalatsch an

dieser Seilbahn angeschlossen werden. Man erhoffte sich von diesen Maßnahmen eine Entlastung der Strecke Loshki – Stalingrad, denn die Nachschubgüter für Peskowatka könnten dann von Tschir mit Lkw der Kw.Kol. zur Seilbahn bei Kalatsch gebracht werden, wo das Umladen auf dem ostw. Ufer von der Seilbahn auf die Feldbahn hätte stattfinden können. Weiterhin hätte die geplante Feldbahn bei unbefahrbaren Straßen auch über die Förderbahn an der Don-Brücke oder auch über die Seilbahn Donbrücke – Loshki bedient werden können, da in diesem Fall nur eine Güterbeförderung von Loshki über Kriwomusginskaja nach Kalatsch über die Breitspurstrecke notwendig gewesen wäre, um auf diese Weise die weiterführende Strecke nach Stalingrad zu entlasten. Ein weiterer Vorteil dieser Feldbahn von Kalatsch nach Peskowatka hätte auch darin bestanden, daß bei einer Nachschubbeförderung per Schiff auf dem Don der Umschlag auf die Feldbahn in Kalatsch möglich gewesen wäre. Die Streckenlänge hätte von Kriwomusginskaja bzw. Kalatsch nach Peskowatka ungefähr 34 bzw. 37 km betragen.
Der Bau weiterer Kreuzungsstellen war zwischen Loshki und Ljapitschew (Abstand 10,5 km), zwischen Kumowka und Kriwomusginskaja (Abstand 11,8 km) und zwischen Prudboj und Karpowskaja (Abstand 11,5 km) geplant.

**Mitte November 1942 führt der Don Hochwasser als Folge der großen Niederschläge. Die Aufnahme zeigt die imposante Eisenbahnbrücke über den Don in der Nähe des Bahnhofs Tschir, über die nach der Planung schon in wenigen Wochen der durchgehende Eisenbahnverkehr bis nach Stalingrad hätte rollen sollen. (Aufnahme: Johann Hochwallner)**

An jeder Kreuzungsstelle war eine Dienst- bzw. Wohnbaracke für das Bahnhofspersonal und zwei Weichenwärterbuden vorgesehen. Im Bf. Rytschow wird der Bau des zweiten Überholungsgleises durch große Geländeschwierigkeiten behindert, im Bf.Loshki ist am 2. Oktober 1942 ein zweites Überholungsgleis im Bau.

Weitere Planungen:
Bf. Ljapitschew: Instandsetzung des 3. und Neubau eines vierten Überholungsgleises,
Bf. Kumowka: Bau eines zweiten Überholungsgleises,
Bf. Kriwomusginskaja: Instandsetzung der früheren Gleisanlage 4 Gleise), das Bahnsteiggleis ist so anzuschließen, daß die Einfahrt aus Richtung Lichaja möglich ist (bisher ist anscheinend nur die Einfahrt aus Richtung Donskoj/Kalatsch möglich),
Bf. Prudboj: Bau eines zweiten Überholungsgleises.
Bf. Karpowskaja: Wiederherstellung der ursprünglichen Gleisanlage mit mindestens vier zuglangen Gleisen,
Bf. Basargino: Bau eines zweiten Überholungsgleises,
Kreuzungsstelle bei Km 358,2: Bau eines zweiten Kreuzungsgleises von 650 m Länge,
Bf. Woroponowo: Instandsetzung der zwölf zuglangen Gleise, Ein- und Ausfahrt aus Richtung Lichaja und Stalingrad muß in sämtliche

**Deutscher Schienen-Lkw mit zwei russischen Breitspur-Güterwagen bei einer Kreuzungsstelle einer eingleisigen Strecke, rechts eine russische Draisine. (Aufnahme: Will, BA/MA-Freiburg)**

Gleise möglich sein, ebenso Einfahrmöglichkeit aus Richtung Gumrak in mindestens 5 Gleise.

Am 30. September 1942 war die wintersichere Verkleidung der Wassertürme in den Bahnhöfen Ljapitschew, Karpowskaja und Kriwomusginskaja bereits erfolgt. Im Bf. Woroponowo war die Wasserstation behelfsmäßig instand gesetzt, der beschädigte Wasserturm mußte noch wiederhergestellt werden, benötigt wurden 4 Wasserkräne im Bahnhof, 2 im Bw und 2 an den Schlackengruben.
Die genannten Maßnahmen wurden im Hinblick auf die baldige Umspurung der gesamten Breitspurstrecke durchgeführt bzw. geplant, die mit der für Anfang Dezember 1942 erwarteten Inbetriebnahme der großen Eisenbahnbrücke über den Don bei Tschir fällig geworden wäre. Damit wäre dann ein durchgehender Normalspurbetrieb auf der gesamten 360 km langen Strecke Lichaja – Woroponowo (Stalingrad) möglich gewesen. Aber dazu sollte es infolge der schon bald eintretenden taktischen Lage nicht mehr kommen.
Bis dahin mußte zwischen Tschir und Rytschow das Nachschubgut von der Schiene auf die Straße und wieder auf die Schiene umgeladen werden, wobei der Weitertransport in Richtung Stalingrad dann auf Breitspur stattfand. Zwar hatte man im Raum Stalingrad eine Reihe von russ. Breitspurlokomotiven erbeutet, doch fehlten die notwendigen Werkstätten zur Wartung und Pflege der Dampflokomotiven. Die Ausbesserungswerke in Stalingrad waren durch die deutschen Bombenangriffe völlig zerstört worden und das Bw im Bf. Woroponowo hatten die Russen zerstört. Die Folge war, daß nur wenige Breitspurlokomotiven eingesetzt werden konnten und diese fielen dann nach und nach aus. Auch die kurzfristige Abordnung von Fachpersonal vom Bw Morosowskaja konnte nur wenig bewirken. Die geringe Leistung der Lokomotiven auf der Strecke Loshki – Woroponowo – Gumrak ließ nur die Beförderung kurzer Nachschubzüge zu, so daß schon bald Schienen-Lkw als Traktionsmittel eingesetzt werden mußten, deren Zugkraft naturgemäß noch geringer war, als diejenige der noch vorhandenen Breitspurlokomotiven.

Man setzte deshalb hohe Erwartungen auf die Fertigstellung der Don-Brücke bei Tschir, deren Inbetriebnahme die Nachschublage der 6. Armee erheblich verbessert hätte.

## Die Verbindungsstrecke Ostrogoshsk – Jewdakowo

Der Streckenabschnitt Liski – Lichaja (siehe Seite 70) der zweigleisigen Strecke Moskau – Rostow hing in Folge der Zerstörung der Brücke über den Don (1,8 km südl. Liski) und der Zerstörung der Brücke über den Donez nördl. von Kamenskaja völlig in der Luft. Lediglich der Bahnhof von Millerowo war über eine eingleisige Strecke aus Richtung Westen von Kondraschewskaja (siehe Seite 82) her erreichbar, doch diese war zunächst wegen vieler zerstörter Brücken noch nicht benutzbar. Deshalb wurde bereits im August 1942 mit dem Bau einer 28 km langen Verbindungsstrecke zwischen der Strecke Walujki – Liski (siehe Seite 65) und der Strecke Liski – Lichaja begonnen.

| | |
|---|---|
| Km 0,0: | Abzweig von der Strecke Walujki – Liski bei Km 114,738 im Bf. Gniloje. |
| Km 5,625: | Bf. Petrenkowo. |
| Km 7,3: | Kleine Brücke. |
| Km 8,3: | Kleine Brücke. |
| Km 9,9: | Durchlaß. |

**Die Aufnahme vom 28. September 1942 zeigt eine Brückenbaustelle an der Verbindungsstrecke Gniloje – Jewdakowo. (Aufnahme: Will, BA/MA-Freiburg)**

Belastungsprobe der Talbrücke bei Km 9,5 am 30. Oktober 1942. (Aufnahme: BA/MA Freiburg)

Bei dem Bau der Verbindungsstrecke Gniloje – Jewdakowo waren umfangreiche Erdbewegungen notwendig. Aus Mangel an Gerät und Betriebsstoff mußte in großem Umfang Handarbeit eingesetzt werden. Im Vordergrund schieben sowjetische Kriegsgefangene Kipploren, sie waren in den links sichtbaren Zelten untergebracht. (Aufnahme: Will, BA/MA-Freiburg)

Blick von der Sattelbrücke bei Km 17,6 der Verbindungsstrecke Gniloje – Jewdakowo am 28. September 1942.
(Aufnahme: Will, BA/MA-Freiburg)

Dammschüttung bei Km 25,0, es liegt ein Breitspurgleis, auf dem am 24. September 1942 ein Zug bestehend aus russ. Flachwagen mit einer russ. Lokomotive steht. (Aufnahme: BA/MA Freiburg)

**Bei dem Bau der Hochbrücke bei Km 22,8 bewegt ein aus einem russ. Lastwagen vom Typ SIS-5 umgebauter Schienen-Lkw zwei russ. Güterwagen, die mit einem Doppel-T-Träger als provisorischer Baukran zum Einsetzen der Peine-Träger dienen. (Aufnahme: BA/MA Freiburg)**

**Belastungsprobe der Brücke bei Km 20,2 am 5. November 1942 mit je einer Lokomotive der Baureihe $56^{20}$ (pr.$G8^{2}$) und $55^{25}$ (pr. $G8^{1}$). (Aufnahme: BA/MA Freiburg)**

**Anbringen der letzten Lasche zum nächsten Bauabschnitt am 31. Oktober 1942. (Aufnahme BA/MA Freiburg)**

**Einen Monat vor Inbetriebnahme der Verbindungsstrecke ist am 5. November 1942 im Bahnhof Jarki ein Güterzug mit einer Lokomotive der Baureihe $56^{20}$ (pr.G $8^{2}$) angekommen. (Aufnahme: BA/MA Freiburg)**

Km 9,5: Talbrücke Petrenkowo, Länge 426,20 m, S.O. über Gelände 5,40 m.
Km 11,59: Kleine Brücke.
Km 13,2: Durchlaß.
Km 13,65: Bf. Pocholok.
Km 14,40: Durchlaß.
Km 14,96: Durchlaß.
Km 16,6: Kleine Brücke.
Km 17,6: Sattelbrücke, Länge 80,0 m, S.O. über Gelände 9,0 m.
Km 20,2: Kleine Brücke.
Km 20,76: Bf. Jarki.
Km 22,8: Hochbrücke Michnowo: Länge 181,80 m, S.O. über Gelände 22,9 m.
Km 23,50
bis 25,00: Einschnitt: Tiefe 11,0 m.
Km 27,4: Bf. Michnowo.
Km 28,5: Einmündung in die Strecke Liski – Lichaja bei Km 305.

Unter der Leitung von 4./Eisb.Pi.Rgt.6 arbeiteten die RAD-Abt.K3/231 und K4/232, die in getarnten Biwak-Lagern untergebracht waren, das Br.Bau- Btl.37, die Eisb.Bau Komp.126 und das 1./Eisb.Bau Btl.407 zusammen mit russ. Kriegsgefangenen an dem Bau der Verbindungsstrecke. Die Kriegsgefangenen waren im Dulag 191 in Ostrogoshsk und im Dulag 231 in Jewdakowo untergebracht. Der Bau der eingleisigen Strecke war wegen der umfangreichen Brückenbauten und großen Erdbewegungen aufwendig und zeitraubend. Der zu überwindende Höhenunterschied von 130 m machte nicht nur den Bau einer Spitzkehre im Bahnhof Jarki notwendig, sondern zur Beschleunigung der Bauarbeiten wurde auch eine maximale Steigung der Strecke von 21,5 Promille zwischen Jarki und Michnowo in Kauf genommen. Erst am 5. Dezember 1942 war die Strecke eingleisig in Normalspur durchgehend befahrbar und wurde durch die F.B.Abt.8. in Betrieb genommen. Das Material für den Oberbau wurde aus dem nordwärts gelegenen Streckenabschnitt Puchowo – Jewdakowo der zweigleisigen Strecke (Liski) – Millerowo – Lichaja – Rostow (s. Seite 70) durch Abbau des zweiten Gleises gewonnen. Bei den Bahnhöfen handelte es sich nur um einfache Kreuzungsstellen. Teilweise kamen Bauzüge in Breitspur zum Einsatz. Da der benötigte Treibstoff bis zum 4. Oktober 1942 noch nicht eingetroffen war, mußte der Fahrbetrieb an den einzelnen Bauabschnitten eingestellt werden, auch konnte der inzwischen vorhandene vierte Bagger aus Betriebsstoffmangel nicht eingesetzt werden, dies hatte eine weitere Verzögerung der umfangreichen Erdarbeiten zur Folge. Seit dem 18. Oktober 1942 wurde der Arbeitsfortschritt an der Strecke durch starken Regen erheblich behindert, die Straßen waren aufgeweicht und deshalb nicht befahrbar. Noch während der Bauarbeiten fand am 29. Oktober 1942 um 15.45 Uhr ein Bombenangriff auf den Abzweigbahnhof Gniloje statt, bei dem 2 Gleise beschädigt wurden, die jedoch bereits um 17.00 Uhr wieder befahrbar waren. Am folgenden Tag um 10.45 Uhr war der Bf.Michnowo Ziel eines russischen Bombenangriffs, bei dem die Gleisanlagen und drei Vollbahnwagen beschädigt wurden. Mit der Inbetriebnahme der Verbindungsstrecke am 5. Dezember 1942 wurde ein durchgehender Normalspurbetrieb zwischen dem wichtigen Bahnknoten Walujki über die zweigleisige Strecke nach Liski und der Strecke (Liski-) Jewdakowo – Millerowo(-Lichaja) möglich.
Die zulässige Höchstgeschwindigkeit betrug zwischen Gniloje und Jarki und zwischen Michnowo und Jewdakowo 30 km/h und zwischen Jarki und Michnowo 20 km/h. Die Langsamfahrstellen waren durch entsprechende Signale gekennzeichnet. Auf der Verbindungsstrecke waren nur Züge mit max. 450 t erlaubt, die aus Richtung Alexejwka bzw. Walujki kommenden Züge von 850 t wurden in Gniloje geteilt. Jeder Zugteil mußte über 45 Bremshunderstel verfügen, sonst mußte die Geschwindigkeit herabgesetzt werden. Sämtliche Züge, die über die Verbindungsstrecke fuhren, erhielten ab Alexejewka Vorspann, damit war für jeden Zugteil ab Gniloje eine Lok vorhanden. In Pocholok erhielt jeder Zugteil zusätzlich eine Schiebelok, die mit dem Zug mit anschließender Bremsprobe gekuppelt wurde. Die Schiebelok blieb bis Jewdakowo am Zug, wobei diese durch das Kopfmachen im Bf. Jarki dort zur Zuglok wurde. Der Bf. Jarki lag in einer Neigung von 1:100, weshalb dort die Züge

**An einem der Bahnhöfe an der Verbindungsstrecke Gniloje – Jewdakowo, es könnte sich vielleicht um den Bahnhof Jarki handeln, steht vor dem kleinen Lokschuppen um die Jahreswende 1942/43 eine deutsche Lokomotive vermutlich der Gattung G8.1 (Aufnahme: BArch R 5 Anh.1/162)**

gegen Ablaufen besonders gesichert werden mußten (Anziehen der Schlußbremse jedes Zuges nach dem Anhalten). Das Abstellen einzelner Wagen war dort nicht erlaubt, kein Zug durfte im Bahnhof unbespannt stehen. Im Bf.Jewdakowo wurden die beiden Halbzüge wieder vereinigt und fuhren daraufhin in Richtung Millerowo ohne Schiebelok weiter. Auf der Verbindungsstrecke kamen als Schiebelok hauptsächlich Lok der Baureihe 93 (pr. T 14) zum Einsatz. Kurz vor der Betriebsaufnahme auf der Verbindungsstrecke und zwar zwischen Alexejawka und Jewdakowo wurde von einem Aufkommen von sechs Vollzügen täglich gerechnet, was einem Bedarf von 15 betriebsfähigen Lok (Baureihe $56^{20}$, pr. $G8^{2}$) plus sechs Schiebelok entsprach. Deshalb wurde die Zuführung von 22 G $8^{2}$ und 10 Schiebelok (Baureihe 93, pr.T 14 oder Baureihe 94, pr. T 16) bis zum 25. November 1942 gefordert. Am 18. Dezember 1942 waren auf der Verbindungsstrecke 16 G $8^{2}$ als Streckenlok und 6 T 14 als Schiebelok im Einsatz.

Am 11. Dezember 1942 entgleiste bei einer Abzweigstelle ein Zug, eine Sperrung der Strecke für 74 Stunden war die Folge. Als dann Ende Dezember 1942 die Strecke (Liski) – (Kamenskaja) zuerst zwischen Kantemirowka und Tschertkowo und dann auch noch bei Millerowo durch die Rote Armee unterbrochen worden war, gelang es über die Verbindungsstrecke eine Vielzahl von Räumungszügen mit wertvollem Material nach Walujki und damit nach Westen in Sicherheit zu bringen. Der letzte Zug passierte die Strecke am 15. Januar 1943 um 24.00 Uhr, anschließend wurden die Brücken und Gleise der Strecke von eigenen Truppen zerstört.

## Die Großfeldbahnen im Dongebiet

Das große Gebiet zwischen dem nach Osten in Richtung Wolga fließenden Don im Norden und dem Donez und der Eisenbahnstrecke Lichaja – Stalingrad im Süden umfaßt eine Fläche mit einer Breite von 260 km und einer Tiefe von 200 km. Hier gab nur sogenannte Rollbahnen, die sich im Frühjahr und im Herbst in Schlammwüsten verwandelten, keine festen Straßen und schon gar keine Eisenbahnlinien. Zur Verbesserung der Verkehrssituation, insbesondere der Nachschubversorgung der am Don liegenden Truppen und wohl auch zur Abfuhr landwirtschaftlicher Erzeugnisse wurde deshalb schon am 19. Juli 1942 in einer Lagebesprechung von den Verantwortlichen für den Nachschub der 6. Armee angeregt, mit den Erkundungen zum Bau von Feldbahnen von Kantemirowka nach Meschkoff und von Millerowo nach Bokowskaja und nach weiterem Vormarsch nach Osten von Ssurowikino nach Perelasowskij oder Jewsejew zu beginnen. Ende Juli 1942 wurden dann drei Feldbahnen geplant und die Trassierungsarbeiten an den drei Feldbahnen I, II und III begannen dann bereits am 15. August 1942 (weitere Einzelheiten siehe Alfred B. Gottwaldt „Heeresfeldbahnen", Stuttgart 1986, S. 324 – 332). Eine weitere Feldbahn IV und zwar von Kalatsch am Don bzw. Kriwomusginskaja (an der Strecke nach Stalingrad – siehe Seite 105) nach Peskowatja kam über das Planungsstadium nicht hinaus. Erst am 1. November 1942 war der Befehl zur Erkundung zum Bau dieser Feldbahn ergangen, aber schon kurz darauf hatte die Rote Armee das betreffende Gebiet wieder in ihren Besitz gebracht.

Der Vollständigkeit halber wäre auch noch eine kurze Feldbahnstrecke zwischen Rytschow, dem letzten Bahnhof der Normalspurstrecke von Lichaja, und dem Don-Ufer in der Nähe der zerstörten großen Eisenbahnbrücke über den Don ostwärts Tschir zu nennen, hier befand sich eine von den Heerespionieren erbaute einspurige Straßenbrücke und eine Fährstelle. Die ca. 6 – 8 km lange Förderbahn wurde am 11. November 1942 in Betrieb genommmen und diente zum Transport von Nachschubgut, das anschließend im Straßentransport über den Fluß nach Loshki gebracht wurde, wo dann der Weitertransport in Richtung Stalingrad auf Breitspur erfolgte. Der Bau der Feldbahnen I – III, wegen ihrer außergewöhnlichen Streckenlänge auch Großfeldbahnen genannt, wurde als sehr dringlich eingestuft und sollte bis zum Einsetzen der Schlammperiode abgeschlossen sein. Am 20. August 1942 wurde die Dringlichkeit der Feldbahnen festgesetzt: Feldbahn III, I und II. Diese Reihenfolge sollte jedoch im Laufe der nächsten Monate noch mehrmals geändert werden.

Zu Beginn stand jeweils der Ausbau der Anfangsbahnhöfe (Übergang von der Vollbahn) der einzelnen Feldbahnen. Die Zuständigkeiten für die einzelnen Feldbahnen waren so vorgesehen:

Feldbahn I – ital. AOK 8 bzw. Heeresgruppe B
Feldbahn II – rum. AOK 3 bzw. Stab Don
Feldbahn III – AOK 6

Sämtliche an den Strecken eingesetzte Feldbahn-Einheiten waren dem Stab 1./Eisb.Pi. Rgt. 5 unterstellt. Die größten Schwierigkeiten entstanden bei der Bereitstellung des notwendigen Personals, denn der größte Teil der im Betrieb einzusetzenden Offiziere und Unteroffiziere besaßen keine oder nur eine sehr mangelhafte Ausbildung im Feldeisenbahndienst. Für sämtliche Strecken wurde die 600 mm-Spur gewählt. Als Arbeitskräfte kamen hauptsächlich in großem Umfang russ. Kriegsgefangene in Betracht, am 25. September 1942 waren rund 25.000 Kriegsgefangene eingesetzt, am 10. Oktober 1942 befanden sich im

Dulag I 3310
Dulag II 7366
Dulag III 6252 Kriegsgefangene

Die Lebensmittel für deren Ernährung hatten die auch im Dongebiet inzwischen eingesetzten deutschen Landwirtschaftsführer aus dem Lande zu beschaffen. Aus den russischen Kriegsgefangenen wurden in erster Linie Eisenbahnpioniere, Angehörige der Eisenbahnbautruppen, Bahnarbeiter, Erdarbeiter, Schlosser, Schmiede, Zimmerleute, Holzarbeiter, Mechaniker, usw. für den Bau der Feldbahnen herausgesucht. Ausdrücklich wurde dagegen der Einsatz von Angehörigen der Turkvölker, Erdölfacharbeitern, Berufsbergleuten, Panzerfahrern, Panzerfacharbeitern und Facharbeitern der Rüstungsindustrie verboten. Nach Abschluß der Bauarbeiten sollte zumindest ein Teil der Kriegsgefangenen weiter vor Ort bleiben, um dann beim Schneeräumen eingesetzt zu werden.

Für den Betrieb wurden folgende Einheiten zugeteilt:

Feldbahn I: Feldb.Btl.Stab 501 mit
Feldb.Kp. 601 – 603
Feldbahn II: Feldb.Btl.Stab 502 mit
Feldb.Kp. 604 – 607
Feldbahn III: Feldb.Btl.Stab 503 mit
Feldb.Kp. 608 – 610

Die Feldb.Kp. 601 – 604 und 608 – 610 wurden in Fürstenwalde und die Feldb.Kp. 605 – 607 in Hanau aufgestellt; diese wurden dann zwischen dem 9. und 17. Oktober 1942 in Marsch gesetzt, ebenso die Btl. Stäbe. Die wenigen Offiziere und ein großer Teil der Unteroffiziere und Mannschaften besaßen keinerlei berufliche Erfahrung im Feldbahnbetrieb und hatten keine entsprechende Ausbildung genossen. Um diesem Mangel abzuhelfen, wurden in Schelistowka Lehrgänge abgehalten.

## Feldbahn I

Die Feldbahn I mit einer Gesamtlänge von ca. 150 km (Stammstrecke und ca. 27 km Spitzenstrecke) begann im Bahnhof Schelistowka an der Strecke Puchowo – Millerowo (siehe Seite 70), ihre Trasse verlief in östl. Richtung mit einem Abzweig (Spitzenstrecke) nach Nordosten, eine Erweiterung über Kupjanak nach Rashowka war bereits vorgesehen. Der Feldbahn-Btl.-Stab 501 befand sich in Schelistowka.

| | | | |
|---|---|---|---|
| Km 0,0 | Shelistowka | | |
| 2,5 | Berlin | | |
| 9,2 | Cottbus | | |
| 14,8 | Dresden | | |
| 19,7 | Erfurt | | |
| 25,6 | Kopan | | |
| 30,5 | Gera | 0,0 | Gera |
| 35,4 | Halle | 3,8 | Florenz |
| 40,7 | Iserlohn | 7,8 | Pisa |
| 46,4 | Köln | 13,9 | Venedig |
| 52,5 | Lübeck | 18,2 | Turin |
| 55,0 | Mainz | 24,0 | Radschenskoje |
| 60,3 | Nürnberg | | |
| 65,6 | Oppeln | | |
| 69,6 | Prag | | |
| 74,9 | Quedlinburg | | |
| 79,2 | Riesa | 0,0 | Riesa |
| | | 8,0 | Meschkoff |

Als Streckenleistung wurde Re 12 angesetzt, diese sollte jedoch bei einer Geschwindigkeit von 10 km/h auf Re 21 und eventuell sogar auf Re 24 steigerungsfähig sein.
Schon am 2. September 1942 traten infolge von Betriebsstoffmangel Transport– und vor allem Verpflegungsschwierigkeiten bei den 7000 bereits beim Bahnbau eingesetzten russ. Kriegsgefangenen auf. Der Unterbau der gesamten Strecke sollte am 15. November 1942 fertiggestellt sein unter der Voraussetzung, daß die erforderlichen Kräfte, der Transportraum und die Geräte spätestens ab 25. September 1942 zur Verfügung stünden. Ein genauerer Termin für die Fertigstellung würde erst nach Bekanntwerden der zu bewegenden Erdmassen sowie nach etwa siebentägigem Einsatz von Großgerät genannt werden können. Schon am 19. September 1942 mußte der Trassierungstrupp seine Arbeiten an der Feldbahn I wegen Treibstoffmangel einstellen. Am 6. November 1942 war die Anfangsstrecke bis Km 25 fertiggestellt. Mangels Wasserversorgung wurden auf der Strecke vorzugsweise Diesellok eingesetzt. Infolge der ungünstigen Wasserverhältnisse (sehr hartes Wasser) waren Versuche mit den franz. Fairlielok ungünstig verlaufen.
Zur Milderung des Personalmangels wurde angeordnet, von den russ. Kriegsgefangenen sofort alle Berufseisenbahner zu entlassen, auch wurden die Kriegsgefangenenlager nach Lokpersonal, Schlossern und Panzerfahrern ausgekämmt. Anfang Oktober wartete man immer noch auf weiteres Oberbaumaterial. Am 16. Oktober 1942 mußten auf Befehl von AOK 6 von den beim Bahnbau eingesetzten russischen Kriegsgefangenen 200 Mann an die 79.ID. offenbar zum Stellungsbau abgegeben werden Zur Füllung der Lücke zog man einheimische Männer und Frauen zum Bahnbau heran. Für die Arbeiten an der Strecke von km 80 bis Endpunkt der Stammstrecke konnten bis zum 17. November 1942 insgesamt 1500 Arbeitskräfte eingesetzt werden. Auf Wunsch der ital. 8. Armee wurde am 1. November 1942 die Verlängerung der Spitzenstrecke von Radschenskoje bis zur Rollbahn Kantemirowka – Bogutschar beschlossen, der Endpunkt sollte nach 18 km Kupjanka (3 km südl. Bogutschar) sein. Die deutschen Feldeisenbahnpioniere wurden bei den Arbeiten durch zusätzliche Baukräfte des ital. Eisb.Pi.Btl X (röm. 10) verstärkt, von welchem bereits zwei Kp. an der Spitzenstrecke eingesetzt waren, schon wenige Tage später, am 9. November 1942 wünschte die ital. 8. Armee die Verlängerung der Strecke von Kupjanka nach Westen bis Raskowka. Am 12. November 1942 fand ein Bombenangriff auf den

Übergangsbahnhof Schelistowka statt, dabei wurden 7 Feldbahnlokomotiven, 2 Feldbahnwagen und die Werkstätte des Pi.Masch.Zuges von 1./Eisb.Pi.Rgt. 5 beschädigt, die Gleisschäden konnten schnell behoben werden. Bei dem Angriff gab es einen Toten und einen Verwundeten bei Feldb.Kp. 602 und 2./Eisb.Bau Btl.2. Am 25. November 1942 waren die Fernsprechleitungen an der Strecke Feldbahn I durch Eisb.Nachr.Rgt.z. B.V. 514 und Eisb.Nachr. Abt. 239 im Bau. Anfang Dezember waren 25 Lokomotiven einsatzbereit. Mit dem 9. Dezember 1942 konnte der Nutzbetrieb auf der Feldbahn I bis Km 65 bei einer tägl. Leistung von 160 t aufgenommen werden, von Seiten des XXIX.A.K. (ital.8.Armee) wurde jedoch von der zur Verfügung gestellten Transportleistung kein Gebrauch gemacht, man hielt 2 bis 3 Versorgungszüge pro Woche für ausreichend. Das kann daran liegen, daß die Einheiten dieses A.K. zur Zeit vom V.St.P. Tschertkowo durch Kraftwagen mit Nachschubgut versorgt wurden. Am 15. Dezember 1942 waren die Hauptstrecke von Schelistowka (Km 0) bis Meschkoff (Km 80) und die Abzweigstrecke nach Bogutschar (Km 0) bis Tschernischewka (Km 23) mit einer tägl. Leistung von 150 t betriebsfähig. Im Bereich des XXIX.A.K. fanden zu dieser Zeit Umgruppierungen statt und auch die ital. 8. Armee konnte die Feldbahn noch nicht benutzen, da deren Umschlagstelle erst von Kantemirowka an der Strecke Liski – Lichaja (siehe Seite 70) nach Schelistowka verlegt werden mußte. Auf der Feldbahn I wurden Baustoffzüge (Feldbahngerät, Bettungsstoffe) nach Bedarf gefahren, dennoch war der Baumaterialnachschub auch bei einem Versorgungsnachschub von tägl. 150 t gesichert. Am 16. Dezember 1942 mußte festgestellt werden, daß der Baufortschritt durch den Mangel an Treibstoff und Schmieröl stark behindert war, die für den Materialnachschub beim Streckenbau benötigten Lokomotiven waren zu 75% stillgelegt, die Mannschaften mußten ihre Einsatzstellen im Fußmarsch erreichen. Zu diesem Zeitpunkt war der für den 1. Dezember 1942 vorgesehene Betriebsstoffzug infolge häufiger Partisanenanschläge auf den Zufuhrstrecken erst in Charkow eingetroffen.

Das Personal der Feldbahn-Kp. setzte sich bei den Mannschaften nicht nur aus Wehrmachtsangehörigen zusammen, auch männliche und weibliche Landeseinwohner bzw. russische Kriegsgefangene wurden als Zugpersonal eingesetzt. Aber auch das von der Heimat entsandte Personal für die Feldbahn Abteilungen war für die vorgesehenen Aufgaben nicht qualifiziert. Siebzig Prozent der Angehörigen waren vom Jahrgang 1907 und älter, 16% der Ufz. und Mannschaften waren vorbestraft, davon 6 Prozent mit einer einmaligen Disziplinarstrafe wegen geringer Vergehen. Die Ausbildung im Betriebsdienst war allgemein ganz unzureichend, denn gerade einmal 35 % der Angehörigen hatten einen achttägigen Kurzlehrgang in Rehagen-Klausdorf absolviert, während die übrigen 65% ohne jede Ausbildung in Marsch gesetzt worden waren. Da am 6. Dezember 1942 noch keine Fertigteilen zum Bau von Lokschuppen angeliefert waren, begann man mit dem Bau von behelfsmäßigen Lok-Bunkern für jeweils 2, 4 oder 6 Lokomotiven. Ebenso wurden Baracken zur Unterbringung des Personals aufgestellt. Infolge der taktischen Lage wurden die weiteren Arbeiten an der Strecke am 20. Dezember 1942 eingestellt. Die Feldbahn I war die einzige der drei Großfeldbahnen, die wenigstens zum Teil in Betrieb genommen werden konnte. Die Rote Armee hat nach dem Durchbruch durch die Front der ital. 8. Armee das gesamte Gebiet der Feldbahn I in kurzer Zeit überrannt, dabei sind die Gleisanlagen und das Rollmaterial verloren gegangen.

### Feldbahn II

Im Bahnhof Obliwskaja (Km 208,5) an der Strecke Lichaja – Tschir (siehe Seite 87) begann die Feldbahn II mit einer Länge von ca. 100 km der Stammstrecke, die dem Tal des von Norden kommenden Tschir folgte und ihre Trasse auf dem flachen östlichen Ufer hatte. Die Planungsarbeiten an der Strecke nahm am 14. August 1942 der Eisb.Pi.Stab z. B.V.10 auf. Am 27. August 1942 wurde festgelegt, daß die Feldbahn II vordringlich vor den Feldbahnen I und III fertigzustellen sei, dabei sollte die Trassenführung dieser Feldbahn so geplant werden, daß der spätere Ausbau zu einer Vollbahn möglich ist. Dennoch wurden bei der Trassierung zunächst die max. Steigung mit 25 statt 5 Promille und der kleinste Krümmungshalbmesser mit 60 statt 300 m festgelegt, um auf diese Weise die Fertigstellung der Strecke zu beschleunigen. Für den Ausbau des Vollbahn-Vorbahnhofs und des Umschlagbahnhofs Obliwskaja wurden am 6. September 1942 an Oberbaustoffen in Normalspur 6 km Gleis und 12 Weichen als notwendig angesehen, für die Feldbahnstrecke selbst wurden ca. 600 lfd. Meter Brücken eingeplant. Am 11. September 1942 wurde der Materialbedarf mit 130 km Feldbahngleis ermittelt. Es gab einen Feldbahn-Anfangsbahnhof, einen Feldbahn-Verteilerbahnhof, drei Bahnhöfe mit jeweils einem Bw einschließlich Wasserstation , 8 Bahnhöfe mit je einer Wasserstation und 10 einfache Bahnhöfe, sämtliche Bahnhöfe besaßen ein Überholungsgleis. Für die Bw's waren drei Lokschuppen 45 x 45 m und zwei Lokschuppen 22,50 x 10,0 m vorgesehen, die Wasserstationsanlagen sollten jeweils einen Brunnen, eine Pumpe, einen Hochbehälter und die entsprechende Anzahl von Wasserkränen aufweisen. Auf Seiten der 6. Armee und der ital. 8. Armee bestand an der Feldbahn II kein Interesse, diese Feldbahn wurde zunächst eigentlich für das rum.A.O.K. 3 angelegt. Die Stationen waren Obliwskaja – Gejew – Maschinskij – Brasow – Ruska – Rusakoff – Pitschugin – Warlamoff mit jeweils einem Abzweig Pitschugin – Bokowskaja und Ruska – Jefremowskij (urspr. Perelasowskij), ein weiterer Abzweig Bokowskaja – Latischewskij war geplant, damit wäre dann eine Verbindung mit der Feldbahn I möglich gewesen. An dem Bau der Feldbahn II waren anfänglich folgende Einheiten eingesetzt:

4./Eisb.Pi.Rgt. 5
Eisb.Pi.Kp. 74
Eisb.Bau Kp. 105
Eisb.Bau Btl. 83 ohne eine Kp
1/2 Wass.Stat.Kp. 197
Kw.Kol.Eisb.Bau Btl. 83
Gr.Eisb.Pi.Kw.Kol. 518
1/2 4./Kw.Trsp.Abt. 99

Die Leitung hatte der Stab z. B.V.10, der bis zum 27. August 1942 sich im Raum Starobelsk im Einsatz befunden hatte. Am 5. September 1942 begannen dann die Erdarbeiten am Vollbahn-Vorbahnhof Obliwskaja, am darauf folgenden Tag wurde auch mit den Erdarbeiten am Vollbahn/Feldbahn-Umschlag-Bahnhof in Obliwskaja begonnen. Für den Bau der Feldbahn II wurden 200 lfd. Meter Feldbahngleis und 10 Loren aus Tarasowska (20 km südl. Millerowo) herangebracht. Ziegel kamen aus der wieder in Betrieb genommenen Ziegelei in Morosowskaja. Ein Erkundungstrupp vom Stab/Eisb.Pi.Rgt. 6 war am 26. September 1942 auf der Suche nach Werkzeugmaschinen für die Errichtung der Bw's der Feldbahnen II und III und auf der Suche nach Brückenbaustoffen im Raum Stalingrad unterwegs.

Die Fertigstellung des Unterbaus war für den 25. November 1942 geplant, befahrbar sollte die Strecke ab 10. Dezember 1942 sein. Diese Termine wurden unter Annahme gemacht, daß ab 25. September 1942 die erforderlichen Kräfte, Transportraum und Geräte zur Verfügung stünden. Nicht nur die Bauarbeiten vor Ort litten immer wieder unter Betriebsstoffmangel, so lag auch das 8./Eisb.Pi.Rgt. 6 seit dem 9. September 1942 für mindestens 10 Tage in Millerowo fest, die Fahrzeuge besaßen keinen Betriebsstoff, denn aus dem dortigen A.B.L. war kein solcher zu bekommen. Dennoch war die 63 km lange Strecke Obliwskaja – Arshanowskij – Warlamoff/Senjukin (Verteil-Bf.) im Bau, für Bettungszwecke wurde abgelagerter und gewaschener feiner Flußsand aus dem Bett des Tschir verwendet. Am 19. September 1942 hatte eine Gruppe 4./Eisb.Pi.Rgt.5 Feindberührung mit russ. Fallschirmjägern westl. von Grusnowski, Verluste traten dabei nicht auf. Zu diesem Zeitpunkt wurden die Baufortschritte durch Treibstoffmangel bei 1./Eisb.Pi.Rgt. 5, 3./Eisb.Pi.Rgt. 5, 2./Eisb.Pi.Rgt. 6 und Eisb. Wass.St.Kp. 197 stark behindert, hinzu kam der schlechte Materialnachschub und der körperlich schlechte Zustand der beim Eisenbahnbau eingesetzten russ. Kriegsgefangenen (von 6440 waren nur 5744 einsatzfähig). Mit einer Steigerung der Leistungsfähigkeit derselben konnte erst gerechnet werden, wenn deren Verpflegung und Bekleidung verbessert wird. Auch wenige Tage später war das AOK 6 nicht in der Lage, den erforderlichen Betriebsstoff und die angeforderten Gespanne zuzuführen, so daß auf einzelne Panjewagen zurückgegriffen werden mußte. Anfänglich mußten die russ. Kriegsgefangenen durch Angehörige der Feldeisenbahneinheiten bewacht werden, später konnten diese freigemacht und durch ein Landesschützen-Btl. ersetzt werden, welches den Feldeisenbahnern unterstellt war. Bis zum 4. Oktober 1942 war weder Voll- noch Feldbahnoberbaumaterial eingetroffen. Infolge Betriebsstoffmangel mußte der Fahrbetrieb mit benzingetriebenen Fahrzeugen am 14. Oktober 1942 eingestellt werden. Allen Widrigkeiten zum Trotz sollte die Fertigstellung der Strecke bis Km 65,0 (Straßenanschluß) beendet sein (Planung vom 1. Dezember 1942), wenn bis zum 20. November 1942 der erwartete Zug mit dem Oberbaumaterial in Obliwskaja eintreffen würde. Am 4. Oktober 1942 wurde der Plan gefaßt, die Feldbahn II mit der Feldbahn I zu verbinden, dies bot sich an, da die Feldbahn I augenblicklich im Tschir-Tal, in welchem die Trasse der Feldbahn II verläuft, in Latischewskij ca. 20 km oberhalb von Bokowskaja endete. Am 8. Oktober 1942 war der Betriebsstoffmangel bei den am Bau eingesetzten Einheiten der Eisenbahn-Pioniere erdrückend, für die Versorgung mit Betriebsstoff war nicht die 6. Armee, sondern Kodeis 6 zuständig. Im A.B.L. Tschernyschkow waren keine Vorräte vorhanden. Wenn auch die Bauarbeiten an der Feldbahn II am 15. Oktober 1942 noch lange nicht beendet waren, so traten weitere Schwierigkeiten auf. Der Vollbahn-Vorbahnhof Obliwskaja war zu diesem Zeitpunkt noch nicht fertiggestellt und die Deutsche Luftwaffe hatte im Bf.Obliwskaja das nördl. Ausziehgleis (Vollbahn) für eigene Zwecke in Benutzung genommen, wodurch die Aufstellung von Baustoffzügen für die Feldbahn II eingeschränkt wurde. Deshalb wurde der Ausbau des Vorbahnhofs als dringend erforderlich angesehen. Damals sollten die Feldbahn-Bw's bei km 0,0 Obliwskaja, bei km 37,1 am Bf. Rusakoff, an den Bf'en bei km 53,70 und km 112 und beim Abzweig-Bf. bei km 72 (Spitzenstrecke nach Warlamoff) eingerichtet werden. Die Lage der übrigen Bahnhöfe war bei km 4,55, 9,155, 13,55, 16,75, 21,60, 26,04, 30,77, 35,25, 40,20, 45,17, 49,98, 53,70, 57,90 und 67,10 festgelegt. Ein Teil der Brücken zwischen km 0,00 und 73,00 war wegen des Fehlens von Brückenbaumaterial damals noch nicht fertiggestellt. Am 22. Oktober 1942 wurde die Planung des weiteren Ausbaus der Strecken der Feldbahn II auf Antrag des rum. A.O.K. 3 durchgeführt. Dabei sollten die östliche Spitzenstrecke nach Pereslasowskij und die westl. Spitzenstrecke nach Bokoswskaja ausgebaut werden, wobei die Strecke nach Pereslawoskij bei Km 72 von der Stammstrecke und zwar 3 km vor der Kurtlak-Brücke abging und südl. des Kurtlak entlang der Ortschaften Kalatschew – Golubinskij – Lipowskij – Jefremowskij bis Perelasowskij verlief. Die westl. Strecke zweigte bei km 92 von der Stammstrecke ab und verlief am westl. Tschir-Ufer in Richtung Kushno, überschreitet das Tschir-Tal bei Krasnokutskaja und läuft parallel zur Rollbahn über Bokowskaja nach Latischewskij zum Endbahnhof der Feldbahn I. Dabei wurde das geplante Bw bei Russakoff nicht mehr benötigt und an anderer Stelle angelegt. Am 29. Oktober 1942 informierte sich der Befehlshaber der Eisb. Truppen General Will über den Bauzustand der Feldbahn II. Dabei wurde noch einmal deutlich gemacht, daß die Fertigstellung dieser Feldbahn, die für den Nachschub der rum. 3. Armee besonders wichtig war, vordringlich zu behandeln sei. Zu diesem Zeitpunkt waren vom Planum der Stammstrecke von 117 km Länge immerhin 109 km fertiggestellt. Das Gleis lag dagegen wegen fehlenden Brückenbaumaterials nur bis km 48,15. Zwei Blankdraht-Leitungen sind bis km 75 von der Eisb.Fsp.Kp. 161 vorgebaut. Zur Beschleunigung der Bauarbeiten wurde die Unterstellung rum. Bautruppen gefordert. Sämtliche bisher eingetroffenen Betriebsmittel (Lok und Wagen) waren ohne Schmiermittel aus der Heimat in Marsch gesetzt worden und konnten deshalb ohne Abschmieren bzw. Ölen der Achsen und Getriebeteile bisher nicht in Betrieb genommen werden, deshalb war auch ein Vorbau der weiteren Strecke nicht möglich. Fehlende Pumpensätze und Baustoffe für Wasserstationen hatten bis jetzt die Inbetriebnahme der Dampflokomotiven verhindert. Auch war kein ausreichender Nachschub an Oberbaumaterial eingetroffen. Durch das Fehlen von Vollbahnstoffen und das Fehlen einer eigenen Rangierlokomotive im Bf. Obliwskaja entstand ein Engpaß beim Entladen von ganzen Betriebsmittelzügen, auch verzögerten fehlende Brückenbaumaterialien nach wie vor die planmäßige Fertigstellung der Brücken. Die Planung vom 1. November 1942 sah vor, die bisherige Stammstrecke über Warlamoff bis Ssenatkin herzustellen, weiterhin war je eine Abzweigstrecke nach Perelasowskij und nach Bokowskaja (Flugplatz) zu erbauen, letztere war später zum Endpunkt der Feldbahn I weiterzuführen. Auf die urspr. vorgesehenen Spitzenstrecken nach Krinschinskij und Werch. Zarizinskaja wurde von Seiten der rum. Armee verzichtet. Als Streckenleistung wurden 400 und später 800 t täglich gefordert. Am 25. November 1942 waren die Fernsprechleitungen entlang der Strecken fertiggestellt. Auch das Personal für das Eisb.Betr.Btl. 502 war noch nicht vollständig, bisher waren nur 10 Offz., 15 Uffz. und 44 Mann eingetroffen. Inzwischen war in Perelasowskij ein bedeutendes Lazarett eingerichtet worden, es sollte ebenfalls an der Feldbahn angeschlossen werden. Die Bauarbeiten litten auch immer wieder unter schlechtem Wetter, auch durch den dadurch bedingten höheren Betriebsstoffverbrauch. In Anbetracht der fortgeschrittenen Jahreszeit wurde zur Beschleunigung der Bauarbeiten eine max. Steigung in der Geraden von 10 bis 12 Promille zugelassen, in den Spitzenstrecken sollten 15 bis 17 Promille nicht überschritten werden. Mit den Radien konnte bis auf 100 m herab gegangen werden, zur Vermeidung von zusätzlichen Erdarbeiten sollten kleinere Rahmengleiskurven auf der freien Strecke gewählt werden, dabei war der Verzicht auf die spätere Herstellung als Vollbahn auf Teilstrecken in Kauf zu nehmen. Infolge der taktischen Lage wurden die Arbeiten an der Strecke am 20. November 1942 eingestellt.

Als Folge der Einschließung Stalingrads wurde eine Verteidigungslinie entlang des Tschir aufgebaut, damit befand sich ein großer Teil der Strecke der Feldbahn II im Bereich der Hauptkampflinie. In Betrieb gegangen war diese Feldbahn vorher nicht. Zwar war bereits ein großer Teil des Oberbaus verlegt, jedoch konnten noch keine Weichen eingebaut werden, da diese bisher mit der Bahn noch nicht eingetroffen waren. Es kann davon ausgegangen werden, daß sämtliche Betriebsmittel, soweit sie bei den Kampfhandlungen nicht vernichtet wurden, in russische Hand gefallen sind.

### Feldbahn III

Die dritte Feldbahn begann im Bahnhof Tschir (km 263,9) gegen Ende der Strecke von Lichaja (siehe Seite 87) und verlief direkt nach Norden über Buratzkij – Jarusslanowskij – Ossinowskij und endete vorläufig in Oskinskij bei km 83,8 (Gesamtlänge der Stammstrecke = 85 km). Am 19. August 1942 kamen Angehörige des Stabes von 2./Eisb.Pi.Rgt. 6 und des Stabes des Quartiermeisters der 6. Armee auf dem Bahnhof Tschir zusammen, um über die Trassierung der Feldbahn III, die Planung des Umschlagplatzes Tschir und die Vorbereitung der Auslademöglichkeiten zu sprechen. Der Unterbau sollte bis 1. November 1942 fertiggestellt, befahrbar sollte die Strecke schon am 15. November 1942 sein. Auch diese Termine waren von der rechtzeitigen Bereitstellung der erforderlichen Kräfte, Transportraum und Geräte abhängig. Während der Trassierungsarbeiten stellte sich heraus, daß Werchnaja Businowka im Lista-Tal, wo inzwischen ein bedeutendes Lazarett eingerichtet worden war, das auch einen Feldbahnanschluß erhalten sollte, nicht erreichbar war. Stattdessen blieb es bei der ursprünglichen Linienführung ostw. Oskinskij nach Mukownin. Schon am 9. September 1942 um 16.30 Uhr und am folgenden Tag um 1.30 Uhr fanden bereits die ersten Bombenangriffe auf die Feldbahn III und zwar bei Km 18,0 nördl. von Tschir statt, es entstand geringer Sachschaden, 2 Mann vom 7./Eis.Pi.Rgt.6 wurden verwundet. Am 10. September 1942 war der Übergangsbahnhof Tschir um 9.15 Uhr Ziel eines weiteren Bombenangriffs, der Oberbau wurde dabei auf 20 m Länge zerstört, ein Offizier von 5./Eisb.Pi.Rgt. 6 wurde schwer verwundet. Inzwischen waren bis zum 26. September 1942 im Bf. Tschir 1430 lfd. Meter Vollbahngleis für drei Gleise mit 8 Vollbahnweichen für den Vor- und Umschlagbahnhof Vollbahn/Feldbahn verlegt worden. Als Folge der ständigen Bombenangriffe auf Bf. Tschir seit dem 26. September 1942, die sich offenbar nicht verhindern ließen, wurde am 28. September 1942 bestimmt, daß der geplante große Feldumschlagbahnhof Tschir entfiele und stattdessen mehrere kleine Feldbahnumschlagplätze gebaut werden sollten, und zwar in Dmitrijewka für Betriebsstoff und 2 km nordostw. Tschir für Munition. Dabei mußten zusätzlich zwischen Tschir und Dmitrijewka ca. 20 km Feldbahngleise zusätzlich verlegt werden, obgleich Dmitrijewka und Tschir an der gerade umgespurten Normalspurstrecke lagen. Der Bf. Tschir soll Umschlagplatz jetzt nur noch für die wohl als nicht so wichtig eingestufte Verpflegung bleiben. Am 30. September 1942 fanden erneut Bombenangriffe auf die Feldbahn III statt und zwar auf die Teilstrecke Tschir – Lissow (7,0 km nördl.Tschir), dabei wurde die Unterkunft des 7./Eisb.Pi.Btl. 6 beschädigt, Verluste traten keine auf. Damals war noch kein Oberbaumaterial eingetroffen und wenige Tage später war der Materialnachschub infolge wiederholter Fliegerangriffe auf die Strecke Lichaja – Tschir sehr schleppend, dies hatte einen großen Einfluß auf den Baufortschritt. Am 9. Oktober 1942 fanden mehrere Fliegerangriffe auf Bf. Tschir und die Einsatzstellen an der Feldbahn statt, die jedoch keine Schäden oder Verluste verursachten. Eine Besserung des Arbeitskräftemangels trat schon am 2. Oktober 1942 ein, als es gelang in Zariza-Süd (Stalingrad) 60 russische Eisenbahnfacharbeiter zu erfassen, die sofort bereit waren, für die Deutsche Wehrmacht zu arbeiten. Sie wurden in Tschir untergebracht. Infolge Betriebsstoffmangels mußte der Fahrbetrieb der Straßenfahrzeuge beim Bau der Strecke größtenteils eingestellt werden, einzelne Fahrzeuge konnten noch bis 10. Oktober 1942 in Betrieb gehalten werden. Auch am 3. Oktober 1942 waren noch keine Feldbahngleise verlegt, obwohl die Trassierung der Strecke von Tschir nach Abzweigbahnhof Oskinskij und zwischen dem Abzweig Oskinskij – Mukownin bis Wralew bereits fertig war. Zwischen Ossinowskij und Burzkij war ein Anschluß an das A.B.L. vorbereitet. Das Brennholz für die am Bau eingesetzten Einheiten wurde aus dem Wald südl. von Tschir gewonnen, das Holz für Bretter und Kanthölzer zum Bau von Schneezäunen kam aus Wald von Obliwskaja. Die Einsatzstärke der beim Bahnbau eingesetzten 4025 russ. Kriegsgefangenen war auf 2900 gesunken. Am 27. Oktober 1942 um 19.45 Uhr fand ein Bombenangriff auf Pogodinskij (11,5 km nördl. Tschir) statt, bei dem ein Volltreffer in die Werkstatt des Pi.Masch.Zuges von 2./Eisb.Pi.Rgt. 6 einschlug. Dabei wurden auch die Werkstatthalle und Arbeitsgerät zerstört, es gab vier Verwundete. Wegen der ständigen Luftangriffe sollte das A.B.L. aus Tschir herausgezogen und nach Dimitrijewskaja verlegt werden, zu diesem Zweck sollte ein neuer Vollbahnhof bei Km 256,3 (Kreuzungsstelle) an der Strecke Lichaja – Stalingrad (siehe Seite 87) eingerichtet werden, hier sollte auch ein weiterer Übergangsbahnhof Vollbahn/Feldbahn angelegt werden, die Trassierungsarbeiten waren bereits abgeschlossen. Damit sollte die Anfälligkeit des Feldbahnbetriebes gegen Luftangriffe gemildert werden, zusätzlich wurden Luftschutzmaßnahmen ergriffen, so auch der Bau von splittersicheren Unterkünften. Am 10. Oktober 1942 waren die Trassierungsarbeiten an der Strecke der Feldbahn III beendet, in Lissow, Jerußlanowskij und Tusow waren die Bahnhofsbaracken aufgestellt und bereits 9240 m Feldbahngleis eingebaut, lediglich die Weichen fehlten. In den Bahnhöfen Maximowskij bzw. Ossinowskij der Feldbahnstrecke sollte ein Ausladegleis von 400 m Länge für das A.B.L. angelegt werden. Am 16. Oktober 1942 befand sich der Stab Feldb.Betr. Btl. 503 in Lissow, die Feldb.Betr.Kp. 608 in Buratzkij, die Kp. 609 in Jerußlanowskij und die Kp.610 in Oskinskij. Nach Fertigstellung des Feldbahnhofs Ossinowskij sollte das A.B.L. dorthin verlegt werden, der A.Pi.Park sollte in Nowo Maxinowskij (4 km westl. Tschir) untergebracht werden, es bestand eine gute Straßenverbindung zum Bf. Tschir. In Katschalinskij war das Armee-Lazarett im Aufbau, das Zufahrtsgleis der Feldbahn sollte von der Abzweigstelle ca. 1 km lang werden.

Auf dem Lazarettgelände standen am 21. Oktober 1942 bereits 25 Holzbaracken mit je 40 Betten. Der Bau der Feldbahn III schritt nur langsam voran. Es fehlte an Arbeitskräften, Betriebsstoff, Pfählen für Brückenbauten und Nägel für den Bau von Baracken. Obwohl am 24. Oktober 1942 insgesamt 10.050 m Feldbahngleis verlegt waren, war bisher noch nicht eine Weiche eingetroffen. Die Fernsprechleitungen waren bis km 83 verlegt. Am 20. Oktober 1942 fiel der erste Schnee (8 – 10 cm). Die Zelte, in denen immer noch die meisten Feldeisenbahner und Kriegsgefangenen untergebracht waren, zerrissen unter der Schneelast. Schon zwei Tage später waren die Wege infolge von Schnee- und darauffolgenden Regenfällen unpassierbar geworden und nur noch von Traktoren und Zugmaschinen befahrbar. Das Erdreich war so klebrig geworden, daß die Muldenkipper ausgeschaufelt werden mußten. Durch den Witterungsumschwung – bisher hatte immer noch sommerlich warmes Wetter geherrscht – wird der Mangel an Unterkünften immer deutlicher. Jetzt hätten spätestens Baracken herangeschafft und aufgestellt werden müssen, was während der Schlammperiode aus den geschilderten Gründen jedoch nicht möglich war. Dennoch wurde fieberhaft an der Fertigstellung der Feldbahn III gearbeitet. Eine Woche später lagen 18.245 Meter Feldbahngleis und 21 Weichen. Als Ersatz für die bei einem durch einen Luftangriff entstandenen Brand zerstörten Nägel wurden 2 t dieses wertvollen Materials aus dem Zwischenlager Obliwskaja herangebracht, weitere Nägel kamen per Schienen-Lkw (!) aus Charkow.

Infolge der taktischen Lage wurden die Arbeiten an der Strecke am 20. November 1942 eingestellt. Mit der Einschließung Stalingrads mußte das gesamte Gebiet zwischen Tschir und Donbogen aufgegeben werden, in welchem sich auch die Strecken der Feldbahn III befanden, die bis dahin nicht in Betrieb genommen werden konnten. Dabei fiel auch das gesamte Betriebsmaterial in die Hände der Roten Armee.

**Sehr nützlich waren die Schienen-Lkw, die auf der Straße in vielen Fällen die Schiene erreichen und anschließend sich auf dieser bewegen konnten. Sie waren auf Normalspur, wie im Bild, oder auch auf Breitspur einstellbar. Allerdings entsprach die Leistung nicht derjenigen einer Dampflokomotive, weshalb ein Einsatz eines Schienen-Lkws im Rahmen der Zugförderung eine Ausnahme war. (Aufnahme: BA 101/327/2897/17)**

# 7. Die Einschließung Stalingrads

## Die allgemeine militärische Lage vom 18. November bis 17. Dezember 1942

Bis Anfang November 1942 stand das gesamte Gebiet bis zur Wolga unter dem Einfluß eines Hochs über dem Donbogen, das Wetter war noch warm, nur ab und zu kam es zu heftigen Regenfällen. Am 7. November kam der erste Kälteeinbruch, die Temperatur fiel schnell auf –5 Grad, der Wind war stark böig, am nächsten Tag ging das Thermometer bereits auf -15 Grad zurück. Die Luft war trocken; noch gab es weder Nebel noch Schnee. Mitte November wurde das zwischen Dnjepr und Don gelegene Hoch nach Osten abgedrängt, und am 16. November 1942 verursachten die vom Kaukasus kommenden Warmluftmassen ausgedehnte Schneefälle mit Nieselregen und Nebel im gesamten Don-Wolga-Gebiet. Die Temperatur am Boden stieg auf 0 Grad, durch unterkühlten Regen bildete sich Glatteis, und am 19. November 1942 erreichte das Schlechtwetter seinen ersten Höhepunkt. Die Wolken lagen sehr tief, die Sicht ging rapide zurück, die Vereisungsgefahr war sehr groß, Flugbetrieb war nicht möglich. Soweit der Meteorologe des KG 55 (1).

Bei der Führung der 6. Armee hatte man die Massierung von Kräften der Roten Armee an den Brückenköpfen von Kletskaja und Serafimowitsch zunächst nicht als solche erkannt, vor allem waren der deutschen Aufklärung die umfangreichen Panzerkräfte bis zuletzt verborgen geblieben. Dennoch hatte bereits Mitte Oktober 1942 die Führung der 6. Armee bei Hitler die sofortige Einstellung des Kampfes um Stalingrad und den Rückzug auf eine Verteidigungsstellung entlang des Tschir beantragt. Durch diese Maßnahme wären als Folge der Frontverkürzung eine Reihe von schnellen Divisionen frei geworden, die dann als Eingreifreserve zur Verfügung gestanden hätten. Erst kurz vor dem russischen Angriff hatte die örtliche Führung die drohende Gefahr erkannt, aber zu diesem Zeitpunkt war es für wirksame Gegenmaßnahmen bereits zu spät, vor allem, weil die notwendigen Kräfte vor Ort nicht zur Verfügung standen.

In der Nacht vom 18./19. November 1942 wurde bei der rum. 1. Kv.D. ein russischer Offizier gefangen genommen, nach dessen Aussage am kommenden Tag um 5.oo Uhr im Raum von Kletskaja, also im Bereich der rum. 3.Armee, ein russischer Großangriff beginnen sollte. Bei der weiter östlich als erste deutsche Einheit liegenden 376.ID. wurde sofort Alarm gegeben, und tatsächlich begann schon bald im Dunst des kommenden Tages nach einer 80-minütigen Artillerievorbereitung bei dichtem Nebel und Schneetreiben der sowjetische Vorstoß mit Infanterie und Panzern durch die Don-Niederung. Er konnte zwar im Bereich des am westlichsten eingesetzten deutschen I.R. 673 der 376. ID. abgewehrt werden (2), jedoch führte er bei der rum. 3. Armee schon bald zu einem großen Einbruch südl. von Kletskaja. Die rum. Artillerie konnte mangels Beobachtung – es herrschte Nebel und Schneetreiben – die Infanterie in der H.K.L. gegen Angriff der Sowjets nicht unterstützen und so wurden schon bald Durchbrüche erzielt, durch die sich die von vielen Panzern unterstützten Schützen-Regimenter der Roten Armee ihren Weg nach Süden bahnten, ohne auf eine Flankensicherung zu achten, ganz genau so, wie man es von der Deutschen Wehrmacht inzwischen gelernt hatte. Die rum. Truppen kämpften zwar teilweise verbissen gegen den eingedrungenen Feind, aber ohne eine wirksame Panzerabwehr waren sie machtlos. Auf rumänischer Seite gab es weder Panzer noch Pak auf Selbstfahrlafetten, deren 1. PzD. befand sich noch in der Aufstellung. Gegen 23,00 Uhr am 19. November 1942 erreichte bereits eine russ. Vorausabteilung mit Panzern Manoilin, 35 km südlich von Kletska-

(1) Dierich, Seiten 266 bis 270
(2) Zank, Seiten 25 bis 35

ja, den V.St.P. des XI.A.K.. Dort fielen geringe Munitionsbestände und angeblich 40 cbm Betriebsstoff der 14. Pz.D. (LI. A.K.) in die Hände des Feindes. Die deutschen Angriffe auf Stalingrad wurden sofort eingestellt, die 16.Pz.D. (XIV. Pz.K.) wurde aus Stalingrad herausgelöst und im Raum Ssuchano eingesetzt, wohin bereits während des Tages die kampfkräftigen Teile der 24. Pz.D. (LI.A.K.) verlegt wurden; für den Marsch dorthin wurden 112 cbm Betriebsstoff aus den Sperrlagern Gumrak und Karpowka zugewiesen. Die Versorgung der Truppe mit Betriebsstoff war nur unter Zugriff auf die letzten Verfügungsreserven möglich, denn Vorräte waren bei der Truppe kaum vorhanden. Der russische Großangriff im Bereich der rum.3.Armee führte im Laufe des Tages zu einem tiefen Einbruch südlich von Kletskaja. Irgendwelche Kräfte, die sich entgegenstellen hätten können, waren auf deutscher Seite nicht vorhanden. Die Führungsabteilung der 6. Armee befahl als erste Gegenmaßnahme die Sicherung des Raumes nördl. Ssurowokino durch den Aufbau einer Abwehrstellung nördl. Dobrinskaja (Luftlinie ca. 70 km südl. von Kletskaja). Auch am 20. November war die Lage im Bereich der Einbruchstelle völlig ungeklärt. Luftaufklärung konnte wegen des weiterhin schlechten Wetters nicht geflogen werden, die Telefonverbindungen waren unterbrochen. Inzwischen waren nicht nur eine Reihe von Trossen von weiter östlich liegenden Divisionen und mehrere V.St.P. überrannt worden, auch einige Feldflugplätze mit intakten Nahaufklärern vom Typ Fw 189 waren in die Hände der Roten Armee gefallen. Bereits am zweiten Tag des russischen Angriffs wurde im Führerhauptquartier die Gefahr erkannt, in welcher sich der Südabschnitt der Ostfront befand. Als erste Maßnahme wurde die Heeresgruppe Don gebildet, deren Führung der General von Manstein zu übernehmen hatte und die für den Raum beiderseits Stalingrads zuständig sein sollte. Während es auch den deutschen Truppen gelang, östlich von Kletskaja den russischen Angriffen standzuhalten, brachen die Russen westlich von Kletskaja und südl. der Choper-Mündung tief in die rum. Stellungen ein. Am 20. November 1942 begann dann auch der Angriff der Roten Armee südlich von Stalingrad. Auch die dortigen Angriffsvorbereitungen waren von der deutschen Führung erst sehr spät erkannt worden. Bereits nach kurzer Zeit war hier die Front der rum.4.Armee durchbrochen, die wenigen Einheiten der nördl. eingesetzten deutschen 4. Pz.Armee, die neben rum. Einheiten nur über zwei deutsche ID.(mot) verfügte, konnten den Angriff nicht abwehren. Durch den sowjetischen Stoß bedingt, mußte am 21. November 1942 die Betriebsspitze an der Bahnlinie Salsk – Stalingrad (siehe Seite 102) von Tinguta, das bereits von gegnerischen Panzern bedroht wird, nach Gnilooksajskaja zurückverlegt werden. Die an der Nachschubstraße zwischen Loshki und Kriwomusginskaja liegenden Einheiten und Versorgungstruppen und sonstige Einheiten wurden über die Feindbewegungen unterrichtet und erhielten den Befehl, die Nachschubstraße und die Breitspurstrecke Loshki – Karpowka entsprechend zu sichern. Am Nachmittag erging ein Führerbefehl an die 6. Armee, wonach diese ihre Fronten trotz der Gefahr einer vorübergehenden Einschließung zu halten habe. Gegen 20.00 Uhr kam ein Ferngespräch mit dem Leiter eines Ausbildungslehrgangs der 16. Pz.D. zustande. Dabei ergab sich, daß bei den rückwärtigen Teilen dieser Einheit (Trosse, Lehrgänge, Versorgungseinrichtungen, usw.), die in den Dörfern zwischen dem Abschnitt Swch. Kre. und Bratskij (südostw. Ljapitschew an der Strecke nach Stalingrad – siehe Seite 105) lagen und hier sicherten, bisher noch keine beunruhigenden Feindnachrichten vorlägen. Der Oberbefehlshaber der 6. Armee war inzwischen mit dem Fieseler Storch in Nisch.Tschirskaja eingetroffen. Am Morgen des 22. November 1942 durchbrachen russ. Panzerspitzen die Brückenkopfstellung auf dem Westufer des Don bei Kalatsch, überschritten die dortige Brücke und stießen in Richtung Kriwomusginskaja weiter vor. Man entschloß sich auf deutscher Seite, einen „Igel“ zu bilden, weshalb die Führungsabteilung der 6. Armee mit dem Oberbefehlshaber Paulus von Nish.Tschirskaja über Karpowka nach Gumrak verlegt wurde. Für eine Luftversorgung der Kräfte, deren Einschließung in Kürze erwartet wurde, bestimmte man

**Ju 52 Transportflugzeuge auf dem Flug nach Stalingrad über die verschneite Steppe. (Aufnahme: BA 101/630/3597/7)**

den Flugplatz Pitomnik. Die russischen Panzerspitzen, die aus der Gegend zwischen Serafimowitch und Kletskaja durchgebrochen waren und in Richtung Südosten vorwärtsstrebten, ereichten am 22. November 1942 mittags die Gegend von Gurejew im oberen Liska-Tal. Auch die bei der 4. Pz.Armee durchgebrochenen Kräfte der Roten Armee machten weitere Fortschritte in Richtung Nordwesten. Die im Norden von Stalingrad eingesetzten deutschen ID., die durch den Einbruch der Roten Armee durch die rum.3.Armee ohne linke Flankensicherung waren, wurden zum Aufbau einer Frontlinie nach Süden östlich des Don herausgezogen. Da die meisten Pferde vor einiger Zeit bereits nach Westen gebracht worden waren, gab es für die schweren Waffen keine Zugmittel mehr, weshalb diese nur noch vernichtet werden konnten. Nennenswerte Reserven außerhalb des „Igels" waren neben der 22. PzD. nicht vorhanden, lediglich die 6. und die 11. PzD. und die 3. Gebirgs-Div befanden sich im Antransport aus Frankreich. Sie waren jedoch bereits vor den Ereignissen um Stalingrad im Westen in Marsch gesetzt worden und für den Einsatz hier ursprünglich überhaupt nicht vorgesehen. Die aus südöstlicher Richtung vorstoßende sowjetische Panzerspitze hatte inzwischen die letzte Versorgungsstraße der 6. Armee nach Osten, und zwar diejenige von Tschir nach Stalingrad unterbrochen, ebenso die Breitspurstrecke Loshki – Stalingrad. Die Brückenbaustelle bei Tschir, die Umschlagstelle Loshki und der V.St.P. Tschir befanden sich dagegen noch in eigener Hand. Am frühen Nachmittag des 23. November 1942 trafen die sowjetischen Einschließungskräfte bei Sowjetskij zusammen, damit war der Ring um Stalingrad geschlossen. In dem Kessel befanden sich die Kräfte der 6. Armee und Teile der 4. Pz.Armee und der rum. 4. Armee, insgesamt etwa 250.000 Mann. Nach Gefangenenaussagen wurde die Führung der Roten Armee von dem großen Erfolg des Angriffs überrascht.

Bei der Führung der 6. Armee wurden sofort Vorbereitungen zum Ausbruch aus dem Kessel getroffen, wobei man sich allerdings im klaren war, daß bei den geringen Beständen an Munition und Betriebsstoff ein Ausbruch im Augenblick vielleicht noch möglich sei, allerdings nur unter Aufgabe von umfangreichem Material. Es wird daran erinnert, daß nach dem Fall von Sewastopol im Sommer 1942 ein Teil der Belagerungsartillerie nach Stalingrad gebracht worden war. Dies war eventuell auch einer der Gründe, warum Hitler sofort jegliche Ausweichbewegung verbot. Auch der kommandierende General des VIII. Fliegerkorps schlug dem Führer vor, die 6. Armee solle sich zunächst nach Westen zurückziehen, um später wieder anzugreifen, denn für die Luftversorgung des Kessels von Stalingrad stünden nur knapp 300 Transportflugzeuge zur Verfügung, die bei weitem nicht ausreichten, die vielen Einheiten im Kessel mit dem notwendigen Nachschub zu versorgen. Generalfeldmarschall von Manstein übernahm am 26. November 1942 den Befehl über die neu geschaffene Heeresgruppe Don. Er hatte vor Antritt seines Postens von Hitler die Zusicherung erhalten, daß für die Gegenmaßnahmen auch genügend Kräfte schnell bereitgestellt würden. Diese waren jedoch ohne Frontverkürzungen am Südflügel der Ostfront nicht vorhanden, und die Kräfte, die sich zur Auffrischung oder in der Aufstellung noch in Frankreich befanden, konnten angesichts der Bedrohung des Kontinents infolge der alliierten Landung seit dem 7. November 1942 in Nordafrika nicht mehr ohne weiteres freigegeben werden. Der Generalfeldmarschall von Manstein kämpfte gegen die Zeit, denn die mangelnde Nachschubversorgung der 6. Armee im Kessel von Stalingrad ließ deren Kräfte, die ja ständig im Abwehrkampf gegen die Rote Armee standen, immer weiter schwinden, und andererseits waren zum Aufbruch eines Korridors zu den Eingeschlossenen nicht genügend starke Kräfte sofort vorhanden. Und schließlich schwebte über dem gesamten Südflügels der Ostfront das Damokles-Schwert der Bedrohung durch einen russischen Angriff auf die von italienischen Truppen gehaltene Don-Front. Er konnte jederzeit losbrechen, wie es dann auch am 16. Dezember 1942 der Fall sein sollte.

## Die Lage an der Eisenbahnstrecke vom 18. November bis 17. Dezember 1942

Die deutsche Seite reagierte schnell auf den russischen Einbruch. Zur Sicherung des Raumes nördl. Ssurowikono befahl der Kdr. .rückw.Armeegebiet das Heranziehen sämtlicher nördl. der Eisenbahnstrecke Tschir – Parschin untergebrachten Einheiten zur Bildung einer Abwehrstellung nördl. Dobrinskaja (25 km nördl. Ssurowikino). Die vorbereiteten Alarmpläne kamen zur Ausführung. Aus diesen Einheiten und aus Nachschubtruppen, Versorgungseinheiten, Fahrern, usw. des O.Qu. wurden Alarm-Kompanien und Feldgendarmerie Komp. gebildet, deren Angehörige aufgrund ihrer Ausbildung zum infanteristischen Einsatz geeignet waren und dementsprechend eingesetzt werden konnten. Sie wurden gemäß Befehl um 22,00 Uhr in Tschir, Tschernyschkow, und Kalatsch alarmiert und am nächsten Tag nach Dobrinskaja in Marsch gesetzt, ebenso erhielt der Pakzug der Alarm-Kp. Karpowka den Befehl, sich nach Ssurowikino zu begeben. Der Pakzug der Alarm-Kp. Ljapitschew wurde ebenfalls im Raum Dobrinskaja eingesetzt. Diese Maßnahmen dienten zur Sicherung der Eisenbahnstrecke zwischen Parschin und Tschir. Als am 20. November 1942 auch der russische Angriff gegen die rum. 4. Armee südlich von Stalingrad begann und ebenfalls schnell an Boden gewann, war auch schon bald im Bereich der 4. Pz.Armee der Bahnhof Tinguta an der Strecke Ssalsk – Stalingrad (siehe Seite 102) gefährdet, wo ein Betriebsstoffzug am Abend erwartet wurde. Die Ausladung mußte nach Gnilo aksajskaja zurückverlegt werden, wodurch durch den längeren Transportweg eine Zeitverzögerung und eine zusätzliche Belastung der Transportkolonnen eintraten. Die Betriebstofflage war weiterhin sehr gespannt, auf der Strecke Lichaja – Tschir stockte der Zulauf der Betriebsstoffzüge. Dem Befehl des Stabes der Heeresgruppe Don zur Abgabe von 100 cbm Betriebsstoff an rum. Verbände konnte deshalb nicht Folge geleistet werden; auch bei der Heeresgruppe B sind keinerlei Betriebsstoffreserven vorhanden. Die 6. Armee forderte bei der Heeresgruppe B Panzerzüge zum Schutz der Eisenbahnstrecke Lichaja – Tschir an. Durch Luftaufklärung mit Fieseler Störchen wurde erkannt, daß der Feind im Begriff stünde, die mit der Masse zwischen Don und Wolga stehende 6. Armee einzuschließen. Die Eisb.Pi.Kpn. 65 und 70 und die Eisb.Bau.Kp. 118 wurden zum Stellungsbau bei Morosowskaja, Obliwskaja und Ssurowikino sowie zum Schutz der Eisenbahnbrücke über den Tschir eingesetzt. Auch am 21. November 1942 war die allgemeine Lage noch völlig ungeklärt, die Don-Höhenstraße wurde gegen Mittag durch russische Panzer gesperrt. Der in Gnilo aksajskaja angekommene Betriebsstoffzug mußte wegen Feindbedrohung zurückgezogen werden, dadurch verschärfte sich die Betriebsstofflage weiter. Die an der Nachschubstraße zwischen Loshki und Kriwomusginskaja liegenden Einheiten und Versorgungstruppen und sonstigen Einheiten wurden über die Feindbewegungen von Südosten her unterrichtet und erhielten den Befehl, die Nachschubstraße und die Breitspurstrecke Loshki – Karpowskaja entsprechend zu sichern. Falls noch solche aufzufinden wären, sollten an diesem Abschnitt panzerbrechende Waffen eingesetzt werden; aus dem AGP sollen alle zur Panzerabwehr geeigneten Geschütze hierher gebracht werden; außerdem sollten drei 5cm Pak-Geschütze nach Kalatsch überführt werden. Der am Vortag nach Ssurowikino in Marsch gesetzte Pak-Zug wurde in die Gegend von Loshki herangezogen; die Alarm-Kp. Karpowka hatte den V.St.P. Karpowka zu schützen. Infolge der taktischen Lage wurden die Arbeiten am Wiederaufbau der großen Eisenbahnbrücke über den Don bei Tschir sofort eingestellt, die dort befindlichen Einheiten, 5./Eisb.Pi.Rgt. 4, Eisb.Pi.Kpn 53, 56 und 63 und Eisb.Bau Kp. 123, wurden zum Bau von Stellungen und zur Verteidigung der Brückenköpfe der Eisenbahnbrücke und der Straßenbrücke über den Don gegen den Feind nach Südosten infanteristisch eingesetzt. Vom 7./Eisb.Pi.Regt. 6 befanden sich ein Offizier, 4 Uffz. und 26 Mann im sich abzeichnenden Kessel von Stalingrad, wo sie infanteristisch eingesetzt wurden, ebenso Teile der Eisb. Stellw.Kp. 180. Sie mußten schließlich das Los der dort eingeschlossenen Truppen teilen.

Am Morgen des 22. November 1942 wurde das Vorgehen des Feindes in Richtung Kriwomusginskaja beobachtet. Der Chef der 6. Armee teilte mit, daß sich die 6. Armee einkesseln lasse und befahl, daß sich ein kleiner arbeitsfähiger Stab des O.Qu. nach Gumrak durchzuschlagen habe, wohin sich auch die Führungsabteilung begebe, der übrige Teil der O.Qu.Abt. sollte zunächst nach Nishne Tschirskaja gehen, wo der Rest im Laufe des Abends und der Nacht eintraf. Die O.Qu.Abt. war bisher in Jljewka untergebracht, beim überstürzten Abmarsch mußten einige in Reparatur befindliche Fahrzeuge zurückgelassen werden, es gelang jedoch sämtliche Geheimsachen zu verbrennen. Der russische Angriff mit Panzern und Infanterie auf den Flugplatz Karpowka-West wurde durch sämtliche auf dem Platz liegende Luftwaffenteile des dort befindlichen Stukageschwaders abgewehrt. Die Panzerspitzen des russischen Stoßes von Südosten haben nicht nur die Nachschubstraße der 6. Armee von der Versorgungsbasis Tschir unterbrochen, ebenso ist auch kein Bahntransport auf der Strecke Loshki – Karpowskaja mehr möglich, die von Nordwesten eingedrungenen Feindverbände haben auch mit Panzerunterstützung die Nachschubstraße von Kalatsch unterbrochen, damit ist die 6. Armee von der Versorgung über Straße und Schiene völlig abgeschnitten.

Als die russische Panzer-Kampftruppe des Generalmajors Wolski in Sowjetskij bei Kriwomusginskaja mit den schnellen Truppen der Südwest-Front am 23. November 1942 zusammentraf, waren nicht nur die Verbände der 6.Armee im Raum Stalingrad eingekesselt, der es mit Hilfe der motorisierten Einheiten unter Verbrauch der letzten Betriebsstoffvorräte zwar schnell gelang, eine Abwehrfront nach Westen aufzubauen, doch nun klaffte auch eine Lücke zwischen der russischen Durchbruchsstelle gegenüber der Choper-Mündung am Don im Bogen von Serafimowisch bis ungefähr zu der im Wiederaufbau befindlichen großen Eisenbahnbrücke über den Don 12 km östl. von Tschir. Der Tschir bis Obliwskaja war vom Gelände her gesehen, eine ideale Verteidigungsstellung, wie auch am Don hatten die Verteidiger von den Höhen auf dem westlichen Ufer einen weiten Blick über das flache Land auf dem gegenüberliegenden Ufer nach Osten. Gelang es noch zwischen Don und dem oberen Tschir schnell eine Verteidigungslinie durch Zurückbiegen der am Don stehenden deutschen 294. ID und 62. ID. und der noch nicht in den Strudel des sowjetischen Angriffs hinein gerissenen rumänischen Einheiten aufzubauen, so war der weitere Raum durch zurückflutende Versprengte aus rumänischen Einheiten und Trossen erfüllt, die schnell nach Südwesten strebten und alles mitrissen. Widerstand leistete noch die 22. Pz.D., die kurz zuvor aus ihrem Auffrischungsraum Tschertkowo an den Tschir befohlen worden war, und Teile der in Aufstellung befindlichen rum. 1. Pz.D. Nach kurzer Einschließung gelang letzterer der Marsch nach Westen, wo ihre Reste in die Verteidigung der Tschir-Stellung im Rahmen der Gruppe Hollidt eingebunden wurden. Im weiteren Abschnitt am Tschir klaffte eine Lücke, für deren Besetzung zunächst überhaupt keine Kampftruppen vorhanden waren. Da vom Unterlauf des Tschir und des Don bis zur Mündung des Aksai vorerst noch keine russischen Kräfte auftraten, war es anfangs nicht notwendig, die gesamte Verteidigungslinie mit einer Länge von ca. 100 km mit Truppen zu besetzen. In diesen Abschnitt, der dann aber ab 23. November 1942 auf russischen Druck hin nach Süden bis Kotelnikowo verlängert werden mußte, zogen sich die Reste der 4. Pz.Armee und die Truppen des rum.VI. und des rum.VII.AK zurück.

Mit den in der Nacht vom 21./22. November 1942 im Raum Tschir eingetroffenen Munitions- und Verpflegungszügen konnten die Bestände außerhalb des Kessels erheblich gesteigert werden, da ein Weitertransport zur eingeschlossenen 6. Armee nicht mehr möglich war. Mit den in den letzten Tagen in Ssurowikino eingetroffenen Waffen und Geräten konnte die Abwehrfront entlang des Tschir verstärkt wer-

**Der deutsche Eisenbahn-Panzerzug Pz 7 spielte eine wichtige Rolle bei der Verteidigung der Strecke Lichaja – Bf.Tschir im Dezember 1942, mit seiner artilleristischen Bewaffnung unterstützte er die zunächst nur mit leichten Waffen ausgestatteten zusammengewürfelten deutschen Soldaten sehr wirkungsvoll. (Aufnahme: 101/232/844/29A)**

**Panzerzüge spielten oftmals infolge ihrer Beweglichkeit und starken Bewaffnung in Rußland auf beiden Seiten eine wichtige Rolle. (Aufnahme: BA 101/ 777/59/4)**

den. Die Lage am Bf. Tschir war am 22. November 1942 ungeklärt, seit 12.00 Uhr bestanden keine Fernsprechverbindungen mehr. Am 23. November 1942 fand um 3.45 Uhr ein russ. Panzerangriff auf Bf. Tschir statt, außerdem wurde die Eisenbahnstrecke bei Dmitrijewka unterbrochen, der Abschnitt Ssurowikino – Dmitijewka wurde von der FB Abt. 20 geräumt, deren Kräfte blieben in Ssurowikino. Um 18.00 Uhr wurde die Eisenbahnbrücke bei Km 239,8 auf Befehl des Kdr. der Ortsverteidigung von Ssurowikino gesprengt. An diesem Tag verlegte auch die O.Qu.Abt. ihren Sitz nach Morosowskaja, ihr oblag die Versorgung der außerhalb des Kessels verbliebenen Teile der 6. Armee aus dem V.St.P. Morosowskaja. Die Munitionslage war schlecht; etwa 30% der Munition war noch bei der Truppe vorhanden, an panzerbrechender Munition herrschte Mangel, an Betriebsstoff waren bei der Truppe 1 – 2 V.S. bei einer Lagerreserve von 2 – 3 V.S. vorhanden. Die Verpflegung war auf allen Gebieten ausreichend. Der Aufbau einer durchgehenden Verteidigungsstellung entlang des Tschir war die vordringlichste Aufgabe. Zurückkehrende Urlauber und Genesende der eingeschlossenen Einheiten der 6. Armee, die nicht mehr zu ihren Truppen kommen konnten, Alarmeinheiten, Angehörige der Versorgungstruppen und des Bodenpersonals der Luftwaffe, usw. wurden zusammengerafft und zur Verteidigung eingesetzt. Allerdings herrschte bei diesen zusammengewürfelten Einheiten ein großer Mangel an Waffen (Gewehre, Pak, Geschütze) und auch an Geräten wie Feldküchen, Kochkessel, usw. sowie an schweren Waffen und an Kraftfahrzeugen. Bestände waren nur in sehr geringem Umfang vorhanden, deshalb wurde aus den zahlreichen Trossen alles zur Stärkung der Kampfkraft Erforderliche herausgeholt. Die Wiederherstellungsarbeiten an der Teilstrecke Morosowskaja – Stalingrad wurden eingestellt, Eisb.Pi.Kp. 54, Pi.Masch.Zug 703 und Unterwasserschneidetrupp 686, die am Wiederaufbau der großen Eisenbahnbrücke über den Don bei Tschir arbeiteten, wurden zum Stellungsbau und als Infanterie im dortigen Raum als Gruppe Hptm. Fey eingesetzt. Was in den ersten Tagen an Soldaten zusammengefaßt wurde, reichte natürlich bei weitem nicht aus, die geplante Verteidigungslinie auch nur ausreichend zu besetzen; und so gelang schon am 23. November 1942 einem russischen Stoßtrupp mit Pionieren, zur Eisenbahnlinie Lichaja – Tschir durchzukommen und die Eisenbahnbrücke bei km 239,8 zu sprengen. Damit war die Strecke nach Tschir unterbrochen. Die Panzerzüge 7 und 10 trafen ein und wurden der Gruppe Stahel unterstellt, die mit Alarmeinheiten und Flakkampftrupps der Luftwaffe die Stellung ostwärts des Tschir hielt. Die beiden Panzerzüge, die besonders beim Halten des Brückenkopfes ostwärts des Tschir eingesetzt wurden, stellten mit ihrer Artilleriebewaffnung eine wertvolle Unterstützung der zusammengwürfelten Einheiten dar, die oftmals nur dürftig und dann allenfalls auch nur mit Gewehren bewaffnet waren. Im Laufe ihres Einsatzes gelang den beiden Panzerzügen die Vernichtung mehrerer Panzer und der Abschuß einer Reihe von Tieffliegern (3). Am 24. November 1942 wurden in Morosowskaja und in Tschir Erfassungsstäbe eingerichtet, welchen die Verteidigung der Orte und die Erfassung ankommender kleiner Truppenteile, zurückflutender Mannschaften und der zurückkehrenden Urlauber und Genesenden oblagen. Dabei wurden Gruppen von Infanteristen, Artilleristen, Panzerjäger und Panzerfahrer aufgestellt und auf Anforderung der kämpfenden Truppe zugeteilt. Nach Tschernyschkow sollte nur noch soviel Nachschub zugeführt werden, wie in den nächsten 48 Stunden benötigt werden würde. Ein ankommender Zug mit Panzern wurde wegen der unklaren Lage bereits in Morosowskaja ausgeladen. Gegen Mittag wurde Tschir von den Russen eingenommen, die Besatzung des V.St.P. wich aus und errichtete in Tormossin einen neuen V.St.P., der ab sofort arbeitsbereit war. Die Bäckerei Kp. in Nishne Tschirskaja 15 km südl. Tschir buk noch Brot für die Truppe. Vom Bv.Tr.O. wurden auf der Eisenbahnstrecke von Lichaja für den kommenden Tag Truppentransportzüge angekündigt, die bis Ssurowikino fahren sollten, dabei wurden am 25. November 3 bis 5 und ab 26. November 1942 täglich 7 Züge pro Tag erwartet (336. I.D.). Die Verteidigungslinie wurde zwischen Tschernyschkow und Obliwskaja von Einheiten des VIII.Fliegerkorps besetzt, bis südl. Tschir von der Alarm-Division Tschir, von dort bis nördl. Rytschow von der Gruppe Adam und vom Don bis nördl. Demkin mit Front nach Südosten von Einheiten des Obersten Zschoeckel gehalten, der anschließende Abschnitt entlang der Bahn bis nördl. Ljapitschew fiel unter die Zuständigkeit der Gruppe Schmidt, von Norden schien offenbar noch keine Gefahr zu drohen. Vor Ssurowikino waren Bewegungen mit russischer Infanterie und wenigen Panzern erkennbar. Am 24. November 1942 um 5,15 Uhr wurden feindl. Panzer auf den Höhen nördl. von Ssurowikino gesehen, der Bahnhofsvorsteher gab nach Räumung des Bahnhofs von Ssurowikino von Leermaterial um 6,15 Uhr seinen Posten auf. Gegen den Panzerangriff 6 km nördl. von Obliwskaja begannen um 6,45 Uhr pausenlose Stuka-Angriffe (Stukageschwader 2 „Immelmann", seit dem 23. November 1942 in Morosowskaja, vorher im Kessel von Stalingrad, wo das Bodenpersonal auf dem Flugplatz Karpowka-West zurückbleiben mußte und dort zur Verteidigung eingesetzt wurde). Allein der Staffelkapitän der 1.Staffel flog an diesem Tag 17 Einsätze von Morosowskaja gegen den ca. 60 km entfernten Feind nördl. von Obliwskaja. Aus dem Bf.Obliwskaja waren sämtliche Züge, darunter auch ein Bekleidungszug in Richtung Tschernyschkow, weggezogen worden. Auch schon auf dem westl. Ufer des Tschir nördlich von Tschernyschkow wurden einzelne russische Panzer gesichtet. Das A.B.L. Parschin wurde geräumt und nach Tschernyschkow verlegt. Am frühen Nachmittag war in Parschin die Lage ruhig, Feindbewegungen waren hier nicht erkennbar. Die Luftversorgung der 6.Armee in Stalingrad sollte von Morosowskaja (Betriebsstoff) und Stalino (panzerbrechende Munition) erfolgen. Am 25. November 1942 fand zwischen 4 und 10 Uhr morgens ein Feindangriff des russ.8.Kav.-Korps mit Panzern, Kavallerie, Kradschützen und Artillerie auf Obliwskaja statt; der Feldbahn-Btl.Stab 502 mit den Feldbahn Kpn. 604, 605 und 606 und 1./Eisb.Bau-Btl. 83 wehrten den Angriff mit Unterstützung der Flak des Flugplatzes ab. Ein einzelnes Btl. des 15. Rgts. der rum. 6. ID, dem es als einzige Einheit der Gruppe Lascar gelungen war, sich nach Süden durchzuschlagen, beteiligte sich erfolgreich am Abwehrkampf; sein Kommandeur Major Rasconescu erhielt dafür später das Ritterkreuz. Auch am 26. und 27. November 1942 gingen die Kämpfe um Obliwskaja weiter, die feindlichen Angriffe wurden unter sehr hohen Verlusten für den Angreifer abgewiesen. Bereitstellungen von Infanterie und Kavallerie wurden durch Flak und durch die Artillerieunterstützung von den seit dem 23. November 1942 auf der Eisenbahnstrecke eingesetzten Panzerzügen zerschlagen. Das Feuer wurde vom Ge-

(3) Sawodny, Seiten 344 bis 346

fechtsstand Feldbahn-Btl.Stab 502 nördl. Flugplatz Obliwskaja geleitet. Eigene Spähtrupps brachten mehrere Gefangene ein und erbeuteten 2 MG und mehrere leichte Infantriewaffen. Dem Btl. wurden noch 1 Offizier und 60 Mann der Luftwaffe und ein Trupp des NSKK unterstellt. Als am 27. November 1942 die Feindbewegungen zum Stehen gekommen waren, entstand der Eindruck, daß die vorgestoßenen russischen Einheiten weder über Munition noch über Betriebsstoff verfügten. Obwohl es gelang, den Angriff auf Obliwskaja zum Stehen zu bringen, gelang es dennoch erneut russischen Stoßtrupps bis zur Eisenbahnlinie vorzudringen, dabei wurde die Eisenbahnbrücke über Wasserlauf 14,9 km nordostw. Obliwskaja bei Sekretew (Blechträgerbrücke, Stützweite 10,0 m) von den Russen gesprengt. Der Überbau war nicht mehr verwendbar, die Widerlager waren unversehrt. Mit der Wiederherstellung wurde begonnen, die Brücke sollte am 29. November wieder befahrbar sein. Auch mit der Wiederherstellung der Eisenbahnbrücke 4,05 km ostw. Ssurowikino wurde begonnen. Am 28. November 1942 fand ab 2.00 morgens ein erneuter Feindangriff nach Granatwerferfeuer mit starken Infanterie- und Kavallerie-Verbänden unter Tiefflieger-Unterstützung im Raum Obliwskaja gegen den mittleren Abschnitt der Einsatzgruppe Feldbahn-Btl.502 statt, der nach heftigen Kämpfen unter blutigen Verlusten für den Gegner zusammenbrach. 1 Geschütz, 1 Granatwerfer, mehrere MG und MP sowie eine Anzahl Gewehre wurden erbeutet, 10 Gefangene, darunter 1 Offizier, wurden eingebracht. Eigene Verluste: 2 Mann gefallen, 1 Offz. und 7 Mann verwundet. Wegen der gefährlichen Lage bei Obliwskaja wurden die Züge bereits im Bf.Morosowskaja zurückgehalten, weitere Versorgungszüge waren angekündigt und blieben vorerst in Lichaja, um diese bei einem evtl. Entlastungsangriff schnell zur Versorgung der Truppe vorzuziehen. Die Gruppe Hptm. Fey an der Eisenbahnbrücke über den Don östl. von Tschir mit Anschluß an die Armee nach Südwesten hatte bisher noch keine Feindberührung. Die Transportflugzeuge, die inzwischen Nachschub nach Stalingrad flogen, brachten auf dem Rückflug Verwundete aus dem Kessel; in Morosowskaja waren die Lazarette schon bald überbelegt, man räumte Häuser zur Aufnahme von Verwundeten. Wegen der starken Belastung der Strecke nach Lichaja durch Truppentransporte war momentan keine Evakuierung der Verwundeten mit der Eisenbahn möglich. Am 29. November 1942 trafen die ersten Teile der 336. ID. in Morosowskaja und Tschernyschkow ein. Zwischen 6.45 und 11.00 Uhr wurde Bf. Morosowskaja mehrmals aus der Luft angegriffen, dabei wurden 4 Gleise zerstört, 6 Wagen eines Zuges mit Luftwaffenbetriebsstoff brannten aus. Der Oberbau der Teilstrecke Obliwskaja – Sekretew war durch 2 Bombentreffer unterbrochen. Am 30. November 1942 war die Brücke über Wasserlauf 4,9 km ostwärts Obliwskaja wieder hergestellt und befahrbar. Stab und Eisb.Bau-Btl.83, sowie Eisb.Bau-Kp.105 wurden zur Sicherung von Obliwskaja infanteristisch eingesetzt, ein feindl. Jagdflugzeug wurde abgeschossen. Bei einem Stoßtruppunternehmen wurden 1 Geschütz, 1 Troßfahrzeug und 3 Gefangene eingebracht. Eigene Verluste: 1 Offz. verwundet. Stab Eisb.Pi.Btl.z. B.V. 10 mit 4./Eisb.Pi.Rgt. 5, 8./Eisb.Pi.Rgt. 8 und Eisb.Pi.Kp. 74 wurden der Gruppe Hollidt zugeteilt und als Panzergrenadiere eingesetzt. Bisher waren bei Angriffs- und Stoßtrupp-Unternehmen 6 Offz., 4 Ufz. und 55 Mann der Feldeisenbahner eingesetzt, Verluste: 7 Gefallene, 21 Verwundete und 2 Vermißte. Bei der Gruppe Hptm. Fey im Raum der Eisenbahnbrücke über den Don ostw. Tschir griff der Feind bei Loshki (ca. 18 km ostw. Tschir) und bei Rytschow (8,8 km ostw. Tschir) an, der Brückenkopf ostw. des Don wurde aufgegeben, mit einem erheblichen Geräteverlust an der Brückenbaustelle mußte gerechnet werden.

Glücklicherweise konzentrierte sich der russische Angriff zunächst auf die Einschließung der deutschen Kräfte in Stalingrad, ein sofortiger Angriff nach Westen auf breiter Front blieb vorerst aus. Schwächere Angriffe am 24. November 1942 im Bereich der rum. 3. Armee konnten bisher abgewehrt werden. Zur Schließung der Frontlücken im Bereich der rum. 3. Armee wurden die 7. und später auch die 8. Luftwaffenfelddivision vorgesehen. Einzelne

Teile wurden von den Truppenübungsplätzen Groß-Born und Mielau im Baltikum noch vor Abschluß ihrer Ausbildung mit Ju 52 am 28. November 1942 nach Obliwskaja geflogen, wo sie sofort in der nur 2 bis 3 km entfernten HKL eingesetzt wurden. Der Flugplatz von Obliwskaja lag dabei bereits zeitweise unter russischem Artillerie-Beschuß (4). Der Rest der 7. Luftwaffenfelddivision, die ebenso wie die ersten Luftwaffenfelddivisionen nur aus vier Jägerbataillonen, einer Panzerjägerabteilung, einer Artillerieabteilung, einer Pionier- und einer Luftnachrichtenkompagnie bestand, kam im Bahntransport bis Januar 1943 nach.

Am 1. Dezember 1942 wurden die eingetroffenen Teile der 336. I.D. sofort eingesetzt, das Eintreffen der 11. Pz.D. und der 17. Pz.D. mit der Bahn wurde erwartet. Um 8.25 Uhr stieß zwischen Parschin und Obliwskaja ein Panzerzug mit einem Schienenkran zusammen, dabei wurde der Schienenkran, der besonders bei Wiederherstellungsarbeiten an Brücken und für Aufräumungsarbeiten nach Luftangriffen dringend benötigt wurde, so stark beschädigt, daß er nicht mehr einsatzfähig war. Bei dem Zusammenstoß wurden 6 Mann vom 6./Eisb. Pi.Rgt. 4 verletzt. Vormittags fanden anhaltende Fliegerangriffe auf Bf.Obliwskaja statt. An dem Streckenabschnitt Belaja Kalitwa – Tschernyschkow wurde eine Streckensicherung aufgezogen und der Bau von Widerstandsnestern an Brücken und Bahnhöfen befohlen. Die Eisb.Pi.Kpn unter dem Eisb.Btl.Stab z. B.V.10 wurden der 11.Pz.D. unterstellt und hatten den Schutz der südlichen Flanke 4 km südl. von Tschernyschkow zu übernehmen. Zur Unterstützung wurde eine schwere Flak-Batterie zugewiesen. Der Stab Eisb.Bau-Btl. 83 mußte mit Teilen der unterstellten Einheiten nach einem überraschenden Feindangriff den Stützpunkt Frohloff nördl. Obliwskaja aufgeben und auf die HKL zurückgehen. Bei Späh- und Stoßtrupp-Unternehmen hatten verschiedene Einheiten Feindberührung mit Kavallerie-Spähtrupps, eigene Verluste waren nicht zu verzeichnen. Der Feldbahn Btl.Stab 502 wehrte mit Einheiten bei starkem Schneetreiben feindl. Spähtrupps ab. Eigene Spähtrupp-Tätigkeit wurde ohne eigene Verluste gegen den aufgegebenen Stützpunkt Frohloff entfaltet. Am Abend wurde ein geringer russischer Einbruch im Raum Morosowskaja bereinigt. Am 2. Dezember 1942 wurde ein besonderer Verteidigungsstab für die Verteidigung Morosowskajas eingerichtet. Am 3. Dezember 1942 wurden durch den Bv.Tr.O. in Lichaja für 12 Stunden die Versorgungszüge angehalten, da die Strecke für das Vorziehen von Truppentransportzügen freigehalten werden mußte, denn an der Tschir-Front wurde unbedingt Verstärkung benötigt. Wegen der ständigen Luftbedrohung des Bahnhofs Morosowskaja wurde Bystrij 5 km vor Morosowskaja zum Ausweich-Ausladebahnhof für Betriebsstoff bestimmt. Von der Gruppe Hptm. Fey war auch an diesem Tag keine Meldung eingetroffen. In der Nacht vom 3./4. Dezember 1942 gelang es Feindkräften, den Durchlaß zwischen Parschin und der Eisenbahnbrücke über den Tschir zu sprengen. An der Wiederherstellung wurde gearbeitet, bis die Brücke am 6. Dezember 1942 wieder befahrbar war. Die Eisenbahnbrücke über die Dobraja, die durch eigene Truppe gesprengt worden war, war durch Artilleriefeuer völlig zerstört, sämtliche Joche waren abgebrannt. Dort befand sich die Stellung der Eisb.Pi.Kp. 70 verstärkt durch Teile Eisb. Pi.Kp. 54 mit Front nach Osten. Verluste: 11 Mann gefallen, 42 Mann verwundet. Der Eisb.Pi.Btl.Stab z. B.V mit 4./Eisb.Pi.Rgt.5, 8./Eisb.Pi.Rgt.6 und Eisb.Pi.Kp. 74 befinden sich seit dem 4. Dezember 1942 nicht mehr im infanteristischen Einsatz. Die Gruppe Hptm. Fey meldete am 6. Dezember 1942: Eisenbahnbrücke über den Don östl. von Tschir und Gerätelager auf dem ostw. Don-Ufer sind wieder in eigener Hand. Bei dieser Gruppe befanden sich auch der Stahlbauzug Lakum und der Firmenbauzug Beton- und Monierbau. Bei den Gruppen Stumpfeld und Spang herrschte großer Mangel an schweren und panzerbrechenden Waffen, der nur teilweise behoben werden konnte. Durch das Eintreffen zusätzlicher Einheiten, wie beispielsweise der Lw.Feld-Divisionen konnten weitere Einheiten der Eisenbahnpioniere aus dem in-

(4) Heller, Seiten 89 bis 90

fanteristischen Einsatz herausgezogen werden, so bereits am 26. November der Pi.Masch.Zug 703, am 1. Dezember die große Eisb.Pi.Kw.Kolonne 638 und am 2. Dezember die Eisb.Bau-Kp. 118. Am 5. Dezember 1942 herrschte Tauwetter, die Lastkraftwagen der I./Kol.Kw.Trsp. Rgt.602 konnten wegen der schlechten Straßenverhältnisse auf ihrem Weg von Millerowo nach Morosowskaja keine Anhänger befördern. Schneeketten waren nicht vorhanden und sollten erst noch beschafft werden. Von jetzt ab wurden sämtliche westl. des Don stehende Truppenteile vom Quartiermeister der 6. Armee versorgt, so auch das XXXVIII. AK., das taktisch jedoch weiterhin der 5. Pz.Armee unterstand. Für die mit der Bahn ankommenden Einheiten der 11. Pz.D. und der 336. ID. wurden in Morosowskaja und in Tschernyschkow Durchgangstankstellen eingerichtet. Die Heeresgruppe stellte die Kw.Trsp. Abt. 352, 611 und 978 mit insgesamt 1600 t Transportkapazität zur Verfügung, diese wurden am nächsten Tag mit Nachschubgut in Rostow beladen und zur Versorgungsbasis Morosowskaja in Marsch gesetzt.

Auf der Strecke Lichaja – Tschir blieben am 7. Dezember 1942 acht Züge im Schneesturm liegen. Bei der Eisenbahn herrscht Mangel an Petroleum, die Signal-Laternen konnten nicht beleuchtet werden. Die Temperaturen sanken bis auf –20 Grad, die Betriebsspitze Obliwskaja konnte wegen Artilleriebeschusses nur nachts bedient werden. Hauptausladebahnhöfe waren jetzt Morosowskaja und Tschernyschkow, in geringem Umfang auch Bystrij. Die durchschnittliche Streckenleistung lag bei 12 Zügen pro Tag, am 11. Und 12. Dezember sank sie auf 5 – 6 Züge pro Tag ab, da die Wasserversorgung im Bahnhof Lichaja für 37 Stunden gestört war.

Am 8. Dezember 1942 sollte der Angriff des XXXVIII. Panzerkorps (11. PD., 7.Luftw.Feld. Div. und 336. ID.) aus dem Brückenkopf Werchne-Tschirskij beginnen mit dem Ziel, den nur ca. 50 km entfernten Kessel von Stalingrad aufzubrechen. Da die Kräfte nicht rechtzeitig herangeführt werden konnten und dann zur Verstärkung der Tschir-Front gegen die zunehmenden russischen Angriffe benötigt wurden, sollte am 12. Dezember 1942 ein Entsatzangriff aus Südwesten in Richtung Stalingrad zu dem ca. 100 km entfernten Kessel durch das LVII.Pz.Korps (23. PD., 17. PD., 6. PD., 15. Lw. Feld.D.) beginnen. Die 6. PD., die im Raum Rennes in Frankreich zur Auffrischung stand und zur Besetzung Südfrankreichs im Falle einer Landung der Alliierten in Nordafrika vorgesehen war, war überraschend bereits am 5. November 1942 zum Einsatz im Osten bestimmt worden, und zwar zunächst als Reserve hinter der ital. 8. Armee. Der erste Transport auf der Eisenbahn ging am 12. November 1942 ab. Ein Teil der Einheiten gelangte über Lichaja bis in den Raum von Millerowo, von dort wurde auf dem Landmarsch über Zymljanskaja der Versammlungsraum der Division erreicht, der weitaus größere Teil kam mit der Bahn über Rostow – Salsk nach Kotelnikowo, wo der Russe am frühen Morgen des 26. November 1942 überraschend die Vorausabteilung der 6.PD. beim Ausladen auf dem Bahnhof angriff. Für den Angriff des LVII.Pz.Korps wurde seit einigen Tagen die Versorgungsbasis Tormossin mit Nachschubgut bevorratet, allerdings litt die Zufuhr an den schlechten Wegeverhältnissen wegen des Tauwetters und an Mangel entsprechender Bahntransporte. Während der Zulauf an Betriebsstoffzügen ausreichend war, fehlten jetzt vor allem Munition und Mundverpflegung. Der Betriebsstoff, der in Eisenbahn-Kesselwagen ankam, mußte für den Weitertransport zeitraubend in Fässer und Kanister umgefüllt werden. Da Mangel an Fässern bestand, wurden die Ortskommandanturen zu Sammelaktionen aufgefordert. Am 8. Dezember 1942 fanden immer wieder Bombenangriffe auf Morosowskaja statt, dabei wurde die Entschlackungsgrube zerstört. In Morosowskaja mußte wegen Mangels ausreichender Mengen von Betriebsstoff-Fässern der Inhalt ankommender Eisenbahn-Kesselwagen teilweise in Hochbehälter umgefüllt werden. Bei einem erfolgreichen Stoßtruppunternehmen der Feldbahn-Kp 604 und 1./Eisb.Bau-Btl. 83 wurden am 9. Dezember 2 Granatwerfer, 4 SMG, 4 Panzerbüchsen, 4 MPi und 12 Gewehre erbeutet. Am Abend kam ein Vorauskommando der 306. ID. an, die seit langem erwarteten Munitionszüge trafen an diesem Tag mit ihrer Spitze erst in Debalzewo ein. Am 10. Dezember 1942 wurde festgestellt, daß im Kessel von Stalingrad die Verpflegung knapp war, besonders an der West- und Südfront. Es herrschte starker Mangel an Artilleriemunition, dadurch waren die Verluste bei der Infanterie hoch, weil die Angriffe der Russen nur mit Infanteriewaffen abgewehrt werden konnten. Die letzte Betriebsstoffreserve im Kessel wurde zum Auftanken einer Panzer-Abteilung benötigt, die einen russischen Einbruch von 6 km Tiefe abriegeln mußte. Die 17. PD. war am 11. Dezember 1942 noch nordwestlich von Morosowskaja versammelt. Starker Frost hatte das bisherige Tauwetter abgelöst; die Straßen waren jetzt glatt, die Lastwagen der Transportkolonnen mußten erneut ohne Anhänger fahren, wodurch die Transportkapazität stark eingeschränkt wurde. Hinter den Truppen des LVII. Pz-Korps sollten Transportkolonnen bereitgestellt werden, die den Angriffsspitzen nach Aufbruch des Kessels folgen und Betriebsstoff, Munition und Verpflegung in den Kessel bringen sollten. Der Betriebsstoff wurde in Kanistern transportiert. Außerdem standen 37 Omnibusse zum Abtransport der Verwundeten aus dem Kessel bereit. Zwecks besserer Beweglichkeit war die Spitze der Kolonne mit einer Funkstelle ausgestattet. Sämtliche Fahrzeuge nahmen den Weg aus dem Raum Morosowskaja über die Don-Brücke bei Zymljanskaja in Richtung Kotelnikowo. Diesen Weg hatten vorher auch bereits die Kampfstaffeln der 17. Pz.D. am 14. Dezember 1942 genommen. Seit Tagen herrschte Mangel an Dieseltreibstoff, der nur durch Zugriff auf Reserven behoben werden konnte. Der Russe drückte schon seit Tagen auf die Brückenstelle am Don bei Rytschow, am Abend fiel die fast wieder hergestellte große Eisenbahnbrücke über den Don bei Tschir in Feindeshand. Es ist nicht bekannt, ob deren Zerstörung vorher noch gelungen war. Der Verlust an Material und Gerät wurde von der Firma Beton und Monierbau auf 260.000 Reichsmark geschätzt.

Gleichzeitig verstärkte sich der Druck auf Ssurowikino. Der Angriff in Richtung Kessel kam in den ersten Tagen gut voran, allerdings begann sich der Widerstand der Roten Armee immer mehr zu versteifen. Im Kessel von Stalingrad wurden ca. 4000 t Kolonnenraum aus Truppenfahrzeugen bereitgestellt, sie sollten nach Aufbruch des Kessels mit Verwundeten beladen diese aus dem Kessel evakuieren und dann mit Nachschubgut in den Raum Stalingrad zurückkehren. Am 15. Dezember 1942 mußte die Front aus dem Tschir-Bogen zurückgenommen werden, die Frontlinie lief an Nishne Tschirskaja vorbei, die dortigen Versorgungstruppen wurden zurückgezogen, der Betrieb des dortigen Elektrizitätswerkes wurde eingestellt. Am 17. Dezember 1942 um 9.30 Uhr fand ein Luftangriff auf Morosowskaja statt, dabei wurden auf dem Flugplatz Flugzeuge zerstört. In der Nacht zum 18. Dezember wurde Morosowskaja erneut aus der Luft angegriffen, trotz dreier Bombentreffer in den Bahnanlagen wurde der Eisenbahnbetrieb nicht gestört. Der Verluste der Eisenbahnpioniere im infanteristischen Einsatz betrugen seit dem 9. Dezember: Gefallen 2 Offiziere, 28 Mann. Verwundet: 20 Offiziere, 90 Mann. Vermißt: 3 Mann.

# 8. Der Durchbruch nach Süden durch die Front am Don im Dezember 1942

## Die allgemeine militärische Lage vom 16. Dezember 1942 bis 16. Januar 1943

Am 16. Dezember 1942 begann um 8.00 Uhr der russische Angriff mit Artilleriefeuer auf Flächenziele der Stellungen der ital.8.Armee am Don beiderseits von Bogutschar durch die „Woronesch-Front" . Es herrschte dichter Nebel. Um 9.30 Uhr wurde der Angriff über den Don getragen. Bei den wiederholten russischen Angriffen auf die italienischen Stellungen im Raume Werchnij-Mamon (weiter westlich) gelang es dem Gegner sowohl bei der Division „Ravenna" als auch bei der Division „Cosseria" einzubrechen, Gegenstöße waren im Gange.
Zu dieser Zeit wurde der Brückenkopf südlich des Bahnhofs Tschir planmäßig zurückgenommen und die Stellung begradigt. Die rum. 18.ID besetzte Potemskaja und die Don-Brücke, über welche die 17. PzD den Fluß überquerte und mit 44 Panzern zum LVII. Pz-Korps stieß. Auch an der Tschir-Front im Abschnitt der Gruppe Hollidt griff der Russe an, der Schwerpunkt lag nördlich von Bokowskaja bei Nish. Astachoff, wo Angriffe mit Panzern erfolgten. Im Abschnitt der Rumänen am Tschir wurde bei Nish. und Werch Kalininskij angegriffen.
Um schon um 7.20 Uhr meldete die Division „Torino", daß im gesamten Abschnitt des ital. II.AK ein starker feindlicher Angriff mit Panzern und Infanterie nach Artillerie- und Granatwerfer-Vorbereitung begonnen hat. Die Division „Pasubio" meldete einen russischen Angriff zwischen Abrassimowa und Monastyrtschina, wo bereits eine Stunde später bis zur Höhe 175,5 südl. Abrassimowa ein Einbruch erzielt wurde. Da keine örtlichen Reserven bereitstanden, wurde das ital. I./JR. 81 zur Flankensicherung von „Torino" nach der Höhe 162,9 bei Paseka verlegt. Ebenso sollte Artillerie dorthin gebracht werden. An anderer Stelle verfügte die ital. Artillerie nur noch über wenig Munition. Um 12.00 Uhr hielten sich Reste der Italiener in Monastyrtschina im Bereich der Kirche, Abrassimowa war bereits vom Feind eingenommen, der die Höhen 175,5 und 187,9 überschritt. Um 12.25 Uhr stand das I./JR. 81 zum Angriff auf die Höhe 175,5 bereit, der um 13.00 Uhr mit Artillerieunterstützung gegen den von 2000 Mann des Gegners gehaltenen südlichen Höhenrand der Schlucht westlich von Monastyrtschina begann. Die Artilleriebeobachter der den Angriff der Italiener unterstützenden Artillerie-Abteilungen gingen mit vor. Später erhielt das Armeekorps die Nachricht, daß im Raum Monastyrtschina etwa 2 russische Divisionen sich im Einsatz befänden. Um 14.55 Uhr war das I./JR.81 im Kampf am Südwestrand von Monastyrtschina, das z.T. immer noch von Italienern gehalten wurde. Schon um 16.30 Uhr war der Angriff des I./JR. 81 zurückgeschlagen, der verwundete Batallions-Komanndeur befahl das Zurückgehen auf die Ausgangsstellung bei Höhe 162,9, wo es mit dem III./JR. 81 Verbindung aufnahm. Verluste: 4 Offiziere verwundet, ca. 250 Tote und Verwundete unter den Mannschaften, der Batl. Kaplan ist unter den Toten. Neuer Kommandeur des Batallions war Major Russo. Das Bataillon hatte andethalb Stunden standgehalten, war schon fast eingeschlossen und hatte keine Flankenverbindung mehr. Über das weitere Vorgehen bestanden Meinungsverschiedenheiten zwischen dem XXIX. und dem XXXV. AK hinsichtlich des Einsatzes des I./JR. 81; sie machten die Sache nicht leichter.
Auch bei der Armeeabteilung Hollidt am Tschir war der im Rahmen eines Großangriffs angetretene Feind eingebrochen. Der Feind griff bei Werch. und Srred. Gromok bei den Rumänen, zwischen Monastyrtschina und Krasnohorowka gegen das XXXV.A.K. und im Ma-

mon-Bogen und Deresowka gegen das II.A.K. an. Beim XXIX.A.K. erfolgten dagegen bisher keine Angriffe, wenn auch im Raum Krassnojarski aus Feindbewegungen auf die Absicht eines feindl. Stoßunternehmens zu schließen war. Der Angriff bei den Rumänen war bei einer Breite von 4 km nur etwa 3 km tief vorangekommen, hier schien es sich um schwächere Feindkräfte zu handeln. Trotzdem hatte das Korps seine rechte Flanke ostwärts der Straße Werch.Tschukarin – Werch. Tokin – Baski abgeschirmt. Von größerer Bedeutung war der Angriff im Ogalew-Bogen und bei Monastyrtschina. Hier griff der Feind in Stärke von angeblich 2 Divisionen an. Bis zur Nacht hatte im allgemeinen eine Sehnenstellung zwischen Monastyrtschina und Krassnohorowka gehalten werden können, wenn diese auch erhebliche Lücken aufwies. Das XXIX. A.K. war bestrebt, durch Angriff des I.Battallions des I.R. 81 die Lücke zwischen Monastyrtschina und dem rechten Flügel des XXXV. A.K. zu schließen. Das Bataillon ging jedoch schon am Nachmittag zurück.

Schon nach kurzer Zeit waren die Stoßrichtungen der russischen Angriffe erkennbar. Beiderseits Bogutschar zielte ein Stoß nach Westen und zwar nach Kantemirowka, ein weiterer Stoß nach Süden nach Millerowo und ein dritter Stoß nach Südosten nach Tazinskaja, während der Stoß durch die Front am Tschir nach Süden offenbar auf Morosowskaja gerichtet war, der Angriff südlich Kasanskaja am 18. Dezember 1942 hatte Tazinskaja zum Ziel. Da keiner dieser Einbrüche abgeriegelt werden konnte – Reserven und Eingreiftruppen standen weder bei der Deutschen Wehrmacht noch bei den Verbündeten zur Verfügung – klaffte nun schnell eine Frontlücke zwischen Millerowo und der bisherigen HKL bei Tschir, für deren Schließung zunächst so gut wie keine Kräfte bereitstanden. Es war absehbar, daß in wenigen Tagen die Rote Armee die Eisenbahnstrecke Lichaja – Tschir erreichen würde. Meldungen über die augenblickliche Lage der Angriffsspitzen waren kaum zu bekommen, da schon nach kurzer Zeit sämtliche Telefonverbindungen unterbrochen waren. Einzelne Stäbe, die noch über Funkverbindungen verfügten, wurden in das Chaos hinein gerissen. Vor und auch hinter den schnell vorstoßenden Panzerspitzen der Russen flohen Italiener und Rumänen nach Süden und Südwesten. Eine Luftaufklärung war wegen des schlechten Wetters kaum möglich.

Schon nach wenigen Tagen war die Front der ital. 8.Armee im Angriffsstreifen völlig zusammengebrochen, nur einige ital. Einheiten hielten sich noch wenige Tage im inzwischen abseits des Kampfes gelegenen Monastyrtschina. Schon bald zogen über 80.000 ital. Kriegsgefangene über den zugefrorenen Don nach Norden in Gefangenenlager, wo sie ein grausames Schicksal erwartete. Nach Jahren des Hungers und der Seuchen sollte es nur wenigen vergönnt sein, ihre Heimat wieder zu sehen.

Bereits am 21. Dezember 1942 hatten die russischen Angriffsspitzen den Raum von Kantemirowka erreicht und bedrohten damit die Bahnlinie Liski – Millerowo (siehe Seite 70). Am nächsten Tag wurden die in Kantemirowka eingeschlossenen ital. Verteidiger (500 Mann) des dortigen Flugplatzes durch die ital. Luftwaffe mit Nachschub versorgt (1). An der Bahnlinie nach Stalingrad kam der russische Angriff nicht weiter voran, da hier schon bald ein Teil der für den inzwischen gescheiterten Entsatzangriff nach Stalingrad eingesetzten Kräfte des LVII. A.K. zur Verteidigung von Morosowskaja herangezogen werden konnte. Am 21. Dezember 1942 befanden sich bereits Feindkräfte im Raum Millerowo. Am Tag darauf waren russ. Truppen schon bis ostwärts Millerowo vorgedrungen. Die Kampfverbände der deutschen Luftwaffe mußten abwechselnd zur Unterstützung der schwer ringenden deutschen Truppen und zur Verstärkung der Transportverbände im Rahmen der Versorgungsflüge für die in Stalingrad eingeschlossenen 6. Armee eingesetzt werden. Für das weiter westlich gelegene Tazinskaja standen keine eigenen Kräfte zur Verteidigung zur Verfügung, weshalb schon am 24. Dezember 1942 die ersten Russen den dortigen Flugplatz und die Bahnlinie erreichten.

(1) Neulen, Seite 68

Am 25. Dezember 1942 gelang es, die Besatzung des eingeschlossenen Stützpunkts Kantemirowka durch eine Kompanie zu verstärken, die im Lufttransport zugeführt wurde. Schon wurden die ersten Brückenköpfe bei Kamenskaja und Woroschilowgrad zur Verteidigung eingerichtet. Versorgungsmäßig konnten sich die deutschen Verteidiger noch auf die Nachschublager der 6. Armee stützen, soweit sich diese noch in deutscher Hand befanden. Umso schwerer wog der Verlust des Haupt-Munitionslagers in Millerowo, das am 27. Dezember 1942 durch einen Luftangriff oder durch Artilleriebeschuß unter einer ungeheuren Explosion in die Luft flog. Als Folge davon gab es im ganzen Ort keine intakte Fensterscheibe mehr, ein fürchterlicher Zustand für die Einwohner und die Verteidiger bei der herrschenden großen Kälte. Am 28. Dezember 1942 waren die Russen in Tazinskaja eingeschlossen; es gelang nur einen Teil der Kräfte zu zerschlagen, während sich die übrigen Einheiten nach Nordwesten durchschlugen, wo sie im Raum Skassyrskaja weiterhin eine Bedrohung darstellten, zu großen Operationen vermutlich mangels Nachschub jedoch nicht mehr in der Lage waren. Der russische Vorstoß an Millerowo vorbei nach Kamenskaja konnte durch den Einsatz der mit der Bahn aus Frankreich nach Kamenskaja herangeführten 304. I.D. unter großen Verlusten auf beiden Seiten zurückgeschlagen werden. Damit war eine Bedrohung des immer noch wichtigen Bahnknotens Lichaja zunächst einmal abgewendet. Es ist erstaunlich, daß ca. 150 km östlich von dem in Kürze eingeschlossenen Millerowo immer noch gekämpft wurde. Die Eisenbahnlinie nach Stalingrad ragte wie ein Stachel noch weit nach Osten und stellte somit das Rückgrat der Verteidigung dar. Am 29. Dezember wurden die 11.000 im Raum von Tschertkowo eingeschlossenen Deutschen und Italiener von eigenen Transportflugzeugen aus der Luft versorgt, Verwundete auf diesem Weg evakuiert (2). Die immer noch 8000 Mann starken Verteidiger konnten sich noch unter Versorgung aus der Luft bis Mitte Januar 1943 halten, dann gelang es den Überlebenden, sich nach Westen durchzuschlagen.

(2) Neulen, Seite 68

## Die Lage an den Bahnstrecken vom 17. Dezember 1942 bis 16. Januar 1943

In der Nacht vom 17./18. Dezember 1942 fanden Bombenangriffe auf den Bf. Morosowskaja statt, dabei wurden die Bahnanlagen durch 3 Bombentreffer beschädigt, die jedoch keine Betriebsunterbrechung zur Folge hatten. Dagegen wurde bei dem Bombenangriff um 22.40 Uhr am 18. Dezember auf Bf.Morosowskaja eine Lokomotive beschädigt. Als Folge des Vordringens der Roten Armee nach Süden nach dem Durchbruch durch die Don-Front wurden am 23. Dezember 1942 die Arbeiten auf den Bahnhöfen Belaja Kalitwa und Morosowskaja eingestellt und folgende Einheiten infanteristisch und zum Stellungsbau eingesetzt:

6./Eisb,Pi.Rgt. 4
4./Eisb.Baubtl. 511
1/2 Wasserstationskp. 192 und jeweils zwei Züge
Eisb.Pi.Kp. 76 und
Eisb.Pi.Kp. 54.

In der Nacht vom 21./22. Dezember 1942 wurden die Lazarette in Tazinskaja geräumt, in einer dramatischen Aktion gelang es, 2400 Verwundete – die meisten von ihnen waren aus dem Kessel von Stalingrad ausgeflogen worden – mit der Eisenbahn unter primitiven Umständen zu evakuieren. Nur die nicht transportfähigen Verwundeten und die russ. Kriegsgefangene mußten zurückbleiben. Am Abend des 22. Dezember 1942 setzten sich die Transporte endlich in Bewegung, um dann nach drei Tagen Fahrt endlich in Stalino einzutreffen. Die Fahrt in den teilweise schlecht beheizten und belüfteten Güterwagen war zunächst einmal zu Ende. Mit der Einnahme von Tazinskaja durch die rote Armee im Laufe des 24. Dezember 1942 wurde die Strecke Lichaja – Tschir unterbrochen. Sämtliche Arbeiten auf dem Streckenabschnitt Lichaja (ausschl.) und Morosowskaja (einschl.) wurden am 27. Dezember 1942 eingestellt, die Eisenbahnpioniere wurden entlang der Strecke als Infanterie eingesetzt. Zur Unterbindung der Heranschaffung von Reserven richtete sich in der Nacht vom 25./26. Dezember 1942 ein elfstündiger Bombenangriff der roten Luftwaffe auf den Bahnhof Lichaja, bei dem 30 Treffer in den Bahnanlagen entstanden. Mit der Beseitigung der Schäden wurde sofort begonnen, man hoffte gegen Mittag des folgenden Tages den wichtigen Knotenpunkt wenigstens für den Durchgangsverkehr wieder freigeben zu können. Bereits in der nächsten Nacht war erneut der Bahnhof von Lichaja das Ziel heftiger russischer Bombenangriffe, die jedoch nur geringe Schäden an den Gleisanlagen verursachten. Wie wichtig dieser Bahnhof von den Russen angesehen wurde, wird schon daran deutlich, daß bei diesen Angriffen auch viermotorige Langstreckenbomber vom Typ Pe-8 eingesetzt wurden, die allein 215 Bomben mit einem Gewicht von insgesamt 27.068 kg abwarfen. Am 28. Dezember 1942 gegen 1.00 Uhr wurde der Bf. Lichaja erneut aus der Luft angegriffen. Am 29. Dezember wurde der Bf. Tschernyschkow durch Bombenangriffe nachhaltig zerstört. Es wurde eine Streckenerkundung mit einem Panzerzug von Morosowskaja in Richtung Tazinskaja, also nach Westen angesetzt, die erste Feindberührung gab es bereits beim Bf. Beskenzy 7,5 km nordostw. Tazinskaja. Da die für den inzwischen aufgegebenen Entsatzvorstoß nach Stalingrad freigewordenen Kräfte zur Sicherung der immer noch wichtigen Eisenbahnstrecke Lichaja – Tschir eingesetzt wurden, konnten die bis dahin infanteristisch eingesetzten Angehörigen der Eisenbahnpioniere herausgezogen und zur Wiederherstellung der Eisenbahnstrecke zwischen Belaja-Kalitwa und Tazinskaja eingesetzt werden. Tazinskaja war inzwischen wieder feindfrei, neben geringen Schienensprengungen war nur die Eisenbahnbrücke über eine Straße 2,8 km nordostwärts Tazinskaja von den Russen gesprengt worden. Da die Widerlager unbeschädigt waren, konnte der Wiederaufbau schnell durchgeführt werden, ebenso wurde die Strecke von Morosowskaja in Richtung Tazinskaja wiederhergestellt, sie sollte voraussichtlich am 29. Dezember 1942 ab 24.00 Uhr wieder befahrbar sein. Am 31. Dezember 1942 waren die durch die vorangegangenen Bombenangriffe verursachten Schäden, insgesamt 45 Bombentreffer, im Bf.Lichaja wieder beseitigt. Der durch den Feindeinbruch im Raum Tazinskaja zerstörte Durchlaß 10,75 km nordöstlich von Shirnow mit einer Weite von 3,0 m war inzwischen wiederhergestellt, ebenso der Durchlaß 2,5 km südwestlich von Tazinskaja (Weite 7,0 m). Auch die während der Besetzung des Bahnhofs Tazinskaja durch die Rote Armee an den Gleisanlagen vorgenommenen Zerstörungen waren von den Eisenbahnpionieren wieder repariert worden, so daß auch das Teilstück Lichaja – Morosowskaja bereits am 30. Dezember 1942 wieder befahrbar war. Durch eigene Truppen wurde im Rahmen des Rückzuges am 31. Dezember 1942 um 4.00 Uhr die Eisenbahnbrücke über den Tschir 9,5 km südwestlich von Obliwskaja völlig zerstört; es handelte sich um Kriegsbrückengerät „R“ mit zwei Überbauten mit jeweils einer Stützweite von 56 m, die durch Trennschnitte zerstört abgestürzten, die weitere Zerstörung der Brücke wurde durch den Feind verhindert. Der Bf. Tschernyschkow war zu diesem Zeitpunkt Betriebsspitze, er wurde durch Bombenangriffe nachhaltig zerstört. Der Feinddruck von Norden und Osten machte es notwendig, am 2. Januar 1943 die Eisb.Bau Kp.118 in Morosowskaja zum Stellungsbau und zur Ortsverteidigung einzusetzen. Schon am folgenden Tag begannen die Sperrvorbereitungen an der Strecke Lichaja in Richtung Stalingrad, und zwar am Streckenteil ab Belaja Kalitwa. Das 1. Eisb. Pi.Rgt. 5 mit einer Stärke von 4 Offizieren und 78 Mann wurde aus dem infanteristischen Einsatz herausgezogen, es sammelte sich im Raum Iswarino 25 km westlich von Kamenskaja. Sämtliche Offiziere und 68 Mann mussten mit Erfrierungserscheinungen im Lazarett behandelt werden. Die nur noch geringe Stärke der Einheit und die Ausfälle zeugten von der Härte des Kampfes.

Am 4. Januar 1943 war Walkowo Betriebsspitze, am folgenden Tag Tazinskaja. Auf der Strecke lagen viele Räumungszüge, die aus

Mangel an Wendelok nicht abgefahren werden konnten; erst einige Tage später trat eine Entspannung ein. Durch den Ausfall des Bw Morosowskaja war der Lokumlauf gestört, was zu einem hohen Bedarf an Lokomotiven führte. Zu diesem Zeitpunkt wurde auf der Teilstrecke Tschernyschkow (ausschließlich) – 10 km südwestl. Mororowskaja das Rollmaterial abgezogen und die Strecke durch eigene Truppe nachhaltig zerstört. Im Bf. Morosowskaja wurden die Gleise durch Sprengen jedes zweiten Schienenstoßes und sämtlicher Weichen zerstört, ebenso wurden fünf Wasserkräne, Drehscheibe, Lokschuppen, Bekohlungsanlage, E-Werk und Empfangsgebäude gesprengt bzw. zerstört. Bereits am folgenden Tag wurde die 19 km lange Teilstrecke 10 km südwestlich Morosowskaja – 3,2 km nordostw. Kowylkino durch Sprengung jeder zweiten Schiene unbrauchbar gemacht und sechs Durchlässe gesprengt. Bei der Kreuzungsstelle 5,5 km nordostw. Walkowo wurden sämtliche Weichen und jede zweite Schiene gesprengt, im Bf. Walkowo wurden die Gleisanlage, Hochbehälter, Pumpstation und Wasserkran nachhaltig zerstört, das Rollmaterial wurde abgezogen. Die Sperrarbeiten wurden am 9. Januar 1943 fortgesetzt, so zerstörten im Bf. Tschernyschkow eigene Truppen den Wasserturm, die Pumpanlage und die beiden Wasserkräne, gleichzeitig wurde mit den Sperrvorbereitungen an der Teilstrecke 3,2 km nordostwärts Kowylkino – Schirnow begonnen. Mit der schrittweisen Aufgabe der nach Stalingrad führenden Strecke im Rahmen des Rückzuges nach Westen verlor die einst so wichtige Strecke immer mehr an Bedeutung. Trotzdem war am 9. Januar 1943 im Bahnhof Belaja Kalitwa noch die Bekohlungsanlage und die zweite Entschlackungsgrube fertiggestellt worden. Am 11. Januar 1943 wurde der Bf. Kowylkino durch eigene Truppen unbrauchbar gemacht. Am Tag darauf wurde die Eisb.Bau Kp. 118 von Morosowskaja nach Belaja Kalitwa verlegt, wo sie zur Ortsverteidigung eingesetzt wurde. Am 13. Januar 1943 war die Betriebsspitze Bf. Tazinskaja. Wegen eines drohenden Feindeinbruchs wurde bei Wasilewskij (Km 31,0) Breitspurmaterial (17 Lok und 66 Wagen) durch eigene Truppen zerstört, aber noch am gleichen Tag mußte die Betriebsspitze nach Tarasowka verlegt werden. Die Eisenbahn wurde weiterhin zum Abtransport von Verwundeten und von wichtigem Material benötigt. Da der Feinddruck entlang der Strecke immer noch anhielt, mußte am 14. Januar 1943 die Eisb. Stellw.Kp. 177 zur Ortsverteidigung von Bogurajew (12 km westl. Belaja Kalitwa) und am folgenden Tag die 1./Eisb.Bau-Btl. 511 zur Verteidigung von Koksowaja eingesetzt werden. Bisher hatten eigene Truppen im Raum Morosowskaja 4 und im Raum Gratschi (21,3 km ostwärts Belaja Kalitwa) 17 Breitspurlokomotiven zerstört. Das normalspurige Rollmaterial konnte bisher dagegen immer noch nach Westen abgefahren werden. Am 15. Januar 1943 war die Ausladespitze in Schirnow. Am 17. Januar 1943 wurde Tazinskaja aufgegeben, vorher waren noch die nachhaltige Zerstörung der Wasserstationsanlage und die Sprengung der Weichenzungen und Herzstücke gelungen. Das Normalspur-Rollmaterial wurde bis auf sechs nicht fahrbereite Wagen abgezogen und an der Strecke vier weitere Breitspurlok von der eigenen Truppe gesprengt. Die Sperrvorbereitungen an der Teilstrecke Donez-Brücke bei Belaja Kalitwa – Lichaja wurden beendet. Schon bis zum 16. Januar 1943 hatten eigene Truppen die Teilstrecke zwischen der Eisenbahnbrücke über die Gnilaja hart nordwestlich Shirnow und 13,7 km ostw. Belaja Kalitwa (= 21 km) zerstört dabei wurde auch die Eisenbahnbrücke über die Gnilaja mit einer Länge von 66,4 m unbrauchbar gemacht, d. h. die Überbauten, Pfeiler und Widerlager zu 100% vernichtet. An der Strecke wurden 31 Breitspurwagen von der eigenen Truppe zerstört. Am 17. Januar 1943 sollte auch das Teilstück 3,4 km ostw. Belaja Kalitwa – Belaja Kalitwa durch eigene Truppen unbrauchbar gemacht werden, dies wurde jedoch durch einen überraschenden Feindeinbruch verhindert. Im Bahnhof selbst war es jedoch noch gelungen, jeden zweiten Schienenstoß wechselseitig zu sprengen, ebenso die Weichenzungen und Herzstücke, die Wasserstationsanlage und der Lokschuppen. Das Rollmaterial wurde abgezogen.

# 9. Der Durchbruch nach Westen durch die Front am Don

## Die allgemeine militärische Lage ab 17. Januar 1943

In der ersten Januarhälfte 1943 zogen sich die deutschen Truppen, die bis dahin entlang der Bahnlinie Lichaja – Stalingrad die Verteidigung übernommen hatten, immer weiter nach Westen zurück. Die 4. Pz-Armee hatte sich während dieser Zeit aus dem Kaukasus bis Rostow am Don zurückgezogen. so daß eine Flankensicherung wie bisher auf dem linken Flügel nicht mehr notwendig war. Die zweigleisige Eisenbahnstrecke parallel zum Don oberhalb von Mitrofanowka nach Norden bis Jewdakowo war bis dahin noch intakt und diente weiterhin der Versorgung der ungarischen 2. Armee und der Reste der ital. 8. Armee. Zwischen dem 12. und dem 14. Januar 1943 brach dann die dritte Offensive der Roten Armee in Richtung Charkow los, unter deren heftigen Schlägen die von den verbündeten Ungarn und Italienern gehaltene Front schnell zerbrach. Im Verlauf der weiteren Kämpfe wurde die Deutsche Wehrmacht immer weiter nach Westen zurückgedrängt, bis sie sich im Frühjahr 1943 wieder dort befand, wo sie ihre Offensive vor einem Jahr angetreten hatte.

## Die Lage an den Bahnstrecken ab 15. Januar 1943

Bis zum 15. Januar 1943 zerstörten eigene Truppen in den Räumen nördlich Jewdakowo an der Strecke Liski – Lichaja (siehe Seite 70) und nördlich Chlewitsche an der Strecke Waljuki – Liski (siehe Seite 65) insgesamt 42 Breitspurlok. In der Nacht vom 18./19. Januar 1943 wurde die große Eisenbahnbrücke über den Donez bei Belaja Kalitwa an der Strecke Lichaja – Stalingrad durch die Eisenbahnpioniere gesprengt. Dabei wurden sämtliche Überbauten (Endüberbauten Walzenträger, Mittelüberbauten Roth-Waagner Kriegsbrükkengerät) durch Trennschnitte zerstört, sie stürzten ab, beide Endpfeiler wurden gesprengt, ebenso wurden drei Mittelpfeiler auf zwei Drittel ihrer Stärke angesprengt. Seit 19. Januar 1943 befand sich die Betriebsspitze bei dieser Strecke im Bf. Wasilewskij (siehe Seite 87). Bis 14. Februar 1943 wurde die Teilstrecke Repnaja (24,4 km nordostw. Lichaja) – Brücke über den Donez bei Belaja Kalitwa nachhaltig zerstört, dabei wurden ein entgleister Truppen- und Materialzug und ein Verpflegungszug gesprengt, der Inhalt verbrannte. Das auf der Teilstrecke befindliche Rollmaterial, nämlich eine Lokomotive, 58 Wagen und ein Schneepflug (Normalspur) und 6 Lokomotiven und 77 Wagen (Breitspur), wurde vernichtet. Am 21. Januar 1943 wurden die Sperrvorbereitungen im Bf.Lichaja auf Grund der taktischen Lage beendet, der russ. Vorstoß hatte sich jetzt auf den Bereich südlich von Woronesch konzentriert. Dabei sollte es einige Zeit bleiben, da der Feinddruck auch im Bereich der Strecke Lichaja – Stalingrad nachgelassen hatte. Die Zeit wurde genutzt, unbedingt notwendigen Nachschub der an der Strecke eingesetzten Truppe zuzuführen und wertvolles Material mit Räumungszügen nach Westen abzufahren. Mit der Rücknahme der Front richteten sich die russ. Luftangriffe aber auch weiterhin gegen die Zufuhrstrecken. So wurde der wichtige Bf. Debalzewo (siehe Seite 85) am 31. Januar 1943 zwischen 15.45 und 18.00 Uhr heftig aus der Luft angegriffen, dabei erhielten ein Betriebsstoff- und ein Munitionszug Bombentreffer. An diesem Tag waren auch die Sperrvorbereitungen an der Strecke Lichaja – Rostow in vollem Gange. Am 3. Februar 1943 wurde um 18.35 Uhr befohlen, im Raum Wasilewskij sämtliche

Strecken zu zerstören. So wurde das Anschlußgleis 3,5 km ostw. Koksowaja zu den Schächten 3 und 4 nachhaltig zerstört, an der Strecke Lichaja – Stalingrad wurden zehn kleinere Eisenbahnbrücken und Durchlässe gesprengt, der Oberbau von Km 3,55 nördlich Koksowaja bis Wasilewskij (= 10,35 km) durch Sprengen jedes zweiten oder dritten Schienenstoßes zerstört. Mit der Zerstörung des Bf.Lichaja wurde am 8. Februar 1943 begonnen. Bis 14. Februar 1943 wurde die Teilstrecke Brücke über den Donez – Repnaja (24,4 km nordostwärts Lichaja) nachhaltig zerstört, dabei wurden ein entgleister Truppen- und Materialzug und ein Verpflegungszug gesprengt, der Inhalt verbrannte. Am 14. Februar 1943 wurde auch der Bf. Kamenskaja für die nachfolgende Rote Armee unbrauchbar gemacht. Sämtliche Gleise, 58 Weichen, Wasserturm, Pumpanlage, 2 Wasserkräne und sämtliche Signalanlagen wurden gesprengt, ebenso wurden das Empfangsgebäude und der Lokschuppen, 19 nicht fahrbereite Normalspurwagen, 85 Breitspurwagen, 3 italienische Feldbahn-Diesellok und eine russische Draisine zerstört. Außerdem gelang es eigenen Truppen, im Bf.Tarasowka (siehe Seite 70) noch einen Verpflegungszug mit 26 Normalspurwagen zu sprengen.

Auch der Bf. Lichaja fiel der endgültigen Zerstörung am 15. Februar 1943 zum Opfer. Hier wurden sämtliche Schienen und 277 Weichen gesprengt. Darüber hinaus wurden insgesamt 2 Wassertürme, 2 Pumpstationen, 9 Wasserkräne, 2 Verladerampen, 2 Breitspurloks, 37 Breit- und Normalspurwagen, 3 Lokschuppen, alle Werkstattgebäude, die Hochbekohlungsanlage, 2 Notbekohlungsanlagen und Kohlevorräte zerstört oder verbrannt.

**Beim Vormarsch bestand die Aufgabe der Eisenbahnpioniere in der Wiederherstellung und beim Rückzug in der Zerstörung der Gleisanlagen. (Aufnahme: BA 101/705/256/19A)**

Insgesamt wurde folgendes Rollmaterial während des Rückzuges von eigenen Truppen vernichtet (Breitspur = (b), Normalspur = (n)):

Strecke Walujki – Liski (siehe Seite 65)
Bf. Korotjak: 10 Lok (b), 37 Wagen (b)
zwischen Korotojak und Krupenkowo: 31 Lok (b), 678 Wagen (b), 1 Lok (n), 26 Wagen (n)
Bf. Gniloje: 1 Lok (b), 131 Wagen (b)

Strecke Liski – Rostow (siehe Seite 70)
Bf. Malogorje: 1 Lok (b), 25 Wagen (b)
Bf. Jewdakowo: 22 Lok (b) zwischen Jewdakowo und Saguny: 100 Wagen (n)
bei Injutino: 20 Lok (b)
bei Sasinowka: 2 Lok (n)
Bf. Millerowo: 27 Lok (n), viele Wagen (n)
Bf. Tarasowka: 3 Lok (n), 26 Wagen (n)
Bf. Djatkino: 16 Lok (n), 416 Wagen (n)
bei Glubokaja: 186 Lok (b)
bei Pagore Tawo: (unzerstört) 9 Lok (n), 330 Wagen (n)
zwischen Pagore Tawo und Donez-Brücke: 572 Stück Rollmaterial (n)
Bf. Kamenskaja: 19 Wagen (n), 84 Wagen (b), (unzerstört) 1 Lok (b), 601 Wagen (b)
Bf. Samtschalewo: 84 Wagen (n), 16 Wagen (b)
Bf. Jassnyj: 24 Wagen (n) zwischen Lichaja und Rostow: 47 Lok (b) und 1590 Wagen (b)

Strecke Lichaja – Stalingrad (siehe Seite 87)
Bf. Morosowskaja: 12 Lok (b), 1 Wagen (b)
Bf. Tazinskaja: 12 Wagen (n)
Bf. Mitrofanowka: 18 Wagen (b) in Richtung Leninskij: 10 Lok (b), 61 Wagen (b)
Bf. Belaja Kalitwa: 1 Lok (b), 6 Wagen (b)
Bf. Bogurajew: 46 Wagen (n), 4 Lok (b), 90 Wagen (b)
Bf. Wasilwskij: 1 Lok (b), 6 Wagen (b)
Bf. Repnaja: 1 Lok (n), 12 Wagen (n), 8 Wagen (b)
Bf. Lichaja: 8 Wagen (n), 5 Lok (b), 115 Wagen (b)

(b) = Breitspur, (n) = Normalspur

Als am 14. Februar 1943 der letzte Räumungszug mit dem Pionier-Sprengkommando und der Besatzung des Bahnhofs Nowa Bawarija westl. Charkow gegen 14.00 Uhr sich nach Westen absetzte, hatte die Rote Armee den gesamten Bezirk des FEKdo 3 wieder in Besitz genommen, den die deutsche Wehrmacht vor gerade einmal etwa 9 Monaten erobert hatte.

# 10. Literaturverzeichnis


*Hermann Teske*, Die silbernen Spiegel, Heidelberg 1952
*Karl Eugen Hahn*, Eisenbahner in Krieg und Frieden, Frankfurt am Main, 1954
*Hans Doerr*, Der Vormarsch des LII.A,K. durch die Kalmückensteppe, Wehrkunde, V.Jahrgang (1956), Heft 8, Seiten 376 – 386
*Heinrich Eisen*, Der Schienenwolf, Darmstadt, 1957
*Hans-Wolfgang Sasse*, Die deutsche Signaltechnik im zweiten Weltkriege, Signal und Draht, 50. Jahrgang (1958), Heft 5, Seiten 89 – 96
*Hans Pottgiesser*, Die Reichsbahn im Ostfeldzug, Neckargemünd, 1960
*J.N.Westwood*, Geschichte der russischen Eisenbahnen, Zürich, 1966
*Reinhard Gehlen*, Der Dienst, Mainz-Wiesbaden, 1971
*Horst Rohde*, Das deutsche Wehrmachttransportwesen im Zweiten Weltkrieg, Stuttgart 1971
*Antonio Richezza*, Storia Illustrata di Tutta la Campagna die Russa, Luglio 1941 – Maggio 1943, Mailand 1972
*Hansjürgen Wenzel*, Die Baureihe 57, Wuppertal,1974
*Eugen Kreidler*, Die Eisenbahnen im Machtbereich der Achsenmächte während des Zweiten Weltkrieges, Göttingen, 1975
*Hansjürgen Wenzel*, Die Baureihe 55, Wuppertal, 1976
*Kriegstagebuch des OKH*, Bd.II 1942, Teilband I und II, Bd.III 1942, Teilband I, München 1982
*Erwin Thurnher*, In der Hölle von Millerowo, Graz, 1986
*Alfred B. Gottwaldt*, Heeresfeldbahnen, Stuttgart, 1986
*Das Deutsche Reich und der Weltkrieg*, Herausgegeben vom Militärischen Forschungsamt, Band 6, Der globale Krieg, Stuttgart 1990
*Werner Haupt*, Die deutschen Luftwaffenfelddivisionen, Friedberg/Hessen, 1993
*Horst Zank*, Stalingrad, Hamburg/Berlin 1993
*Wolfgang Dierich*, Kampfgeschwader 55 „Greif", Stuttgart, 1994
*Mark Axworthy*, Third Axis – Fourth Ally, Romanian Armed Forces in the European War, 1941–1945, London, 1995
*Wolfgang Sawodny*, Die Panzerzüge des Deutschen Reiches 1904 – 1945, Freiburg, 1996
*Friedrich Heller*, Fertigmachen zum Abmarsch, Berlin, 1997
*David M. Glantz*, Kharkow 1942, Shepperton, 1998
*Hans Werner Neulen*, Am Himmel Europas, Luftstreitkräfte an deutscher Seite, München, 1998
*John Vasco*, The Sting of the Luftwaffe, Schnellkampfgeschwader 210 und Zerstörergeschwader 1, Schiffer Military History, Atglen, PA, 2001
*Heinz Magenheimer*, Die Militärstrategie Deutschlands 1940–1945, München, 2002

# Anhang I

Aufstellung der Einheiten vom 18. November 1942, die zur Durchführung der geplanten Maßnahmen zur Verbesserung der Leistungsfähigkeit der Strecken und zur Wintersicherung vorgesehen waren:

**a.) Vorhandene Kräfte**

Kdr.d.Pi.6
Stab II./Eisb.Pi.Rgt.4
Stab I./Eisb.Pi.Rgt.5
Stab I./Eisb.Pi.Rgt.6
Stab II./Eisb.Pi.Rgt.6
Eisb.Pi.Btl.Stab z. B.V.10
5./6./7./8./Eisb.Pi.Rgt.4
1./2./3./4./Eisb.Pi.Rgt.5
1.-8./Eisb.Pi.Rgt.6
Eisb.Pi.Kp.53,54,56,63,65,70,74,75,76
Eisb.Bau-Kp.105,115,118,123,126
Eisb.Stellw.Kp.174,177,179,180
1/2 Eisb.Wass.St.Kp.192
Eisb.Wass.St.Kp.194,196
Stab/Eisb.Bau-Btl.2
1./2./3./Eisb.Bau-Btl.2
Kw.Kol./Eisb.Bau-Btl.2
Stab/Eisb.Bau-Btl.83
1./2./3./4./Eisb.Bau-Btl.83
Kw.Kol./Eisb.Bau-Btl.83
2./Eisb.Bau-Btl.513
Kw.Kol.Eisb.Bau-Btl.513
Stab/Eisb.Bau-Btl.511
1./2./4./Eisb.Bau-Btl.511
Stab/Eisb.Bau-Btl.407
1./2./3./4./Kw.Kol.Eisb.Bau-Btl.407
4./6./Pi.Masch,Zug II
5./6./Pi.Masch.Zug I
Pi.Masch.Zug 703
Stab/Kw.Transp.Abt.991
1./4./Kw.Transp.Abt.991
Kw.Werkstatt-Zug 991
Gr.Eisb.Pi.Kw.Kol.520,523,631,638,665,680
Unt.Wass.Schneide-Trupp 686
Stahlbauzug „Wiener Brück 22"
Stahlbauzug „Beuchelt 21"
Stahlbauzug „Lakum 24"
Feldbahn-Btl.Stab 501,502,503
Feldbahn-Betr.Kp.601-610

**b.) Zugeteilte Kräfte:**

Stab Br.Bau-Btl.
1./2./3./4./Br.Bau-Btl.37
eine Kp./Br.Bau-Btl.37
Pi.Masch.Zug/Br.Bau-Btl.37
1./Landesschützen-Btl.301
4./Landesschützen-Btl.301
25./ital.Eisb.Pi.Btl.IX
26./ital.Eisb.Pi.Btl.IX
27./ital.Eisb.Pi.Btl.IX
28./ital.Eisb.Pi.Btl.X
29./ital.Eisb.Pi.Btl.X
30./ital.Eisb.Pi.Btl.X
ein Zug 1./ung.Etapp.Kp.105
2./3./ung.Etapp.Kp.105
1./ung.Etapp.Kp.109
3 Bautrupps d.3.T.B.23

**c.) Zugewiesene O.T.Einheiten**

HI/202,/403
HII/102,/401,/601,/602,/603,/605
MI/208,/321
MII/103,/205,/607,/902
OI/205,/307
OII/306,/511
OIII/206

| | |
|---|---|
| O.T.Bohrtrupp | V/502 |
| | VII/6./8,/23./104,/120,/121 |
| O.T.Firmen | Wiegant & Schneider |
| | Schwabach |
| sonst. Firmen | Arge Mode |
| | Arge Herzog |
| | Arge Löbau |
| | Beton und Monierbau A.G. |

**d.) Im Anmarsch befindliche O.T.Einheiten**

HI/106,/201,/507
MI/505
OI/112,/317
OIII/111

| | |
|---|---|
| O.T.Firma | Meister |
| | Wulf |
| | Nettels |
| | Kaller & Nefe |
| | Fix Söhne |
| | eine von O.T. zugewiesene |
| | Kp. eines NSKK Bau-Btl. |

**e.) Vorhandene Kräfte aus anderen Bereichen:**

Kdr.d.Eisb.Pi.2
Eisb.Pi.Kp.58
Eisb.Bau-Kp.102, 113
Eisb.Stellw.Kp.176, 183
3./Eisb.Bau-Btl.511
Kw.Kol.Eisb.Bau-Btl.511
3./Eisb.Bau-Btl.513
4./Eisb.Bau-Btl.513
4./Eisb.Bau-Btl.2
Gr.Eisb.Pi.Kw.Kol.518,526,540
Unterw.Schneid.Trupp 682,688,689
Stab.kgl.ung.Eisb.Pi.Btl.102
kgl.ung.Eisb.Pi.Kp.104-107
Gleisbauzug 0606, 0614, 1401, 1324W, 1403, 2608, 3106
Osten 2303
Wien 3101
Posen 3601
3602 (im Anmarsch)
Wass.Stat.Bauzug 6,12
Posen 15-18
Stahlbauzug Doernen 34
Hein Lehmann 37
Union 18
Reuter & Straube 32
Esslingen 36
Mehne 35
Neusser Eisenbau 38
Linz 23
Brückenbaufirma Becker
Oberbaufirma Gärtner
Meyreder & Kraus
Pixberg – Schlaadt – Neitzer
Hochbaufirma Theobald Meyer
Allhut – Kutzschke
Tiefbaufirma Müller & Mergner
Hanebeck
slow.Pi.Stab 12
slow.Pi.Kp.11N
slow.Bau-Kp.12
slow.Arb.Kp.13
Brückenbauleitung Jagersberger
mit Einheit Schindler und Einheit Schäfer
Brückenbauleitung Pürner
Tle.4./Techn.Abt.VII
Tle.3./Techn.Abt.VII
Tle.3./Techn.Abt.I

**f.) Zugewiesene O.T.Einheiten aus anderen Bereichen:**

HI/206,/601
HII/101,/201,/203,609,/702,/703,/901
OII/206,/208,/312,/507,/604,/705-710
MII/204,/207,/209,/608,/610,/903
Stahlbauzug Gossen II/502
Bohrtrupp VII/28,/68

Stab Eisb.Bau-Btl.515
vorhandene Kräfte:
Eisb.Bau-Kp.101,110,112
Gleisbauzug 0411,0404,2410,2411W,3103
Wass.Stat.Bauzug 0406,1504
Tiefbaufirma Quast
Hochbaueinheit Oblt.Droste (Firma Pechte-Schechtel
Oberbaufirma Allhut Pöhner
Brückenbaufirma Kleinitz
Gr.Eisb.Pi.Kw.Kol.517

**g.) Vorgesehene O.T.Einheiten aus anderen Bereichen:**

HIII/202,/302,/303,/603
MI/207,/308
MIII/209,/307
OII/707
OIII/204,/207

**h.) Im Anmarsch befindlich:**

BI/110,/113,/305,/320,/322,/326
OII/108,/109,/308
O.T.Firma Kämmerle
Frohler
Richter

# Anhang 2

Betriebsmittel der Großfeldbahnen (die Aufstellung ist vermutlich nicht vollständig)
Bei der Bezeichnung der Lokomotiven wurde teilweise die Betriebsnummer (HF = Heeres-Feldbahn) und teilweise die Fabriknummer verwendet.

## Feldbahn I

An Betriebsmaterial wurden bereitgestellt:
21 franz. Zwillingslok mit 60 PS,
5 Dampflok mit 50 PS,
2 Dampflok mit 70 PS,
3 Dampflok mit 90 PS,
9 Tenderlok mit 110 PS,
14 Diesellok mit 30 PS,
1 Diesellok mit 35 PS,
5 Diesellok mit 36 PS,
6 Diesellok mit 40 PS,
1 Diesellok mit 40 – 44 PS,
16 dreiachs. Diesellok mit 130 PS,
550 verschiene Wagen, darunter 100 franz. Tiefladewagen
1 Motordraisine HF 9695

Davon waren als schadhaft abgestellt:

| | | |
|---|---|---|
| Gmeinder | HF | 3016 |
| | | 4066 |
| O&K | HF | 2028 |
| | | 2037 |
| | | 3011 |
| Jung | HF | 4081 |
| | | 4086 |
| | | 4087 |
| | | 4088 |
| | | 4089 |
| | | 4091 |

Betriebsfähig waren:

| | | |
|---|---|---|
| Schöma | HF | 4068 |
| O&K | HF | 2038 |
| Deutz 18437 | HF | 4090 |
| Gmeinder 1303 | HF | 3008 |

Am 3. Dezember 1942 sind von 69 Dampf- und Dieselok nur 25 Maschinen einsatzfähig.

Am 14. Oktober 1942 stehen im Bw Gluboki folgende Dieselloks:

| | | | |
|---|---|---|---|
| Gmeinder | NF 3016 | NF 4066 | |
| O&K | NF 2027 | NF 2028 | NF 3011 |
| Jung | NF 4081 | NF 4086 | NF 4087 |
| | NF 4088 | NF 4089 | NF 4091 |

weiterhin sind vorhanden
(es ist nur die Fabriknummer bekannt):

zweiachsige Diesellok, 40 PS, 7,0 t

| | |
|---|---|
| Deutz | 33239 |
| | 33240 |

zweiachsige Diesellok, 44 PS, 9,5 t

| | |
|---|---|
| Jung | 5863 |

zweiachsige Diesellok, 40 PS, 8 t

| | |
|---|---|
| Jung | 6705 |

zweiachsige Diesellok, 40 PS, 9,5 t

| | |
|---|---|
| Jung | 7519 |

Dreiachsige Diesellok, 110 PS, 16,5 t

| | |
|---|---|
| Schwartzkopff | 10756 (13,75t) |
| Deutz | 36608 – 36609 |
| Jung | 8374 |
| | 8375 |
| Schwartzkopff | 11180 – 11183 |
| | 11185 – 11199 |
| | 11190 – 11199 |

12 franz. Dampflok, dreiachsig, 60 PS, 13,5 t

## Feldbahn II

Betriebsmittel
Dampflok, vierachsig, ohne Tender,
60 PS, 13 t
HS 6060, HS 6062, HS 6064, HS 6069
HS 6077, HS 6126, HS 6961, HS 6063, HS 6066,
HS 6073, HS 6125, HS 6129

Dampflok, dreiachsig, 50 PS, 10,5 t HS 5402

weitere Dampflokomotiven:
HS 6065, HS 6068, HS 6075, HS 6080, HS 6084,
HS 6128, HS 6131, HS 6067, HS 6074, HS 6078
HS 6083, HS, 6115, HS, 6130, HS 6132

franz. Dampflok:
9 Stück mit 90 PS,
3 Stück mit 70 PS,
4 Stück mit 50 PS

weitere deutsche Dampflok sind unter ihrer Fabriknummer bekannt:

| | | |
|---|---|---|
| zweiachsig, 50 PS, 8,9 t | Jung | 5521 |
| | | 5539 |
| zweiachsig, 90 PS, 13,5 t | Henschel | 24568 |
| | | 24569 |
| | | 24622 |
| | | 24623 |
| dreiachsig, 70 PS, 11,6 t | Henschel | 25970 |
| | | 25971 |

dreiachsig, 110 PS, 17 t, mit Schlepptender 6 cbm

| | |
|---|---|
| Henschel | 25945 |
| | 25946 |
| | 25949 |
| | 25950 |
| Jung | 9786 |
| | 9787 |
| | 9788 |
| | 9789 |
| | 9791 |
| | 9941 |
| | 9944 |
| | 9945 |
| | 9946 |
| | 9948 |

**Feldbahn III**

Von dieser Feldbahn waren Angaben über Betriebsmittel nicht auffindbar

# Anhang 3

## Die Luftwaffenfelddivisionen

Die Luftwaffenfelddivisionen waren eine Idee Görings, der 1942 das zu entbehrende Bodenpersonal der Luftwaffe (200.000 Mann) entgegen der ursprünglichen Anweisung Hitlers nicht dem Heer zur Verfügung stellen wollte, wo die Angehörigen der Luftwaffe zur Auffrischung von Verbänden der Infanterie-Divisionen hätten verwendet werden sollen. Stattdessen wurden neben den vorhandenen Fallschirmjäger-Divisionen ab September 1942 auch noch 22 Luftwaffenfelddivisionen als Verbände der deutschen Luftwaffe aufgestellt, deren gesamte Ausrüstung vom Heer kommen mußte. Auf das Angebot des Heeres, Heeresoffiziere und Waffenspezialisten für die neuen Einheiten zur Verfügung zu stellen, hatte Göring großzügig verzichtet! Das Führungskorps sollte eine Kurzausbildung in taktischer und führungstechnischer Art im Hinblick auf den geplanten infanteristischen Einsatz erhalten; für die Unterführer und die Mannschaften sah die Luftwaffenführung eine zusätzliche infanteristische Ausbildung hinter der Front als völlig ausreichend an. Die Folge war, daß die im infanteristischen Einsatz völlig unerfahrenen und im Kampf an der Ostfront ungewohnten Luftwaffenfelddivisionen, die eigentlich noch ihre Ausbildung hinter der Front fortsetzen sollten, infolge der mangelnden Erfahrung und Ausbildung auch ihrer Offiziere fürchterliche Verluste erleiden mußten.
Das OKH, und zwar die Organisationsabteilung des Generalstabs des Heeres hatte vom 12. Mai 1943 eine Zusammenstellung über die durch Aufstellung der Lw.Feld-Div. entstandenen Schwierigkeiten und Mißstände aller Art befohlen. In ihr waren auch Fälle ungerechter Bevorzugung aufzunehmen. Hierzu wurde um laufende Übersendung von Auszügen aus wesentlichen Schriftstücken in dieser Angelegenheit bzw. um kurze Mitteilungen über einschlägige Fälle gebeten.

Als beispielhaft soll ein Bericht vom 5./Eisb. Pi.Rgt. 5 (teil-mot) vom 24. Mai 1943 dienen:
„Bei den Rückzugsgefechten zwischen Don und Donez Anfang Januar 1943 war die Kp. mehrfach im gleichen Raum wie Einheiten der Lw.Feld-Div. oder deren Nachbarabschnitte eingesetzt.
Allen Kp.-Angehörigen fiel besonders die gute Ausrüstung der Soldaten dieser Div. auf, z. B. nur MG 42, die kleineren handlichen Transportschlitten, Kfz, durchweg die neuen Wintertarnanzüge, usw. und doch, wenn die Kp. neben einer Einheit einer Lw.Feld-Div. eingesetzt war, hatte jeder Mann ein unsicheres Gefühl und blickte besorgt nach der fraglichen Flanke aus, denn trotz ihrer guten Ausrüstung besaßen die Lw.Feld-Div. wenig Widerstandskraft und Ausdauer. So mancher Kp.-Angehörige äußerte in der Zeit: Die Ausrüstung sollten wir haben, was würden wir dann leisten können! Meist setzten sich die Mannschaften der Lw.Feld-Div. zeitlich vor den anderen benachbarten Truppen vom Feinde ab; ihre Rückzugswege versorgten die nachkommenden anderen Einheiten reichlich mit Waffen und Gerät aller Art, vor allem auch mit Munition. War man in der Nähe einer Lw.Feld-Div. eingesetzt, brauchte man um Munitionsnachschub keine Sorge zu haben. Auf dem Rückmarsch zur nächsten Einsatzstelle konnte man seine Bestände wieder ausreichend mit dem von den Mannschaften der Lw.Feld-Div. weggeworfenen Gerät, Munition, usw. wieder auffüllen. Die Folge dieser Mißstände war eine allgemeine Verbitterung der Mannschaften der anderen Kampfeinheiten. Spezielle Einzelfälle oder besondere Schwierigkeiten in der Zusammenarbeit können nicht aufgeführt werden. Nur der allgemeine Eindruck ist vorstehend geschildert.

gez. Zechlin, Hptm. u. Kp.Chef“

# Anhang 4

## Verzeichnis der Abkürzungen

Abt. – Abteilung
A.G.P., AGP – Armee Geräte Park
AOK – Armee-Oberkommando
A.B.L., ABL – Armee Betriebsstofflager
A.K. – Armeekorps
A.M.L., AML – Armee Munitionslager
A.V.L., AVL – Armee Verpflegungslager
AW – Ausbesserungswerk
Bf. – Bahnhof
BO – Bahnhofs Offizier
Br.Bau – Brückenbau
Btl. – Bataillon
Bv.T.O – Bevollmächtigter Transportoffizier
BVZ – Behelfsmäßiger Verwundetenzug
Bw – Bahnbetriebswerk
Bww – Betriebswagenwerk
DVK – deutsches Verbindungskommado
Eisb. – Eisenbahn
Eisb.Betr. – Eisenbahnbetriebs-
Eisb.Br.Bau – Eisenbahn-Brücken-Bau
Eisb.Fsp. – Eisenbahnfernsprech-
Eisb.Pi. – Eisenbahnpionier
Eisb.Stellw. – Eisenbahnstellwerks-
Eisb.Bau.Btl. – Eisenbahnbaubataillon
Eisb.Bau.Kp. – Eisenbahnbaukompanie
FB – Feldeisenbahn
FBA – Feldbahnbetriebsamt
Fekdo – Feldeisenbahnkommando
Feldb. – Feldbahn
FMA – Feldeisenbahnmaschinenamt
franz. – französisch
FWA – Feldeisenbahnwerkstättenamt
F.B. – Feldbahn
G-Wagen – gedeckter Güterwagen
Geb.Div. – Gebirgsjäger Division
Gr. – Große
Gr.19 – Granatwerfer 19
Gr.Patr. – Granatpatrone
HDB – Haupteisenbahndirektion
HF – Heeresfeldbahn
HFD – Heeresfeldbahn Direktion
H.K.L. – Hauptkampflinie
Inf.Div.,ID. – Infanteriedivision
IG – Infantriegeschütz
ital. – italienisch
IR. – Infanterieregiment
JG – Jagdgeschwader
Kdr. – Kommandeur
Kfz – Kraftfahrzeug
KG – Kampfgeschwader
Kodeis – Kommandierender General der Eisenbahntruppen
Kol. – Kolonne
Kp. – Kompanie
K 18 – Kanone Bauart 18
K-Wagen – Kesselwagen
Kol. – Kolonne
Kw. – Kraftwagen-
Kw.Trsp. – Kraftwagentransport-
KwK – Kraftwagenkanone (Panzer)
l.F.H. – leichte Feldhaubitze 10,5 cm
Lkw – Lastkraftwagen
Lw.Feld-D. – Luftwaffen Felddivision
mot. – motorisiert
Mun. – Munition
M.Z.-Gerät – Mittlere zerlegbare Brücke
NSKK – Nationalsozialistisches Kraftfahrkorps
N.W. – Normalwasserstand
Ofz. – Offizier
ostw. – ostwärtig, ostwärts
O-Wagen – offener Güterwagen
O.Qu. – oberster Quartiermeister
O.T. – Organisation Todt
Pak – Panzerabwehrkanone
pr. – preußisch
Pz.D.,PzD. – Panzerdivision
Pzgr. – Panzergranate
Patr. – Patrone
Pz.-Korps – Panzerkorps
RAD – Reichsarbeitsdienst
Re – Regel (Anzahl der Züge pro Tag)
(r ) – russisch
Rgt. – Regiment
RVD – Reichsverkehrsdirektion
RVM – Reichsverkehrsministerium
R.W.-Gerät – Brückengerät System Roth-Waagner
rum. – rumänisch
russ. – russisch
s.F.H. – schwere Feldhaubitze 15 cm
Spr. – Spreng-
Sprg.Patr. – Sprengpatronen
STAWKA – Oberkommando der russ. Streitkräfte
S.O. – Schieneoberkante
südostw. – südostwärts
Ufz. – Unteroffizier
Vbf. – Verschiebebahnhof
V.S. – Versorgungssatz
V.St.P. – Versorgungsstützpunkt
Wass.Stat. – Wasserstations-
X-Wagen – Flachwagen
z. B.V. – zur besonderen Verwendung

# Anhang 5

## Die Organisation des Feldeisenbahnwesens

An der Spitze der Organisation des Transportwesens der Deutschen Wehrmacht stand der Chef des Transportwesens im Generalstab des Heeres, dem in den Operationsgebieten die Generale des Transportwesens unterstanden, die jeweils einer Heeresgruppe zugeordnet waren. Diese waren u. a. für den Einsatz der Feldeisenbahn-Abteilungen (FBA) und der Eisenbahnpioniere (Eisb.Pi.) zuständig. Dazu gehörten auch die Bv.Tr.O. bei den Armeen, die direkt für die Durchführung der Eisenbahntransporte verantwortlich waren (1). Infolge der riesigen Ausdehnung des im Sommer 1942 besetzten Gebiets zwischen Don und Kaukasus wurde neben der bestehenden Wehrmachtstransportstelle Ukraine die oberste Transportdienststelle des bevollmächtigten Generals des Transportwesens Südrußland geschaffen (2). Ihm waren sämtliche Transportdienststellen unterstellt. Diese Maßnahme bewährte sich voll. Der bevollmächtigte General war Chef dieser Dienststelle und unterstand dem Chef des Transportwesens. Die Zusammenarbeit mit den einzelnen Heeresgruppen lief über die Generale des Transportwesens bei diesen Kommandostellen als beratende Organe in Transportfragen für den jeweiligen Heeresgruppenbereich. Diese wurden als Gruppenkommandeure der Eisenbahntruppen (Grukodeis) bezeichnet. Für die Belange der Luftflotte der Heeresgruppe befand sich ein Verbindungsoffizier der Luftwaffe (VOL) beim Stab des bevollmächtigten Generals des Transportwesens. Die einzelnen Bereiche, in denen sie in eigener Machtvollkommenheit begrenzte Transporte anordnen und durch die Zuständigkeitsbereiche örtlichen Bahndienststellen fahren lassen konnten, wurden den Generalen des Transportwesens zugeteilt. Fuhren die Transporte von einem Bereich in einen anderen, dann traf der bevollmächtigte General seine Anordnungen. Die Bereiche waren dabei derart voneinander abgegrenzt, daß keine Interessen anderer beeinträchtigt wurden und der Zulauf von Westen immer gesichert war. Der Umfang der innerhalb dieser Bereiche freigegebenen Transporte wurde im Einklang mit der Gesamtlage und den Forderungen anderer Bereiche festgesetzt. War keine streckenmäßige Abgrenzung nach Bereichen möglich, so bestimmte man auf der für beide Partner wichtigen Strecke Kontingente für jeden Bereich. Die Generale des Transportwesens waren deshalb zur Zusammenarbeit gezwungen. Auf diese Weise war es ihnen möglich, im gegenseitigen unmittelbaren Einvernehmen die Forderungen ihrer Kommandostellen zu erfüllen. Eine entsprechende Regelung trafen die Generale des Transportwesens bei den Heeresgruppen für die ihnen unterstehenden Bv.T.O bei den Armeeoberkommandos (AOK) in ihrem jeweiligen Bereich und ihren Kontingenten. Dabei besaßen die Generale des Transportwesens bei den Heeresgruppen nur ein Weisungsrecht gegenüber der für den Bereich zuständigen Transportkommandantur. Auf frontnahen Spitzenstrecken wurde der Eisenbahnbetrieb in enger Zusammenarbeit mit den rückwärts anschließenden Bahndienststellen durch Teile des betreffenden Feldeisenbahnkommandos geführt.

Die Versorgungstransporte waren zu fahren für Heeresgruppen einschließlich der Verbündeten und für die Luftwaffe. Die Zugkontingente für die einzelnen Bedarfsträger wurden durch den Chef des Transportwesens im Oberkommando des Heeres (OKH) in Verbindung mit den Stellen der Generalquartiermeister festgesetzt und die angemeldeten Züge an die Übergänge im betreffenden Abschnitt der Ostfront, im vorliegenden Fall dem Südabschnitt, herangeführt. Von hier wurden sie dann im Bereich des bevollmächtigten Generals auf die festgelegten Strecken in die Zielräume gefahren. Neben diesen Zugkontingenten (Truppenbewegungen und Nachschub) kamen noch sogenannte Lagerzüge des Obersten Quartiermeisters (OQu) aus rückwärtigen Lagern zur Front hinzu, wie beispielsweise Züge mit Truppenersatz, Dienstkohlenzüge der Bahn, Wirtschaftszüge der Wirtschaft, Fronturlauberzüge (SF), Fahrtnummernsammelzüge mit Einzelsendungen für die Front, Materialzüge für die Eisenbahn-Pioniere, usw.. Daneben gab es auch noch ein kleines

Kontingent für Regelzüge, Arbeiterzüge, Dienstzüge der Bahn und zivile Personenzüge.
Das FEKdo 3 war als Feldeisb.-Rgt. 3, später Feldeisenbahn-Direktion 3 im Frühjahr 1941 in Breslau-Cosel als Formation der Wehrmacht aufgestellt worden. Unter dem FEKdo 3 gab es ein Feldeisenbahnmaschinenamt (FM) mit zwei Abteilungen; die Abt. 4 hatte bis zur Räumung ihren Sitz in Morosowskaja und die Abt. 13 in Walujki. Daneben gab auch die Feldeisenbahnwerkstättenämter (FWA) 1 und 3. Der Stab der Abt. 1 des Feldeisenbahnbetriebsamtes (FB) befand sich in Millerowo, Teile der Abteilung waren auch in Rossosch stationiert.

Organisation des FEKdo 3:
- Gruppe I – Verkehr
- Gruppe II – Personal
- Gruppe III – Betrieb
- Gruppe IV – Bau
- Gruppe V – Werkstättendienst
- Gruppe VI – Betriebsmaschinendienst

Neben der Deutschen Wehrmacht gab es auch noch die Deutsche Reichsbahn in den besetzten Gebieten. Während die Eisenbahnpioniere für die Wiederinbetriebnahme der Strecken einschließlich Wiederaufbau zuständig waren, führte die Reichsbahn anschließend den Betrieb durch. Nachdem es zumindest anfänglich immer wieder zu Überschneidungen infolge des Bestehens von Dienststellen mit unterschiedlichen Hierarchien kam, wurde die Reichsbahn z. B. für den Betriebsmaschinendienst zuständig. Sie hatte die Lokomotiven zu stellen und für deren Wartung und Reparatur zu sorgen.
Für die Ostgebiete bestand die Generalverkehrsdirektion Osten mit Sitz in Warschau. Sie war dem Reichsverkehrsministerium unterstellt und hatte das Verkehrswesen in den Ostgebieten zu lenken und zu verwalten. Analog zu den Reichsbahndirektionen im Reich wurden in den Ostgebieten eine Reihe von Reichsverkehrsdirektionen (RVD) geschaffen, die sich allerdings jeweils über einen viel größeren Bereich erstreckten. Waren im vorliegenden Fall Anfang 1942 noch für die damals besetzten Gebiete die RVD'en Kiew und Dnjepropetrowsk vohanden, so kam im Herbst 1942 infolge des Vormarschs nach Stalingrad und in den Kaukasus noch die RVD Rostow hinzu. Für die drei RVD'en war nur ein Ausbesserungswerk (AW) vorhanden, es befand sich in Charkow in der ehemaligen Lokfabrik Charkow Balaschewka, die dem Ansturm an Schadlokomotiven jedoch nicht gewachsen war, so daß ein großer Teil der Schadlok an andere (R)AW's im Hinterland oder im Reich weitergeleitet werden mußten.

(1) Teske, Seite 256
(2) Teske, Seite 247

# Anhang 6

Die Verluste an Lokomotiven und Dienstwagen bis Mitte Februar 1943 in den verlorenen Gebieten Südrußlands:

1. Lokomotiven

| | |
|---|---|
| 28 | P 8 |
| 9 | G 7 |
| 17 | G 8 |
| 47 | G 8[1] |
| 23 | G 8[1] mit Laufachsen |
| 46 | G 8[2] |
| 70 | G 10 |
| 17 | T 9[3] |
| 6 | T 13 |
| 12 | T 14 |

2. Bahndienstwagen:

| | Bestand | Verlust |
|---|---|---|
| Arztwagen | 4 | 2 |
| Hilfszüge | 7 | 3 |
| Gerätewagen | 11 | 4 |
| Kranwagen | 12 | 4 |
| Schneeschleudern | 3 | 2 |
| Schneepflüge | 47 | 38 |
| Tenderwasserwagen | 29 | 12 |
| Kesselwasserwagen | 89 | 63 |
| Zusatztender | 17 | 17 |
| Heizkesselwagen | 8 | 2 |
| Schienenkraftwagen | 101 | 42 |
| Draisinen | 67 | 45 |

# Anhang 7

## Fahrpläne

Schon kurze Zeit nach Aufnahme des regulären Betriebs wurde für besondere Zwecke ein fahrplanmäßiger Zugverkehr auf einigen Strecken aufgenommen:

Ab August 1942

| | Zug Nr. 3369 | Zug Nr. 3370 |
|---|---|---|
| Charkow | ab 5.00 | an 10.49 |
| Kupjansk | an 10.34 | ab 5.15 |
| | ab 11.00 | an 4.44 |
| Walujki | an 13.58 | ab 1.34 |
| | ab 14.28 | an 1.01 |
| Ostrogoshsk | an 20.40 | ab 19.38 |

Ab 19. September 1942 Feldpostbriefbeförderung

| | Zug Nr. 3375 | Zug Nr. 3376 | max. 5 Wagen |
|---|---|---|---|
| Walujki | ab 9.10 | an 7.17 | Die Verbindungsstrecke war damals noch nicht in Betrieb, deshalb Straßentransport zwischen Ostrogoshsk – Jewdakowo |
| Millerowo | an 22.22 | ab 19.31 | |

| | Zug Nr. 3321 | Zug Nr. 3322 | max. 6 Wagen |
|---|---|---|---|
| Lichaja | ab 5.12 | an 20.48 | |
| Tschernyschkow | an 22.30 | ab 13.00 | |

Ab 2. November 1942 Dienstpersonenzüge

| | Zug Nr. 3377 | Zug Nr. 3378 |
|---|---|---|
| Jewdakowo ab | 18.00 | an 14.56 |
| Millerowo an | 4.15 | ab 5.00 |

| | Zug Nr. 3369 | Zug Nr. 3370 |
|---|---|---|
| Kupjansk | ab 5.41 | an 0.23 |
| Walujki | an 8.28 | ab 21.22 |
| | ab 8.58 | an 20.57 |
| Ostrogoshsk | an 13.45 | ab 15.45 |

| | Zug Nr. 3321 | Zug Nr. 3322 |
|---|---|---|
| Debalzewo | ab 11.56 | an 5.52 |
| Lichaja | an 20.45 | ab 21.30 |
| | ab 21.30 | an 20.48 |
| Tschir | an 8.22 | ab 10.00 |

| | Zug Nr. 3377 | Zug Nr. 3378 |
|---|---|---|
| Millerowo | ab 4.45 | an 4.22 |
| Glubokaja | an 6.25 | ab 2.40 |

| | Zug Nr. 3375 | Zug Nr. 3376 |
|---|---|---|
| Walujki | ab 9.10 | an 19.31 |
| Starobelsk | an 14.25 | ab 14.41 |
| | ab 14.55 | an 14.11 |
| Kondraschewskaja | an 18.39 | ab 11.06 |
| | ab 19.09 | an 10.36 |
| Millerowo | an 22.22 | ab 7.17 |

Ab 2. November 1942 SF-Züge

| | Zug Nr. 895 | Mo, Mi, Fr |
|---|---|---|
| Millerowo | ab 10.00 | |
| Kondraschewskaja | an 13.30 | |
| | ab 14.00 | |
| Starobelsk | an 17.20 | |
| | ab 18.00 | |
| Walujki | an 23.15 | |
| | ab 0.15 | |
| Charkow | an 10.10 | |
| | ab 11.25 | |
| Brody | an 21.45 | |

| | Zug Nr. 1888 | Zug Nr. 1889 | tägl. |
|---|---|---|---|
| Tschir | ab 20.00 | an 17.22 | |
| Morosowskaja | an 0.05 | ab 13.06 | |
| | ab 0.35 | an 12.36 | |
| Lichaja | an 6.38 | ab 6.40 | |
| | ab 8.00 | an 5.50 | |
| Losowaja | an 24.00 | ab 12.25 | |

SF-Bedarfszüge

| | Zug Nr. 887/987 | Zug Nr. 888/988 |
|---|---|---|
| Millerowo | ab 4.30 | an 2.00 |
| Kondraschewskaja | an 8.30 | ab 22.00 |
| | ab 9.00 | an 21.30 |
| Walujki | an 17.00 | ab 13.30 |
| | ab 17.30 | an 12.40 |
| Charkow | an 4.00 | ab 3.10 |
| | ab 4.50 | an 2.25 |
| Kiew | an 23.40 | ab 6.33 |
| | ab 0.36 | an 5.32 |
| Kowel | an 19.35 | ab 11.00 |

# Anhang 8

## Ortsverzeichnis

Für die Schreibweise der russischen Ortsnamen wurde diejenige benutzt, welche die deutsche Wehrmacht seinerzeit verwendete. Man ordnete jedem Buchstaben des kyrillischen Alphabets die deutsche Aussprache zu. Allerdings gab es dabei Unterschiede in der Schreibweise. Manchmal wurde der gleiche Buchstabe mit „Sh" oder mit „Sch" ausgedrückt. Außerdem wurden z. B. die Endungen -ij, yj, i, für den gleichen Ortsnamen benutzt. Auch die Endsilbe -kaja oder -koje wird einmal verwendet und dann wieder nicht, wie beispielsweise Karpowka oder Karpowskaja oder Kamensk oder Kamenskaja. Dies hängt damit zusammen, daß diese Endsilbe eine Verkleinerungsform des Ortsnamens darstellt und damit auf die Größe oder Bedeutung des betreffenden Ortes hinweist. Auf den heutigen Karten fehlt sie meistens, da die Orte inzwischen gewachsen sind. Die damalige deutsche Schreibweise wird heute in der Regel nicht mehr benutzt. Vielfach hat sich die englische Umschrift des Kyrillischen durchgesetzt, in der z. B. Charkow als „Charkow" und Tschir als „Çir" erscheint.

## Kartenteil

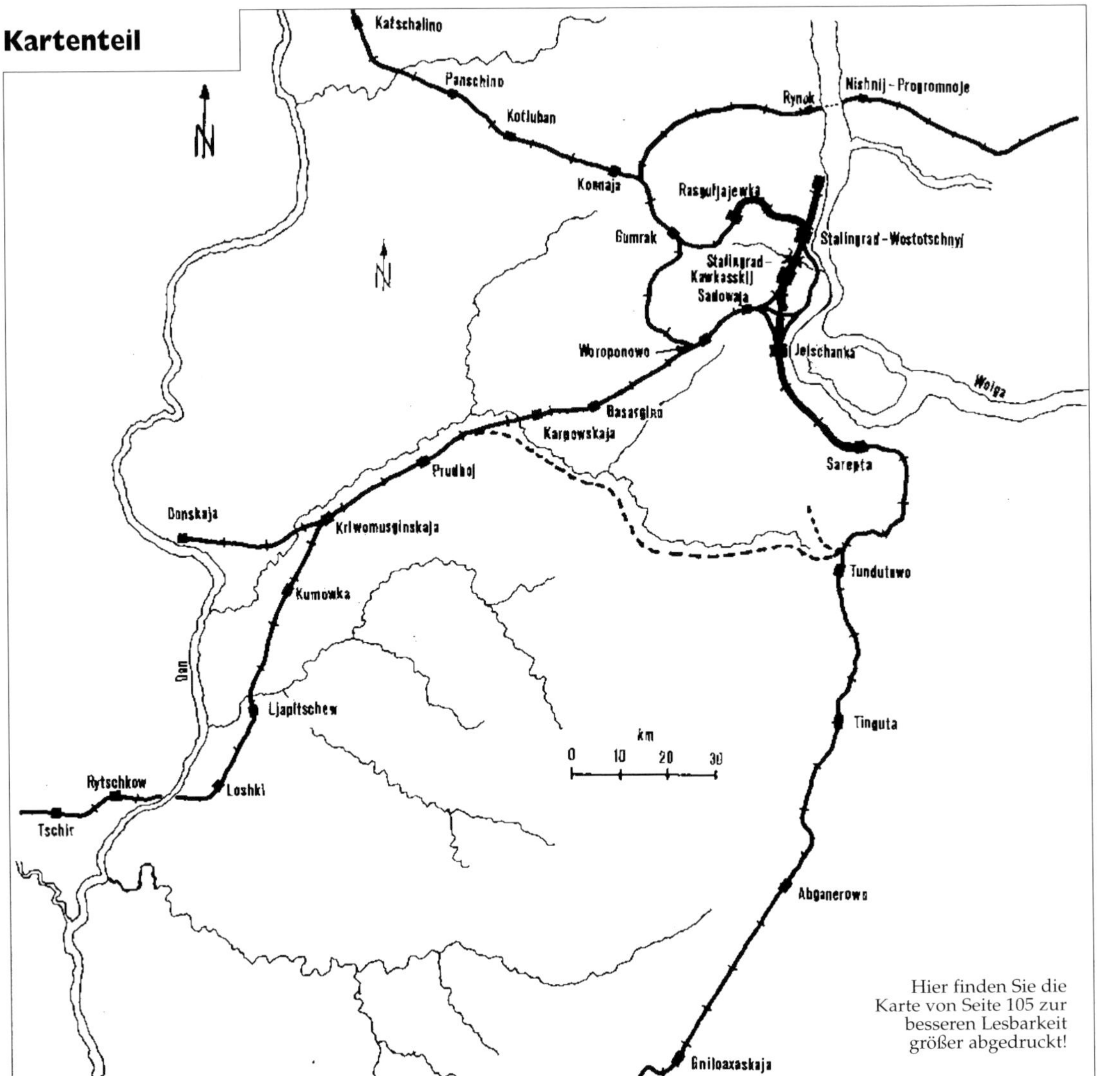


Hier finden Sie die Karte von Seite 105 zur besseren Lesbarkeit größer abgedruckt!

Hier finden Sie die
Karte von Seite 71 zur
besseren Lesbarkeit
größer abgedruckt!

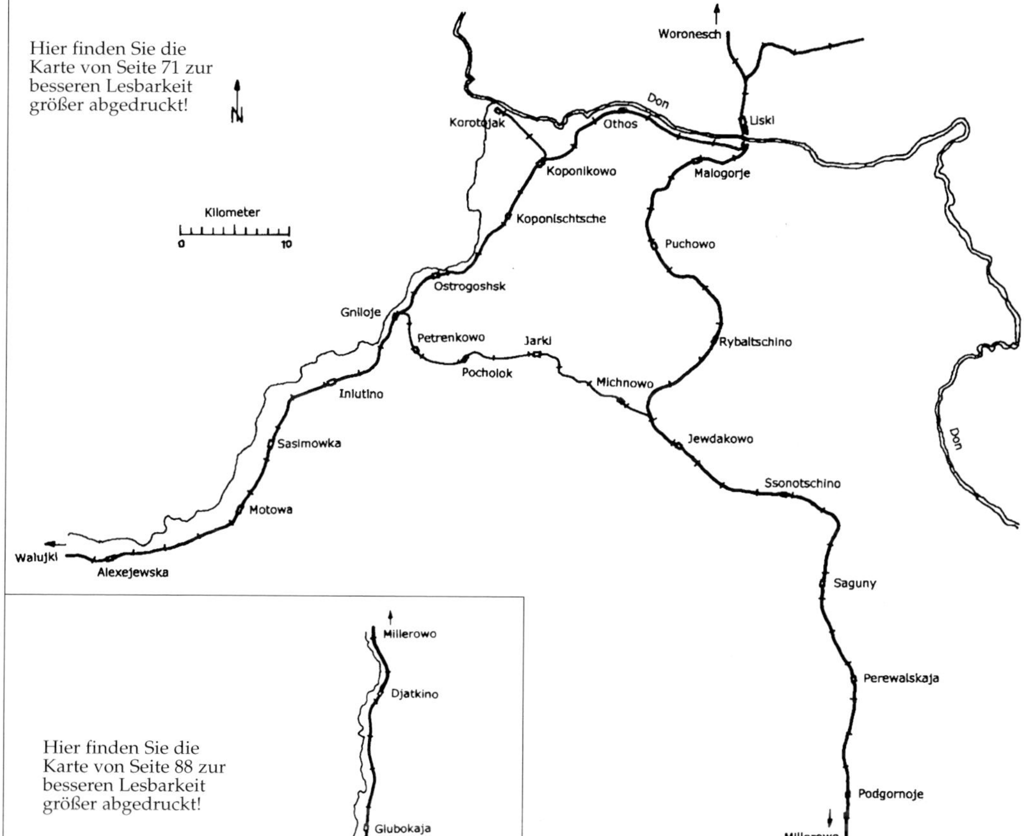


Hier finden Sie die
Karte von Seite 88 zur
besseren Lesbarkeit
größer abgedruckt!

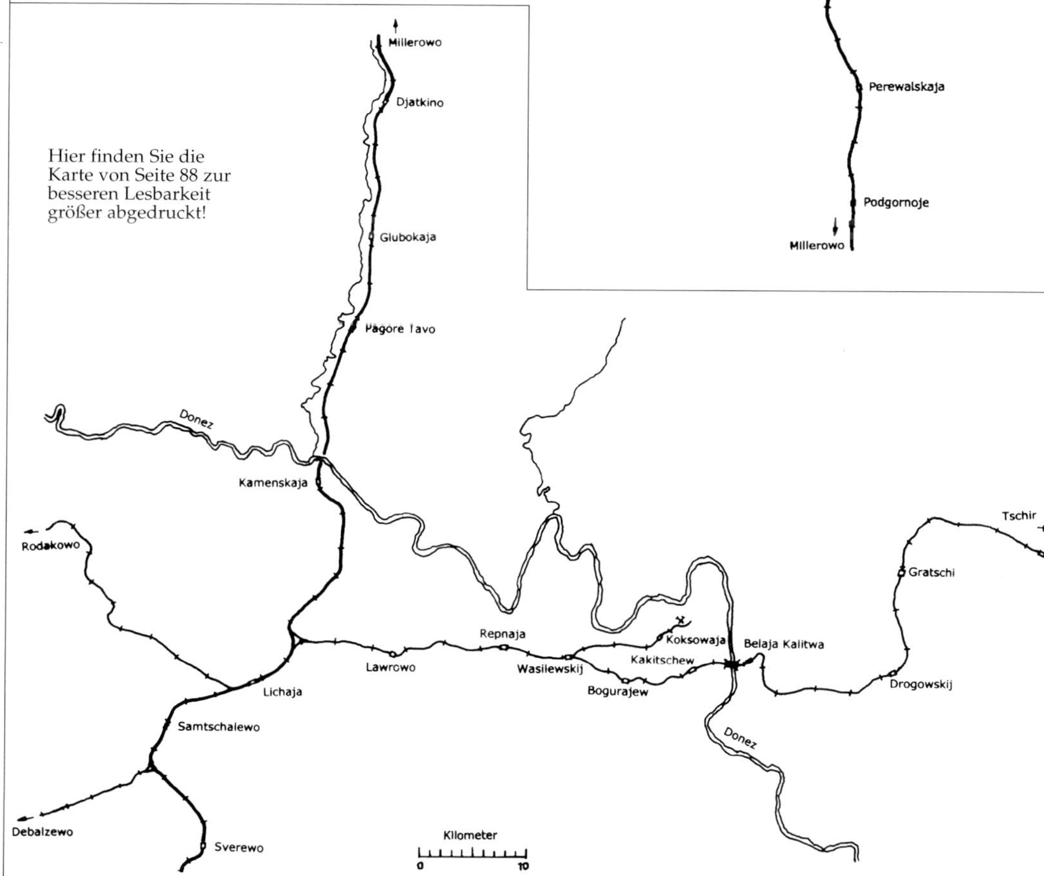

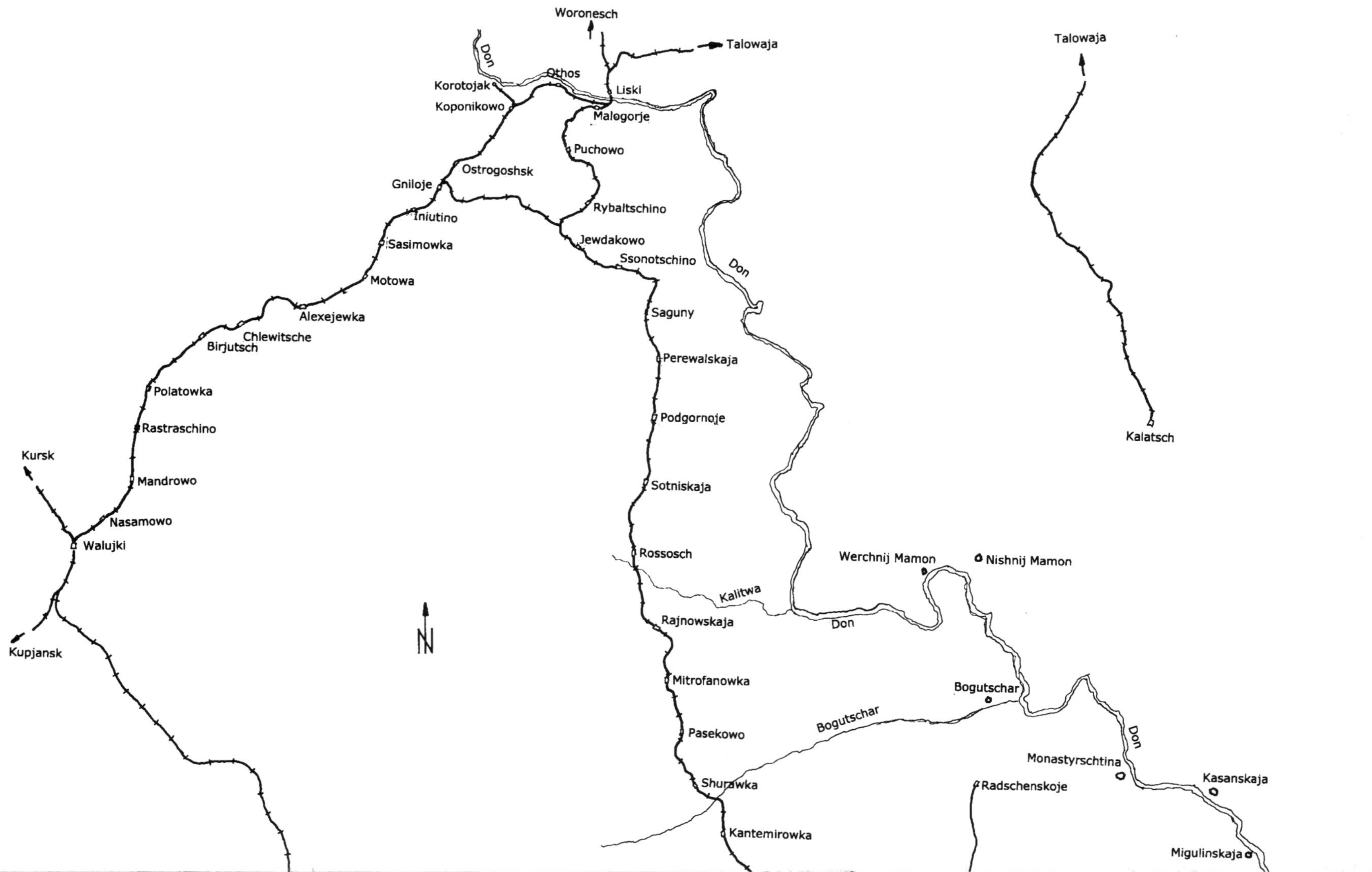
Woronesch
Talowaja
Talowaja
Don
Othos
Korotojak
Liski
Koponikowo
Malogorje
Puchowo
Ostrogoshsk
Gniloje
Rybaltschino
Iniutino
Jewdakowo
Sasimowka
Ssonotschino
Don
Motowa
Saguny
Alexejewka
Chlewitsche
Birjutsch
Perewalskaja
Polatowka
Podgornoje
Kalatsch
Rastraschino
Kursk
Mandrowo
Sotniskaja
Nasamowo
Walujki
Rossosch
Werchnij Mamon
Nishnij Mamon
Kalitwa
Don
Rajnowskaja
Kupjansk
N
Mitrofanowka
Bogutschar
Bogutschar
Pasekowo
Don
Monastyrschtina
Shurawka
Radschenskoje
Kasanskaja
Kantemirowka
Migulinskaja